JN135325

貨幣考古学の世界

口絵1　富本銭
（大英博物館蔵）

口絵2　富壽神寶の母銭
（大英博物館蔵）

口絵5　東インド会社刻印入り小判
（中央に立った獅子印が打たれている）

口絵3　慶長通寶の母銭
（大英博物館蔵）

口絵4　寛永通寶(彫母)
（大英博物館蔵）

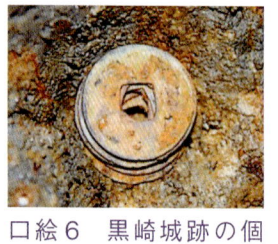

口絵6　黒崎城跡の個
別出土銭（祥符通寶〈模
鋳銭〉の出土状況：北九州
市芸術文化振興財団 2010）

口絵7　エレクトロン貨幣
（大英博物館展示：筆者撮影）

口絵8　西洋貨幣の製造道具
（大英博物館展示：筆者撮影）

口絵9　大分県日田市尾漕2号墓
（中世墓、311枚の銭貨が大きく2つの緡
に分かれて出土：筆者撮影）

口絵10　ベトナム2号資料の緡銭
（筆者撮影）

■ 貨幣考古学の世界

口絵11　フィッツ
ウイリアム博物館
Coins & Medals
研究室内部
（上段：壁面にアンティー
クの貨幣収納キャビネッ
トと研究書が所狭しと並
び，長い研究の歴史が感
じられる／下段：貨幣は
国別に分けられて，キャ
ビネットに収納されてい
る：筆者撮影）

口絵12　キャビネット
（内部のトレー〈右上〉とチ
ケットの様子〈右下〉：筆者
撮影）

貨幣考古学の世界

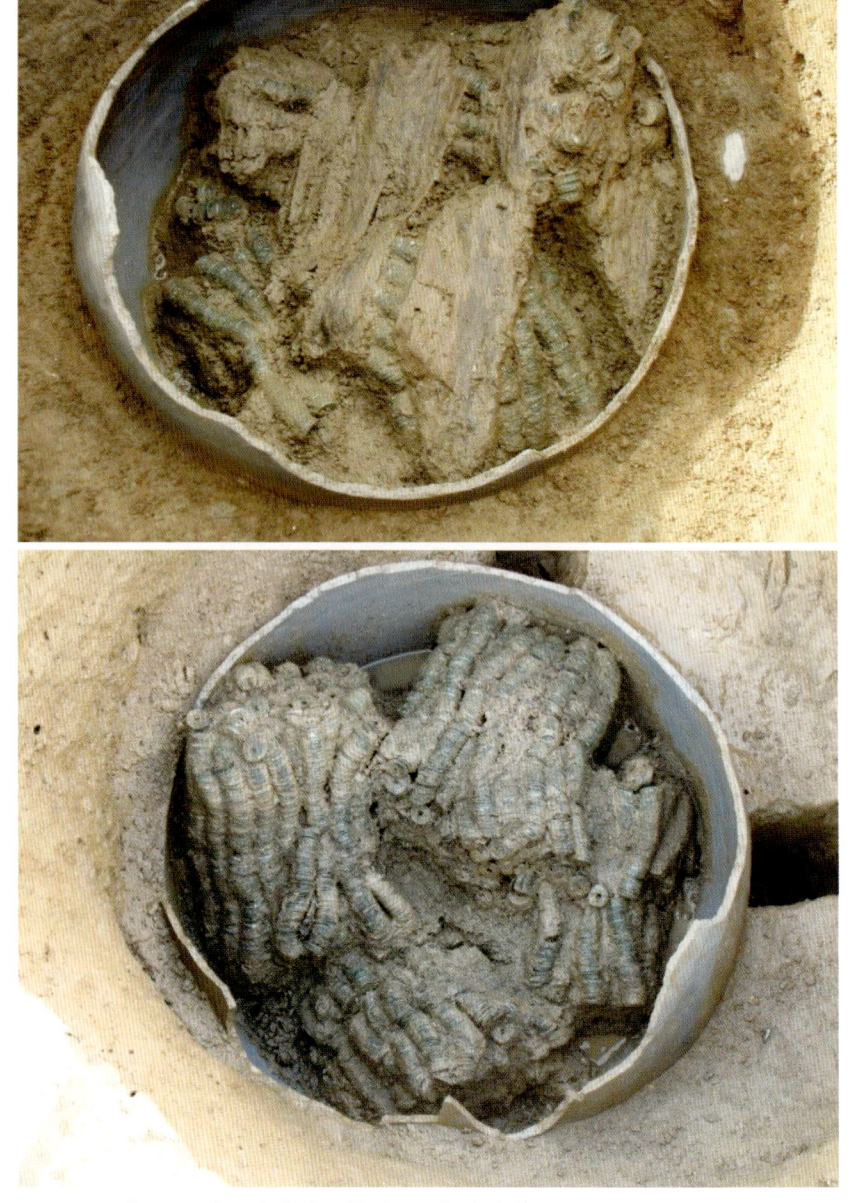

口絵 13　岩国市中津居館跡の一括出土銭（岩国市教育委員会提供）
（上段：発見時全景（薄い木質が銭貨上面を覆っている）／下段：木質を取り除いた全景）

貨幣考古学の世界

口絵14　岩国市中津居館跡の
　　　一括出土銭の処理：作業風景
（①養生／②発砲ウレタンの充填／③土
層の剥ぎ取り／④土とウレタンの置換
／⑤ウレタン梱包完了／⑥門型設置後,
甕の吊り上げ／⑦車両への積み込み
／⑧資料館へ搬入／⑨銭貨上面の3D計測
／⑩和紙による緡銭の養生(1)／⑪和紙
による緡銭の養生(2)／⑫取り上げた緡銭
(連)／⑬剥ぎ取り,ブラッシング,判
読作業／⑭計測・採拓）
　　　　　　　（岩国市教育委員会提供）

貨幣拓影：PLATE-1 〔中国〕

拓図下部に【 】で記載された漢字は出土遺跡名の略称である（銭背については省略したが，それぞれの出土遺跡は同番号の銭面に準ずる）。出土遺跡名などの詳細は本書巻末の「銭貨出土遺跡の略称一覧」を参照されたい。無印は福岡県北九州市本城出土（櫻木1992a），ベトナム銭の無印はハノイ調査（昭和女子大学国際文化研究所2008）による。なお，柒（しち）＝七，捌（はち）＝八は数字を表わしている。中国銭の初鋳年は，おもに『中國古錢譜』（1989），ベトナム銭の初鋳年は，おもに『The Historical Cash Coins of Viet Nam』（2004）によった。

1 半両

2(1) 五銖

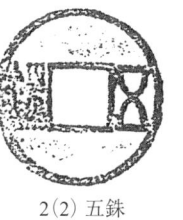
2(2) 五銖

3 大泉五十【鴻臚館跡】

2(3) 五銖

4 貨泉

5(1) 開元通寶

5(2) 開元通寶（濶縁）

5(3) 背上「京」下「月」

5(4) 背下「越」

5(5) 背上「興」

5(6) 背上「月」

5(7) 背上「星」【波根】

5(8) 背上「洛」

〔中国〕

1. 半両（BC175年）：前漢が発行したもので，八銖半両は四銖半両と比して大きい。図は四銖半両で，左右に半両が突起しており，周りの輪がなく，孔の比率が大きい。

2. 五銖（BC118年〜AD581年）：前漢から隋まで発行されており，大きさもさまざまである。(1)は後漢，(2)は梁，(3)は隋の五銖である。漢の五銖は，孔が大きく，郭がはっきりしない。文字が不鮮明でも，やや孔の比率が大きいものは，五銖の可能性を疑う必要がある。梁の五銖は郭がはっきりしており，隋の五銖は外径が小さいので判別が容易である。

3. 大泉五十（新 AD7年）：王莽が発行したもの。／**4. 貨泉**（新 AD14年）：王莽が発行したもの。

5(9) 背右「廣」

5. 開元通寶（唐621年）：径8分（24〜25mm），重さ2銖4累（3.7〜4.2g）の大きさで四文字を配する。以後，銭貨は1枚が1文で，10文を1両とする十進法となる。書体は隷書で，それまでの銭貨が篆書主体だったのを一新する。読み方には対読説と回読説があるが（東野1997），本書では対読とする。無背のものが多いが，背に「月」や「星」といった模様を有するものもある。また，会昌5年（845）から鋳造されたものには，漢字で鋳造地を表わしたものが各種存在するので，会昌開元とよばれることがあり，背の確認も必要になる。背の漢字は，図に掲げたもの以外に，昌・益・藍・襄・荊・宣・兗・鄂・平・梁・桂・福・丹がある。

5

貨幣拓影：PLATE-2〔中国〕

5(10) 背上「潤」

5(11) 背上「洪」

5(12) 背下「月」

5(13) 背左「潭」【大門】

5(14) 背上「梓」【大門】

6 乹封泉寶【平安京】

7(1) 乹重元寶

7(2) 乹重元寶

7(3) 乹重元寶（濶緣）

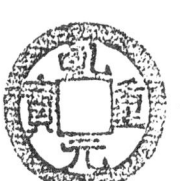
8(1) 乹重元寶 当五十
【中村岡の久保】

8(2) 背（重輪）

9(1) 通正元寶【大門】

9(2) 背上「星」

10 天漢元寶【大門】

11 光天元寶

12(1) 乹徳元寶

12(2) 乹徳元寶【大門】

13 咸康元寶【大門】

14 乹重亨寶【平安京】

15 天福元寶
【中村岡の久保】

16 漢通元寶

6. **乹封泉寶**（唐 666 年）：1 年間だけ鋳造された。

7. **乹重元寶**（唐 758 年）：銭径は開元通寶と同じであるが，財政不足のために発行された当十銭である。文字の大きさに大小があり，輪の幅が広い濶緣のものがある。

8. **乹重元寶**（唐 759 年）：背が重輪の当五十銭である。

9. **通正元寶**（前蜀 916 年）：五代十国の前蜀が発行した銭貨は，開元通寶の「開」「通」の二字を削り，そこに他の文字を嵌め込んだものである。したがって，背に「月」や「星」の存在するものがあり，掲載したのは背上「星」である。

10. **天漢元寶**（前蜀 917 年）／11. **光天元寶**（前蜀 918 年）

12. **乹徳元寶**（前蜀 919 年）：文字に大小がある。／13. **咸康元寶**（前蜀 925 年）

14. **乹亨重寶**（南漢 917 年）：乹亨通寶も存在する。／15. **天福元寶**（後晋 938 年）

16. **漢通元寶**（後漢 948 年）：開元通寶の「開」を削り，そこに「漢」を嵌め込んだものである。したがって，背に「月」や「星」の存在するものがある。

■ 貨幣拓影：PLATE-3〔中国〕

17(1) 周通元寶　17(2) 背右「月」　17(3) 背左「星」　18(1) 唐國通寶(真書)　18(2) 唐國通寶(篆書)
　　　　　　　　　　　　　　　　（星形孔銭）

18(3) 唐國通寶　19 大唐通寶[平安京]　20 開元通寶(篆書)　21(1) 宋通元寶　21(2) 宋通元寶
　（隷書）【大門】

21(3) 背下「星」　22 太平通寶　23(1) 淳化元寶(真書)　23(2) 淳化元寶(行書)　23(3) 淳化元寶(草書)

24(1) 至道元寶(真書)　24(2) 至道元寶(行書)　24(3) 至道元寶(草書)　25 咸平元寶　26 景德元寶

17. 周通元寶（後周 955 年）：背右に「月」と背左に「星」を掲載。(3) は星形孔銭。
18. 唐國通寶（南唐 959 年）：真書，篆書，隷書が存在する。／**19. 大唐通寶**（南唐 960 年）
20. 開元通寶（南唐 960 年）：篆書なので，唐の開元通寶とは書体が違う。
　北宋以前の銭貨には，これ以外に建中通寶（唐 780 年），高昌吉利（高昌国？年），天成元寶（後唐 926 年），永平元寶（前蜀 911 年），廣政通寶（後蜀 938 年），大蜀通寶（後蜀 934 年），大齊通寶（937 年）などもある。

21. 宋通元寶（北宋 960 年）：文字の変化と背に「星」があるものを掲載。
22. 太平通寶（北宋 976 年）：真書である。／**23. 淳化元寶**（北宋 990 年）：真書，行書，草書の三書体がある。
24. 至道元寶（北宋 995 年）：真書，行書，草書の三書体がある。
25. 咸平元寶（北宋 998 年）：真書のみである。／**26. 景德元寶**（北宋 1004 年）：真書のみである。

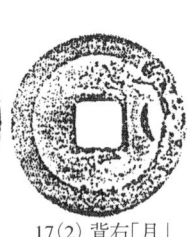
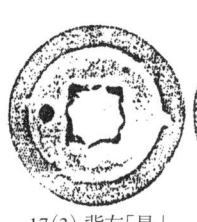

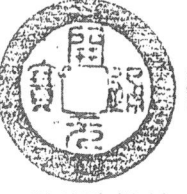

貨幣拓影：PLATE-4〔中国〕

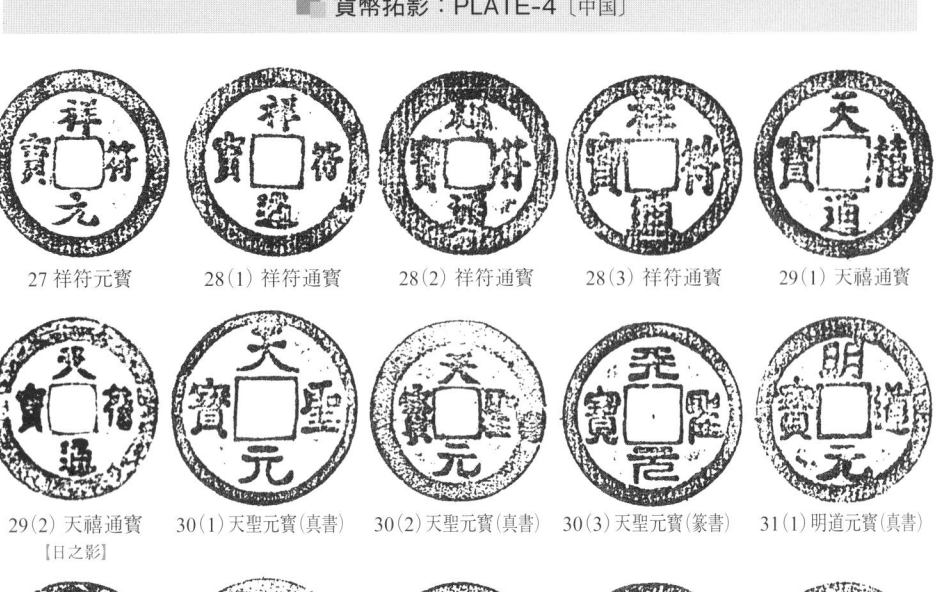

| 27 祥符元寶 | 28(1) 祥符通寶 | 28(2) 祥符通寶 | 28(3) 祥符通寶 | 29(1) 天禧通寶 |

| 29(2) 天禧通寶
【日之影】 | 30(1) 天聖元寶(真書) | 30(2) 天聖元寶(真書) | 30(3) 天聖元寶(篆書) | 31(1) 明道元寶(真書) |

| 31(2) 明道元寶(篆書) | 32(1) 景祐元寶(真書) | 32(2) 景祐元寶(篆書) | 33(1) 皇宋通寶(真書) | 33(2) 皇宋通寶(真書) |

| 33(3) 皇宋通寶(真書) | 33(4) 皇宋通寶(真書) | 33(5) 皇宋通寶(真書) | 33(6) 皇宋通寶(篆書) | 33(7) 皇宋通寶(篆書) |

27. **祥符元寶**（北宋 1008 年）：真書のみで，元寶と通寶を同時に発行した最初である。
28. **祥符通寶**（北宋 1008 年）：真書のみで，文字の大小がある。
29. **天禧通寶**（北宋 1017 年）：真書のみで，文字の大小がある。
30. **天聖元寶**（北宋 1023 年）：真書と篆書の二書体があり，この二書体が対で発行された最初である。
31. **明道元寶**（北宋 1032 年）：真書と篆書の二書体がある。篆書はもっとも読みにくいもののひとつである。
32. **景祐元寶**（北宋 1034 年）：真書と篆書の二書体がある。
33. **皇宋通寶**（北宋 1038 年）：真書と篆書があり，一括出土銭の中でもっとも多く出土し，字体の変化も多い。
34. **慶暦重寶**（北宋 1045 年）：当十銭なので，銭径が大きい。

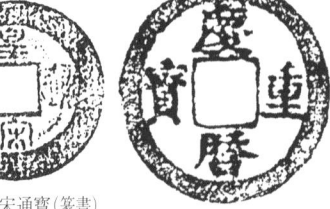

33(8) 皇宋通寶(篆書)　　　　34 慶暦重寶[博多79次]

貨幣拓影：PLATE-5〔中国〕

35(1) 至和元寶(真書)　35(2) 至和元寶(真書)　35(3) 至和元寶(篆書)　35(4) 至和元寶(篆書)　36(1) 至和通寶(真書)

    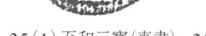

36(2) 至和通寶(篆書)　37(1) 嘉祐元寶(真書)　37(2) 嘉祐元寶(真書)　37(3) 嘉祐元寶(篆書)　38(1) 嘉祐通寶(真書)

 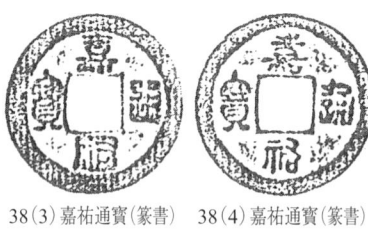 

38(2) 嘉祐通寶(真書)　38(3) 嘉祐通寶(篆書)　38(4) 嘉祐通寶(篆書)　39(1) 治平元寶(真書)　39(2) 治平元寶(真書)

39(3) 治平元寶(篆書)　39(4) 治平元寶(篆書)　40(1) 治平通寶(真書)　40(2) 治平通寶(篆書)　40(3) 治平通寶(篆書)

41(1) 熙寧元寶(真書)　41(2) 熙寧元寶(真書)　41(3) 熙寧元寶(真書)　41(4) 熙寧元寶(真書)　41(5) 熙寧元寶(篆書)

35. 至和元寶(北宋 1054 年)：真書と篆書の二書体がある。／**36.** 至和通寶(北宋 1054 年)：真書と篆書の二書体がある。
37. 嘉祐元寶(北宋 1056 年)：真書と篆書の二書体がある。／**38.** 嘉祐通寶(北宋 1056 年)：真書と篆書の二書体がある。
39. 治平元寶(北宋 1064 年)：真書と篆書の二書体がある。／**40.** 治平通寶(北宋 1064 年)：真書と篆書の二書体がある。
41. 熙寧元寶 (北宋 1068 年)：真書と篆書の二書体があり，字体の変化も多い。

貨幣拓影：PLATE-6〔中国〕

 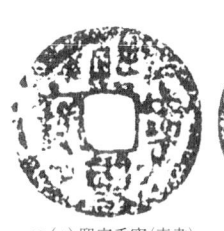 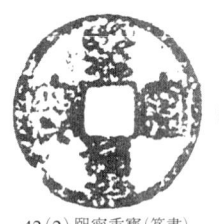 

41（6）熙寧元寶（篆書）　41（7）熙寧元寶（篆書）　42（1）熙寧重寶（真書）　42（2）熙寧重寶（篆書）　43（1）元豊通寶（行書）
　　　　　　　　　　　　　　　　　　　　　　　　　　【中村岡の久保】　　　【中村岡の久保】

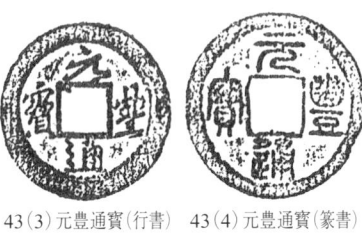  

43（2）元豊通寶（行書）　43（3）元豊通寶（行書）　43（4）元豊通寶（篆書）　43（5）元豊通寶（篆書）　44（1）元豊通寶
　　（折二・行書）【新安】

44（2）元豊通寶　　　45（1）元祐通寶（行書）　45（2）元祐通寶（篆書）　45（3）元祐通寶（篆書）　45（4）元祐通寶（篆書）
（折二・篆書）【新安】

46（1）元祐通寶　　　　　　46（2）元祐通寶　　　　47（1）紹聖元寶（行書）　47（2）紹聖元寶（行書）
（折二・行書）【新安】　　　（折二・篆書）【新安】

42. **熙寧重寶**（北宋 1071 年）：折二銭で，真書と篆書の二書体がある。
43. **元豊通寶**（北宋 1078 年）：行書と篆書の二書体がある。
44. **元豊通寶**（北宋 1078 年）：折二銭も行書と篆書の二書体がある。
45. **元祐通寶**（北宋 1086 年）：行書と篆書の二書体がある。
46. **元祐通寶**（北宋 1093 年）：折二銭も行書と篆書の二書体がある。
47. **紹聖元寶**（北宋 1094 年）：行書と篆書の二書体がある。

47（3）紹聖元寶（篆書）　47（4）紹聖元寶（篆書）

貨幣拓影：PLATE-7〔中国〕

48（1）紹聖元寶
（折二・行書）【新安】

48（2）紹聖元寶
（折二・篆書）【新安】

48（3）紹聖元寶（折
二・行書・磨輪）【大門】

49 紹聖通寶【大門】

50（1）元符通寶
（行書）

50（2）元符通寶（篆書）　50（3）元符通寶（篆書）　51（1）元符通寶（折二・行書）【新安】

51（2）元符通寶（折二・篆書）【新安】

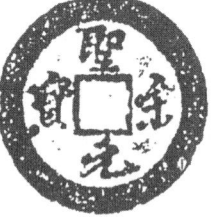

52（1）聖宋元寶（行書）　52（2）聖宋元寶（行書）　52（3）聖宋元寶（篆書）　52（4）聖宋元寶（篆書）　53（1）聖宋元寶
（折二・行書）【新安】

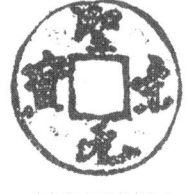

53（2）聖宋元寶（折二・篆書）【新安】　53（3）聖宋元寶（折二・
行書・磨輪）【大門】　54 崇寧通寶

55 崇寧通寶（当十）【博多85次】

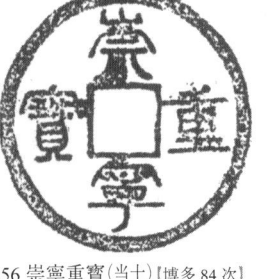

56 崇寧重寶（当十）【博多84次】

48. **紹聖元寶**（北宋1094年）：折二銭も行書と篆書の二書体がある。
49. **紹聖通寶**（北宋1094年）：真書のみである。
50. **元符通寶**（北宋1098年）：行書と篆書の二書体がある。
51. **元符通寶**（北宋1098年）：折二銭も行書と篆書の二書体がある。
52. **聖宋元寶**（北宋1101年）：行書と篆書の二書体がある。
53. **聖宋元寶**（北宋1101年）：折二銭も行書と篆書の二書体がある。
54. **崇寧通寶**（北宋1103年）：書体は瘦金体のみである。
55. **崇寧通寶**（北宋1103年）：書体は瘦金体のみで，当十銭である。
56. **崇寧重寶**（北宋1103年）：当十銭で書体は隷書のみである。

■ 貨幣拓影：PLATE-8〔中国〕

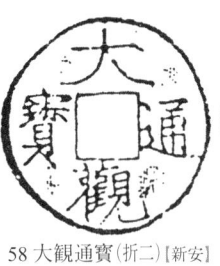
57 大観通寶

58 大観通寶(折二)【新安】

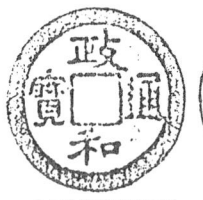
59(1) 政和通寶(隷書)

59(2) 政和通寶(隷書)

59(3) 政和通寶(篆書)

60(1) 政和通寶
(折二・隷書)

60(2) 政和通寶
(折二・篆書)

61 宣和元寶(篆書)【大門】

62(1) 宣和通寶(隷書)

62(2) 宣和通寶(隷書)

62(3) 宣和通寶(篆書)

63(1) 宣和通寶
(折二・隷書)

63(2) 宣和通寶(折二・
篆書)【中村岡の久保】

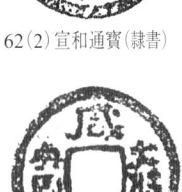
64 清寧通寶
【中村岡の久保】

65 咸雍通寶【大門】

66 大康元寶【能ヶ谷】

67 大康通寶

68 大安元寶【大門】

69 壽昌元寶
【石白１次】

70 乹統元寶
【中村岡の久保】

57. **大観通寶**（北宋 1107 年）：書体は痩金体のみである。
58. **大観通寶**（北宋 1107 年）：折二銭である。当三・当五・当十銭も存在する。
59. **政和通寶**（北宋 1111 年）：隷書と篆書の二書体がある。
60. **政和通寶**（北宋 1111 年）：折二銭も隷書と篆書の二書体がある。
61. **宣和元寶**（北宋 1119 年）：隷書と篆書の二書体あるが，篆書のみを掲載。
62. **宣和通寶**（北宋 1119 年）：隷書と篆書の二書体がある。
63. **宣和通寶**（北宋 1119 年）：折二銭も隷書と篆書の二書体があり，当三銭もある。
　　北宋の銭貨には，21 ～ 63 以外にも政和重寶折二(1111 年)，重和通寶(1118 年)，靖康通寶・元寶(1126 年)がある。

64. **清寧通寶**（遼 1055 年）／ **65. 咸雍通寶**（遼 1065 年）／ **66. 大康元寶**（遼 1075 年）／ **67. 大康通寶**（遼 1075 年）
68. **大安元寶**（遼 1085 年）／ **69. 壽昌元寶**（遼 1095 年）／ **70. 乹統元寶**（遼 1101 年）

■ 貨幣拓影：PLATE-9〔中国〕

71 天慶元寶[波根]　72(1) 建炎通寶(真書)　72(2) 建炎通寶(篆書)　73(1) 建炎通寶(折二・真書・磨輪)[志海苔]　73(2) 建炎通寶(折二・篆書・磨輪)[大門]

 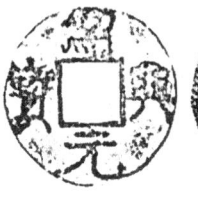   

74 紹興元寶(真書)[中村岡の久保]　75(1) 紹興元寶(折二・真書・磨輪)[志海苔]　75(2) 紹興元寶(折二・篆書)[志海苔]　76 紹興通寶[志海苔]　77 紹興通寶(折二・磨輪)[志海苔]

    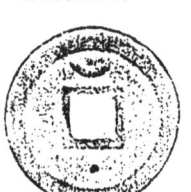

78 隆興元寶(折二・真書)[志海苔]　79(1) 乾道元寶(折二・真書・磨輪)[志海苔]　79(2) 乾道元寶(折二・篆書・磨輪)　80(1) 淳熙元寶　80(2) 背上下「月」「星」

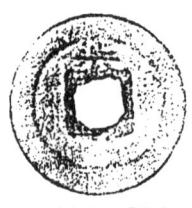  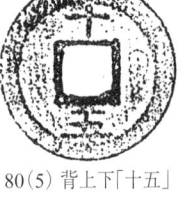  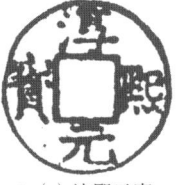

80(3) 背上「柒」　80(4) 背上「捌」　80(5) 背上下「十五」　80(6) 背上下「十六」　81(1) 淳熙元寶(折二・磨輪)[大門]

71. **天慶元寶**（遼 1111 年）／**72. 建炎通寶**（南宋 1127 年）：真書と篆書の二書体がある。
73. **建炎通寶**（南宋 1127 年）：真書と篆書の二書体がある。当三銭も存在する。
74. **紹興元寶**（南宋 1131 年）：真書と篆書の二書体あるが，真書のみを掲載。
75. **紹興元寶**（南宋 1131 年）：折二銭で真書と篆書の二書体がある。
76. **紹興通寶**（南宋 1131 年）：真書のみである。
77. **紹興通寶**（南宋 1131 年）：折二銭で真書のみである。
78. **隆興元寶**（南宋 1163 年）：折二銭で真書と篆書の二書体あるが，真書のみを掲載。
79. **乾道元寶**（南宋 1165 年）：折二銭で真書と篆書の二書体がある。
80. **淳熙元寶**（南宋 1174 年）：背には，無背，月，星，柒，捌，九〜十六。
81. **淳熙元寶**（南宋 1174 年）：折二銭。

81(2) 背上下「十三」

貨幣拓影：PLATE-10〔中国〕

82（1）紹熙元寶

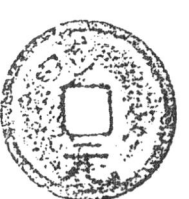

82（2）背下「元」

83（1）紹熙元寶
（折二・磨輪）【大門】

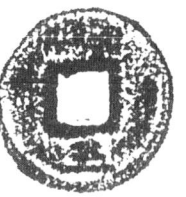

83（2）背下「五」

84（1）慶元通寶

84（2）背下「三」

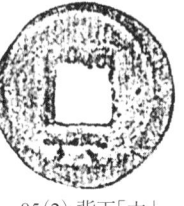

85（1）慶元通寶
（折二・磨輪）【志海苔】

85（2）背下「六」

86（1）嘉泰通寶

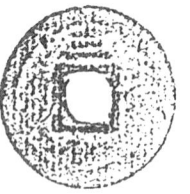

86（2）背上「元」

87（1）嘉泰通寶
（折二）【新安】

87（2）背上「元」

88（1）開禧通寶

88（2）背上「三」

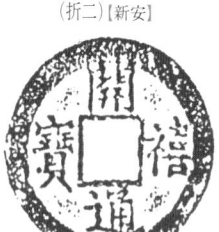

89（1）開禧通寶
（折二）【新安】

89（2）背上「二」

90（1）嘉定通寶

90（2）背上「九」

90（3）背上「十」

90（4）背上下「十三」

82.紹熙元寶（南宋 1190 年）：背には，下に元〜五。
83.紹熙元寶（南宋 1190 年）：折二銭。／**84.慶元通寶**（南宋 1195 年）：背には，下に元〜六。
85.慶元通寶（南宋 1195 年）：折二銭。／**86.嘉泰通寶**（南宋 1201 年）：背には，上に元〜四。
87.嘉泰通寶（南宋 1201 年）：折二銭。当三銭もあるが，回読となっている。
88.開禧通寶（南宋 1205 年）：背には，上に元〜三。／**89.開禧通寶**（南宋 1205 年）：折二銭。
90.嘉定通寶（南宋 1208 年）：背には，上に元〜十四。

貨幣拓影：PLATE-11〔中国〕

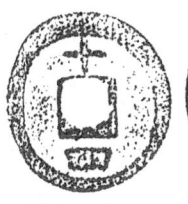

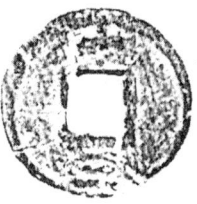
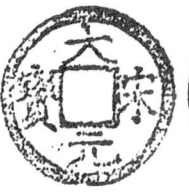

90(5) 背上下「十四」　91(1) 嘉定通寶（折二・磨輪）【志海苔】　91(2) 背上下「十三」　92(1) 大宋元寶　92(2) 背下「六」

93(1) 紹定通寶　93(2) 背上「四」　93(3) 背上「五」　94(1) 紹定通寶（折二・磨輪）【志海苔】　94(2) 背上「四」

95(1) 端平元寶　95(2) 背上「元」　97(1) 嘉熙通寶

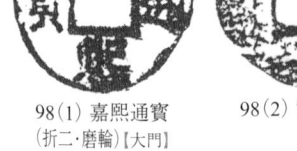
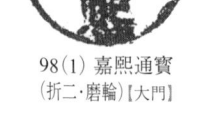
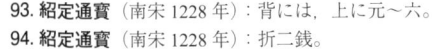

98(1) 嘉熙通寶（折二・磨輪）【大門】　98(2) 背下「二」　96 端平通寶（当三）【博多80次】　97(2) 背下「二」

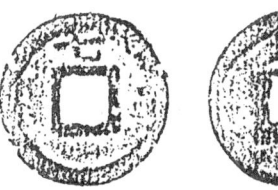
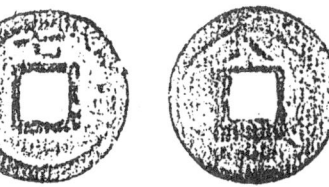

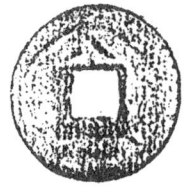

99(1) 淳祐元寶

- **91. 嘉定通寶**（南宋 1208 年）：折二銭。
- **92. 大宋元寶**（南宋 1225 年）：背には，下に元〜三。折二銭もある。
- **93. 紹定通寶**（南宋 1228 年）：背には，上に元〜六。
- **94. 紹定通寶**（南宋 1228 年）：折二銭。
- **95. 端平元寶**（南宋 1234 年）：背には，上に元のみ。
- **96. 端平通寶**（南宋 1234 年）：当三銭で無背。
- **97. 嘉熙通寶**（南宋 1237 年）：背には，下に元〜四。
- **98. 嘉熙通寶**（南宋 1237 年）：折二銭。嘉熙重寶の当三銭もある。
- **99. 淳祐元寶**（南宋 1241 年）：背には，上に元〜十二。

99(2) 背上「七」　99(3) 背上「八」

15

貨幣拓影：PLATE-12〔中国〕

100（1）淳祐元寶
（折二・磨輪）[志海苔]

100（2）背上「五」

101（1）皇宋元寶

101（2）背上「五」

101（3）背上「六」

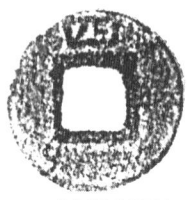

102（1）皇宋元寶
（折二・磨輪）[志海苔]

102（2）背上「四」

103（1）開慶通寶[大門]

103（2）背上「元」

104（1）景定元寶

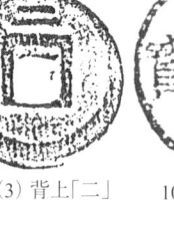

104（2）背上「元」

104（3）背上「二」

105（1）景定元寶
（折二）[新安]

105（2）背上「二」

106（1）咸淳元寶

106（2）背上「元」

107（1）咸淳元寶
（折二・磨輪）[大門]

107（2）背上「三」

108天盛元寶[志海苔]　109皇建元寶[能ヶ谷]

100. 淳祐元寶（南宋 1241 年）：折二銭。
101. 皇宋元寶（南宋 1253 年）：背には，上に元〜六。
102. 皇宋元寶（南宋 1253 年）：折二銭。
103. 開慶通寶（南宋 1259 年）：背には，上に元のみ。折二銭もある。
104. 景定元寶（南宋 1260 年）：背には，上に元〜五。
105. 景定元寶（南宋 1260 年）：折二銭。
106. 咸淳元寶（南宋 1265 年）：背には，上に元〜八。
107. 咸淳元寶（南宋 1265 年）：折二銭。

110 光定元寶[大門]

108. 天盛元寶（西夏 1149 年）／ 109. 皇建元寶（西夏 1210 年）／ 110. 光定元寶（西夏 1211 年）
　西夏の銭貨は西夏文字と漢字のものがあり，この 3 点以外にも，福聖元寶（1053 年），大安元寶・通寶（1075 年），
元徳通寶・重寶（1119 年），乾祐元寶（1170 年），天慶元寶（1194 年）がある。

16

貨幣拓影：PLATE-13〔中国〕

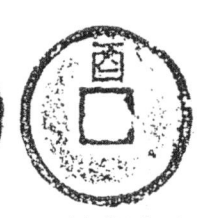

111 正隆元寶【波根】　112(1) 大定通寶【大門】　112(2) 背上「酉」　112(3) 背上「申」　112(4) 背下「申」

113 至大通寶【波根】　114 大元通寶(当十)【博多62次】　115(1) 至正通寶【大門】　115(2) 背上「辰」

115(3) 背上「巳」【志海苔】　116(1) 天佑通寶【能ヶ谷】　116(2) 背上「一」　117 大義通寶【能ヶ谷】　118 天定通寶【泉町】

111. 正隆元寶（金 1156 年）
112. 大定通寶（金 1161 年）：無背のものか，背の上か下に「申」「酉」とある。
　金の錢貨は，これ以外にも，泰和通寶（1204 年），泰和重寶（1201 年）当十錢，崇慶元寶・通寶（1212 年），至寧元寶（1213 年），貞祐通寶（1214 年），貞昌元寶・通寶・重寶（1130 年）がある。

113. 至大通寶（元 1310 年）：至大元寶もある。
114. 大元通寶（元 1310 年）：当十錢である。パスパ文字で書かれている。
115. 至正通寶（元 1350 年）：折二，当三，当五，当十錢もある。背にはパスパ文字があり，「寅」「卯」「辰」「巳」「午」の 5 種類がある。
　元の錢貨は，これ以外にも中統元寶(1260 年)，至元通寶(1264 年)，元貞通寶・元寶(1295 年)，大德通寶(1297 年)，皇慶元寶（1312 年），延祐元寶（1314 年），至治元寶・通寶（1321 年），泰定通寶・元寶（1324 年），至順元寶・通寶（1330 年），至統元寶（1333 年），至元通寶・通寶（1335 年）がある。

116. 天佑通寶（周 1353 年）／**117. 大義通寶**（漢 1360 年）：折二錢もある。／**118. 天定通寶**（天完 1359 年）
　元末地方政權の錢貨は，これ以外にも龍鳳通寶（宋 1355 年），天啓通寶（天完 1358 年）がある。

貨幣拓影：PLATE-14 〔中国〕

119(1) 大中通寶
【大門】

119(2) 背上「浙」

120(1) 大中通寶
（折二）[能ヶ谷]

120(2) 背上「浙」

121(1) 洪武通寶【波根】

121(2) 背上「浙」

121(3) 背上「桂」【大門】

121(4) 背上「北平」【大門】

121(5) 背下「福」【大門】

121(6) 洪武通寶【波根】

121(7) 背右「一錢」

121(8) 洪武通寶
【波根】

121(9) 洪武通寶
【波根】

122(1) 洪武通寶
（折二）【今帰仁】

122(2) 背右「二錢」

123(1) 洪武通寶（当三）【今帰仁】　　123(2) 背右「三錢」

124 永楽通寶【波根】

125 宣德通寶【波根】

119. 大中通寶（明 1361 年）：無背のほかに，鋳造地をあらわす「浙」「北平」「豫」「福」「鄂」「廣」「桂」「濟」「京」が鋳出されているものがある。

120. 大中通寶（明 1361 年）：折二，当三，当五，当十錢もある。

121. 洪武通寶（明 1368 年）：無背のほかに，鋳造地をあらわす「浙」「北平」「豫」「福」「鄂」「廣」「桂」「桂一」「濟」「京」と，「一錢」が鋳出されているものがある。

122. 洪武通寶（明 1368 年）：折二錢である。

123. 洪武通寶（明 1368 年）：当三錢である。他にも，背に「五錢」が鋳出されている当五錢もある。

124. 永楽通寶（明 1408 年）／**125. 宣德通寶**（明 1433 年）／**126. 弘治通寶**（明 1503 年）

126 弘治通寶【大門】

貨幣拓影：PLATE-15 〔中国〕

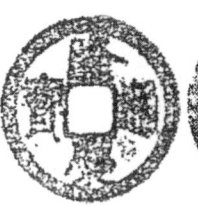
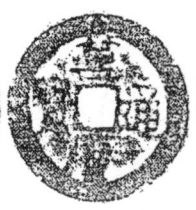

127 嘉靖通寶
【朝倉 57 次】

128 隆慶通寶【新馬場】

129 萬暦通寶
【博多 102 次】

130（1）天啓通寶
【新馬場】

130（2）背上「工」

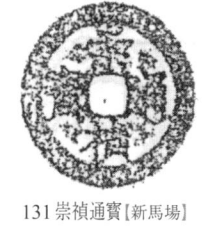

131 崇禎通寶【新馬場】

132 弘光通寶【ハノイ】

133（1）興朝通寶【ハノイ】

133（2）背下「工」

134（1）利用通寶【ハノイ】

134（2）利用通寶【ハノイ】

134（3）背右「雲」

135 裕民通寶【ハノイ】

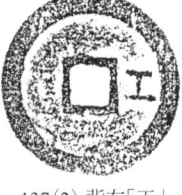

136 昭武通寶【ハノイ】

137（1）洪化通寶
【ハノイ】

137（2）背右「工」

138（1）順治通寶
【新馬場】

138（2）背右「戸」

---

127. 嘉靖通寶（明 1528 年）：折二，当三，当五，当十銭もある。／**128. 隆慶通寶**（明 1570 年）
129. 萬暦通寶（明 1576 年）：背に「工」「天」などもある。／**130. 天啓通寶**（明 1621 年）
131. 崇禎通寶（明 1628 年）／**132. 弘光通寶**（清初 1645 年）／**133. 興朝通寶**（清初 1647 年）
134. 利用通寶（清初 1673 年）／**135. 裕民通寶**（清初 1674 年）／**136. 昭武通寶**（清初 1678 年）
137. 洪化通寶（清初 1679 年）
　明末・清初の銭貨は，これ以外に天命通寶（清 1616 年），泰昌通寶（明 1621 年），隆武通寶（清初 1645 年），
大明通寶（清初 1644 年），永暦通寶（清初 1647 年）がある。

138. 順治通寶（清 1644 年）：背に漢字や満州文字を鋳出したものがある。

貨幣拓影：PLATE-16〔中国〕

 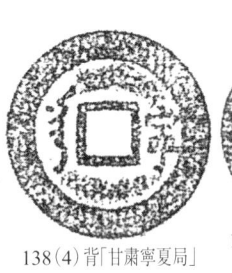  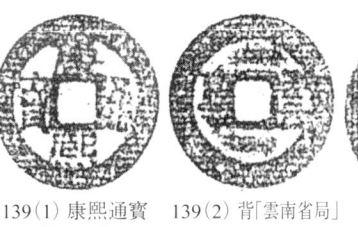 

138（3）順治通寶　　　138（4）背「甘粛寧夏局」　　139（1）康熙通寶　　139（2）背「雲南省局」　　139（3）康熙通寶
〔新馬場〕　　　　　　　　　　　　　　　　　　〔新馬場〕　　　　　　　　　　　　　　　　　　　〔新馬場〕

 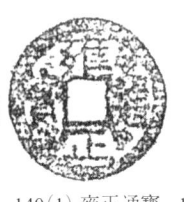 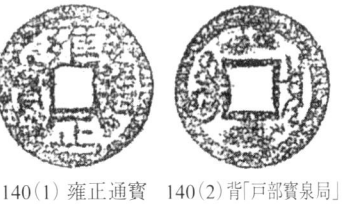 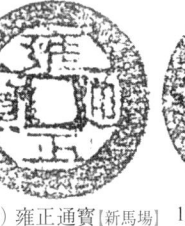 

139（4）背「工部寶源局」　140（1）雍正通寶　140（2）背「戸部寶泉局」　140（3）雍正通寶〔新馬場〕140（4）背「雲南寶雲局」
〔新馬場〕

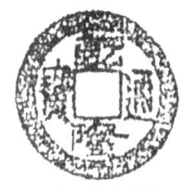   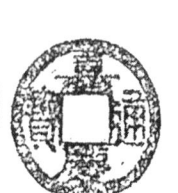

141（1）乾隆通寶　　141（2）背「山西寶晋局」　141（3）乾隆通寶　141（4）背「戸部寶泉局」　142（1）嘉慶通寶
〔新馬場〕　　　　　　　　　　　　　　　　　〔新馬場〕　　　　　　　　　　　　　　　　　　　〔新馬場〕

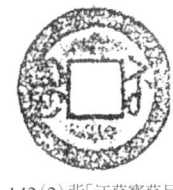 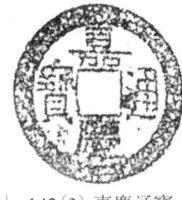   

142（2）背「江蘇寶蘇局」　142（3）嘉慶通寶　142（4）背「戸部寶泉局」　143（1）道光通寶　143（2）背「戸部寶泉局」
〔新馬場〕　　　　　　　　　　　　　　　　　　　　　　　　　　　〔新馬場〕

139. 康熙通寶（清 1662 年）：背に漢字や満州文字を鋳出し
たものがある。

140. 雍正通寶（清 1723 年）：左に「寶」の満州文字，右は
鋳造地を表わしている。これ以降の銭貨は，すべて左右が
このような表記になる。

141. 乾隆通寶（清 1736 年）

142. 嘉慶通寶（清 1796 年）

143. 道光通寶（清 1821 年）

143（3）道光通寶　　143（4）背「広東寶広局」
〔新馬場〕

貨幣拓影：PLATE-17〔中国〕

144（1）咸豊通寶
〔新馬場〕

144（2）背「戸部寶泉局」

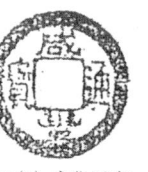

144（3）咸豊通寶
〔新馬場〕

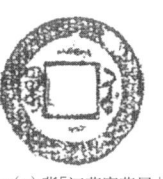

144（4）背「江蘇寶蘇局」

145（1）咸豊重寶
（当十）〔新馬場〕

145（2）背「當十
戸部寶泉局」

145（3）咸豊重寶（当十）〔新馬場〕

145（4）背「當十山西寶晋局」

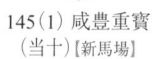

146（1）同治通寶〔新馬場〕

146（3）同治通寶
〔新馬場〕

147（1）光緒通寶
〔新馬場〕

147（2）背「天津寶津局」

146（2）背「浙江寶浙局」

146（4）背「江蘇寶蘇局」

147（3）光緒通寶〔新馬場〕

147（4）背「天津寶津局」

148（1）光緒重寶（当十）〔新馬場〕

148（2）背「當十戸部寶泉局」

149（1）宣統通寶
〔新馬場〕

149（2）背「戸部寶泉局」

144. 咸豊通寶（清 1851 年）／**145. 咸豊重寶**（清 1851 年）
146. 同治通寶（清 1862 年）／**147. 光緒通寶**（清 1875 年）
148. 光緒重寶（清 1875 年）／**149. 宣統通寶**（清 1909 年）
　清末の銭貨には、他に祺祥通寶（清 1861 年）、同治重寶（清 1862 年）がある。

149（3）宣統通寶〔新馬場〕　　149（4）背「戸部寶泉局」

21

貨幣拓影：PLATE-18〔朝鮮〕

 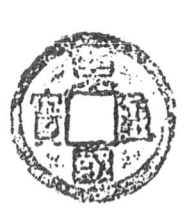   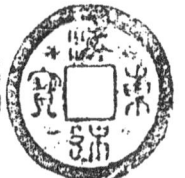

150（1）東国通寶　　150（2）東国通寶　　151（1）東国重寶　　151（2）東国重寶　　152（1）海東通寶（篆書）
（真書）【大久保山】　（隷書）【志海苔】　　（隷書）【志海苔】　　（真書）【平安京】

152（2）海東通寶　　153 海東重寶【志海苔】　154 三韓通寶（篆書）　155 三韓重寶【志海苔】　156 朝鮮通寶【波根】
（真書）【石白１次】　　　　　　　　　　　　　　　【志海苔】

  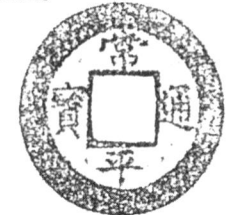 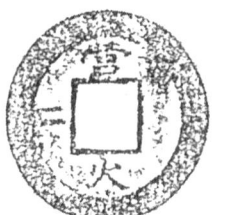

157（1）常平通寶　　157（2）背上「營」　　　　157（3）常平通寶　　　157（4）背上「營」左「二」下「火」
【新馬場】　　　　　左「月」下「一」　　　　　（中型銭）【新馬場】

157（5）常平通寶（折二）【新馬場】　　157（6）背上「賑」左「月」下「二」

〔朝鮮〕

150. 東國通寶（高麗 1097 年）：書体は真書，隷書，行書，篆書がある。

151. 東國重寶（高麗 1097 年）：回読の真書と対読の隷書がある。

152. 海東通寶（高麗 1097 年）：回読の真書，行書，篆書と対読の真書がある。

153. 海東重寶（高麗 1097 年）／ **154. 三韓通寶**（高麗 1097 年）：真書，行書，篆書などがある。

155. 三韓重寶（高麗 1097 年）：回読と対読があり，真書のみである。／ **156. 朝鮮通寶**（朝鮮 1423 年）

157. 常平通寶（朝鮮 1678 年）：小平銭と折二銭があり，中型銭もある。1866 年に当百銭，1882 年に当五銭も発
　　行されている。背の記号や文字の種類と組み合わせが非常に多いので，大中小の３種類のみを載せている。

貨幣拓影：PLATE-19〔ベトナム〕

158(1) 大平興寶【志海苔】 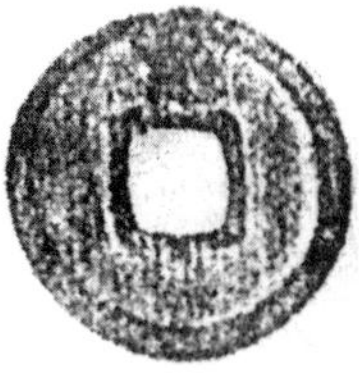　158(2) 背上「丁」 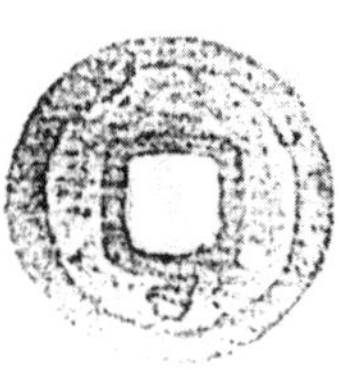　158(3) 背下「丁」 　159(1) 天福鎮寶 　159(2) 背上「黎」

160 政平通寶【石白1次】　161(1) 大治通寶（真書）【仲原3次】　161(2) 大治通寶【観音院】　162 順天元寶 　163 紹平通寶

164 大和通寶 　165 延寧通寶 　166 光順通寶 　167 洪德通寶 　168 景統通寶

〔ベトナム〕
※ベトナム銭の初鋳年は，Barker 2004 によった。

158. 大平興寶（丁 970 年）：背の上か下に「丁」とあるものが多い。「太」ではなく「大」であり，「太平通寶」と間違わないように。

159. 天福鎮寶（前黎 980 年）：背上に「黎」とある。

李朝の銭貨には，順天大寶（1010 年），乾符元寶（1039 年），明道元寶（1042 年），天感元寶（1044 年），天資元寶（1186 年），治平元寶（1205 年），咸平元寶（？年）がある。

160. 政平通寶（陳 1232 年）

169 洪順通寶【坂本城】

161. 大治通寶（陳 1358 年）：書体は，真書，草書，篆書などがあり，書風も変化に富んでいる。

陳朝の銭貨には，建中通寶（陳 1225 年），陳元通寶（1232 年），元豊通寶（1251 年），紹隆通寶（1258 年），皇陳通寶・元寶（1273 年），開泰元寶（1324 年），紹豊元寶・通寶（陳 1341 年），大治元寶（1358 年），大定通寶（1369 年），紹慶通寶（陳 1370 年），昌符通寶（1377 年），胡朝の銭貨には，聖元通寶（1400 年），紹元通寶（1401 年）があり，明占領期に永天通寶（1420 年），天慶通寶（1426 年）がある。

162. 順天元寶（後黎 1428 年）／**163. 紹平通寶**（後黎 1434 年）／**164. 大和通寶**（後黎 1443 年）

165. 延寧通寶（後黎 1454 年）／**166. 光順通寶**（後黎 1460 年）／**167. 洪德通寶**（後黎 1470 年）

168. 景統通寶（後黎 1498 年）／**169. 洪順通寶**（後黎 1510 年）

後黎朝の銭貨は，これ以外に大寶通寶（1440 年），天興通寶（1459 年），端慶通寶（1505 年），光紹通寶（1517 年），元和通寶（1533 年），嘉泰通寶（1573 年），景治通寶（1663 年），永治元寶・通寶・之寶（1676 年），正和通寶（1680 年）がある。陳氏起義軍の銭貨では，陳公新寶（1511 or 1516 年），天應通寶（1517 年），佛法僧寶（1517 年），宣和祐寶（1517 年）がある。

貨幣拓影：PLATE-20〔ベトナム〕

   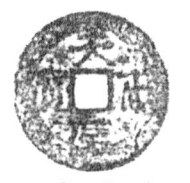  

| 170 安法元寶 | 171 大平聖寶 | 172① 治平聖寶 | 172② 大定通寶 | 172③ 聖通元寶 |

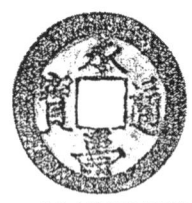         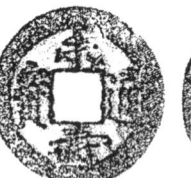  

| 172④ 天符元寶 | 172⑤ 漢元通寶 | 172⑥ 祥通元寶 | 172⑦ 祥聖通寶 | 172⑧ 紹豊平寶 |

 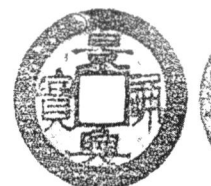    

| 173(1) 永壽通寶(真書) | 173(2) 永壽通寶(行書) | 174 永盛通寶 | 175 保泰通寶 | 176(1) 景興通寶(真書) |

| 176(2) 景興通寶(篆書) | 176(3) 景興通寶(隷書) | 176(4) 背上「中」 | 176(5) 背上「京」 | 176(6) 背下「中」 |

170. 安法元寶（莫？年）

171. 太平聖寶（莫？年）：莫氏の錢貨は、これ以外に明徳元寶・通寶（1527年）、大正通寶（1530年）、廣和通寶（1540年）、永定通寶・之寶（1547年）、光寶通寶（1554年）と、初鋳年は不明だが、太平通寶、開建通寶、崇明通寶、正元通寶がある。ベトナムのハノイで調査した際、安法元寶、太平聖寶と共伴した

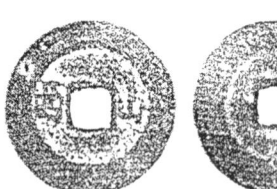 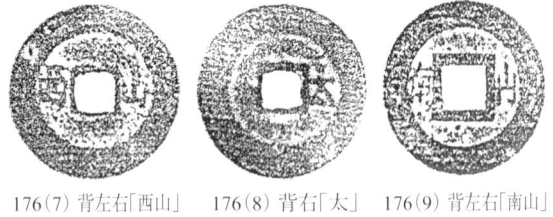 

| 176(7) 背左右「西山」 | 176(8) 背右「太」 | 176(9) 背左右「南山」 |

錢貨で確認した錢貨は、どこで鋳造したものか不明だが、外径が小さく錢厚が薄い点で似ており、ここで紹介する。**172**①治平聖寶、②大定通寶、③聖通元寶、④天符元寶、⑤漢元通寶、⑥祥通元寶、⑦祥聖通寶、⑧紹豊平寶。

173. 永壽通寶（後黎1658年）／**174. 永盛通寶**（後黎1706年）／**175. 保泰通寶**（後黎1720年）

176. 景興通寶（後黎1740年）：真書、篆書、隷書の三書体と、背に「中」「太」「西山」「南山」などを鋳出したものがある。

貨幣拓影：PLATE-21〔ベトナム〕

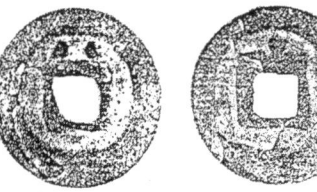

177 景興巨寶　　178 景興泉寶　　179 景興至寶　　180 景興重寶　　181 景興永寶

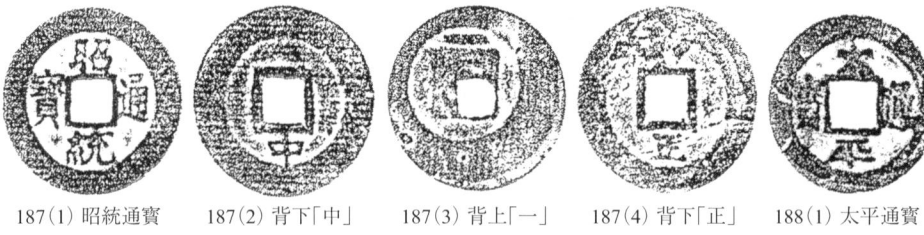

182 景興正寶　　183 景興内寶　　184 景興大寶　　185 景興中寶　　186 景興順寶

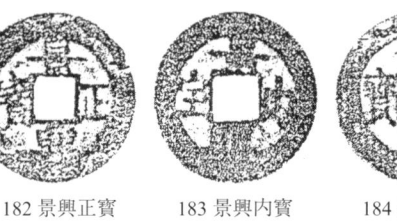   

187（1）昭統通寶　187（2）背下「中」　187（3）背上「一」　187（4）背下「正」　188（1）太平通寶

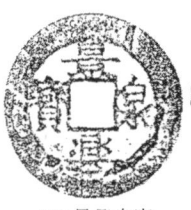 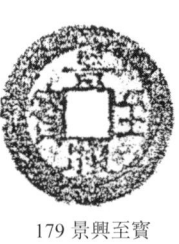  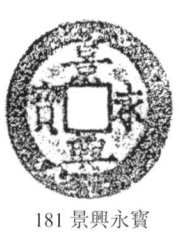

188（2）背上「••」　188（3）背上「星」　188（4）背上「一」下「V」　189 祥符元寶

---

177. 景興巨寶（後黎 1740 年）／ **178. 景興泉寶**（後黎 1740 年）／ **179. 景興至寶**（後黎 1740 年）
180. 景興重寶（後黎 1740 年）／ **181. 景興永寶**（後黎 1740 年）／ **182. 景興正寶**（後黎 1740 年）
183. 景興内寶（後黎 1740 年）／ **184. 景興大寶**（後黎 1740 年）／ **185. 景興中寶**（後黎 1740 年）
186. 景興順寶（後黎 1776 年）：背上に「星」もある。
187. 昭統通寶（後黎 1787 年）：背に「中」「一」「正」「山」「太」「南山」がある。

188. 太平通寶（阮 1725 年）：背に「星」「二つ星」「V」がある。／ **189. 祥符元寶**（阮 ? 年）
　阮朝の銭貨には，太平豊寶（ ? 年），天明通寶（1746 年），嘉興通寶（1780 年），治平通寶・元寶（ ? 年），平
南通寶（ ? 年）があり，主鄭の銭貨には，南王巨寶・通寶（ ? 年）がある。

25

■ 貨幣拓影：PLATE-22 〔ベトナム／琉球／その他〕

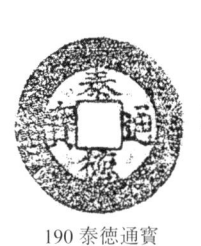  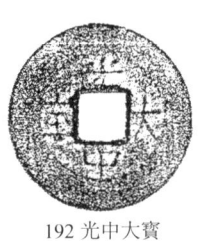 

190 泰徳通寶　　191 光中通寶　　192 光中大寶　　193 景盛通寶　　194 嘉隆通寶

195 明命通寶〔新馬場〕　196 大世通寶　　197 世高通寶　　198 金圓世寶　　199 玄聡道寶
　　　　　　　　　　　　【大久保山】　　【大久保山】　　【博多40次】　　　　【朝倉57次】

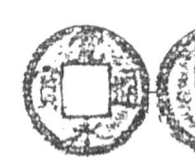

200（1）寛永通寶（安南手）〔新馬場〕　200（2）寛永通寶（安南手・背右「文」）　200（3）寛永通寶（安南手）

190. 泰徳通寶（西山 1778 年）／**191. 光中通寶**（西山 1788 年）
192. 光中大寶（西山 1788 年）／**193. 景盛通寶**（西山 1793 年）
　西山の銭貨には，これ以外に明徳通寶（1789 年），景盛大寶（1793 年），
寶興通寶（1801 年），乾隆通寶（1788 年）がある。

201 ガン首銭

194. 嘉隆通寶（阮 1802 年）／**195. 明命通寶**（阮 1820 年）
　阮朝の銭貨には，嘉隆巨寶（1802 年），紹治通寶（1841 年），嗣徳通寶（1848 年），建福通寶（1883 年），咸宜通寶（1884年），同慶通寶（1885 年），成泰通寶（1889 年），維新通寶（1907 年），啓定通寶（1916 年），保大通寶（1926 年）がある。

〔琉球〕
196. 大世通寶（1454 年）：永楽通寶の「永楽」を削り，「大世」を嵌め込んだもの。
197. 世高通寶（1461 年）：永楽通寶の「永楽」を削り，「世高」を嵌め込んだもの。
198. 金圓世寶（1470 年）：外径がやや大きく，「金」4 画目の縦棒が 3 画目横棒を突き抜けているという特徴がある。

〔その他〕
199. 玄聡道寶（不詳）：永井（2002）にベトナムの不明銭として載せられている。
200. 寛永通寶：安南手とよばれており，これは日本で鋳造された寛永通寶ではない。
201. ガン首銭：キセルの火皿を潰したもので，銭貨ではないが，銭貨として使用されていた可能性があり，近世の遺跡から出土することがある。

貨幣拓影：PLATE-23〔日本〕

202 富本【松村 2003】

203（1）和同銀錢
【松村 2003】

203（2）古和同銅錢
【松村 2003】

203（3）新和同銅錢
【松村 2003】

204 萬年通寶【城山】　205 神切開寶【城山】　206 隆平永寶【宝満山】

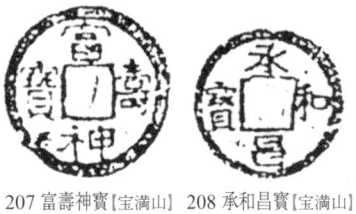

207 富壽神寶【宝満山】　208 承和昌寶【宝満山】

209 長年大寶【小阪合】

210 饒益神寶【小阪合】　211 貞観永寶【平城京①】

212 寛平大寶【平城京②】

213 延喜通寶
【平城京②】

214 乹元大寶
【平城京③】

215①a 無文錢
【京町】

215①b 無文錢 2【坂本城】

215①c 輪錢
【坂本城】

〔日本〕

202. 富本（？年）：飛鳥池タイプのものの拓本である。藤原京基壇のものは，「富」がワ冠となっているなどの違いがあり，容易に区別ができる（本文Ⅱ-②：図12 参照）。

203. 和同開珎（708 年）：古和同，新和同と大きく二つのタイプに分類できる。「開」に特徴があり，古和同は不隷開が多く，新和同は隷開である。銀錢と銅錢がある。

204. 萬年通寶（760 年）：錢径がやや大きい。／**205. 神功開寶**（765 年）／**206. 隆平永寶**（796 年）

207. 富壽神寶（818 年）：これ以降の錢貨は錢径がかなり小さくなる。／**208. 承和昌寶**（835 年）

209. 長年大寶（848 年）／**210. 饒益神寶**（859 年）／**211. 貞観永寶**（870 年）

212. 寛平大寶（890 年）／**213. 延喜通寶**（907 年）／**214. 乹元大寶**（958 年）

　政府が発行した制錢ではないが，中世から近世にかけて日本で鋳造された錢貨をここに掲げる。**215**①無文錢（さまざまな大きさのもがあり，最大で23mm 程度。小さいものは円形円孔の輪錢とよばれるものもある），②慶長通寶，③洪武通寶（加治木錢），④元祐通寶（叶手），⑤元通通寶，⑥平安通寶，⑦元豊通寶（加刀），⑧元豊通寶（長崎貿易錢）

貨幣拓影：PLATE-24 〔日本〕

215② 慶長通寶
【築町】

215③a 洪武通寶(加治木)【築町】

215③b 背上「治」

215④a 元祐通寶(叶手)【築町】

215④b 背下「一」

215⑤ 元通通寶【築町】

215⑥ 平安通寶【南小泉】

215⑦ 元豊通寶(加刀)【築町】

215⑧a 元豊通寶(京都)

215⑧b 元豊通寶【ハノイ】

216(1) 古寛永
(称芝銭)【築町】

216(2) 古寛永
(水戸銭)【築町】

216(3) 古寛永
(称仙台銭)【築町】

216(4) 古寛永
(称松本銭)【築町】

216(5) 古寛永
(称坂本銭)【築町】

216(6) 古寛永
(称岡山銭)【原田】

216(7) 古寛永
(称建仁寺銭)【原田】

216(8) 古寛永
(長門銭)【築町】

216(9) 古寛永
(称鳥越銭)【原田】

216(10) 古寛永
(称沓谷銭)【原田】

216(11) 文銭【原田】

216(12) 背上「文」

216(13) 新寛永
(四ツ宝銭)【原田】

216(14) 新寛永
(京都荻原銭)【原田】

216(15) 新寛永
(旧猿江銭)【原田】

216. 寛永通寶（1636 年）：大きく古寛永，文銭，新寛永に分類できる。素材は鉄のものもある。新寛永「通」字の旁部分は通常「コ」となっているが，不旧手は「マ」となっている。

貨幣拓影：PLATE-25〔日本〕

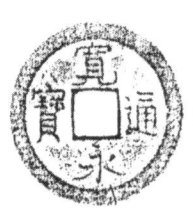    

216(16) 新寛永　　216(17) 新寛永(不旧　216(18) 新寛永(不　216(19) 背上「足」　216(20) 背上「元」
（仙台石巻銭）【原田】　手旧十万坪銭）【原田】　旧手藤沢銭）【原田】　　【京町】　　　　　【京町3】

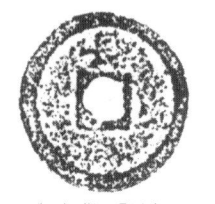 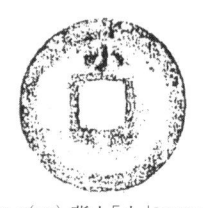 

216(21) 背上「長」【箕輪】　216(22) 背上「小」【京町3】　216(23) 新寛永（佐渡銭）【京町】　216(24) 背上「佐」

217(1) 寶永通寶【フィッツ】　　　　217(2) 背縁「永久世用」

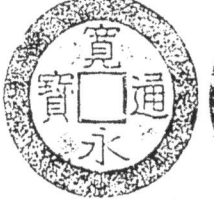 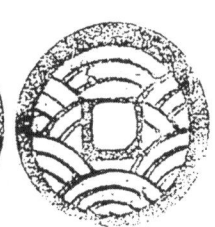 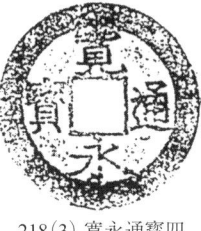 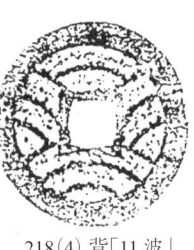

218(1) 寛永通寶四　218(2) 背「21波」　218(3) 寛永通寶四　218(4) 背「11波」
文銭【京町5】　　　　　　　　　文銭【京町5】

217. 寶永通寶（1708年）：わが国で初めて発行された当十銭である。京都七条銭座で鋳造されたが，わずか1年余りで通用停止になった。

218. 寛永通寶四文銭（1768年）：最初は背に21波が鋳出されていたが，翌年（1769）には11波に変更されている。真鍮銭であるが，万延元年（1860）以降，鉄製の四文銭も発行された。

29

貨幣拓影：PLATE-26〔日本〕

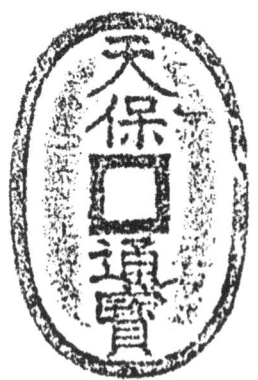

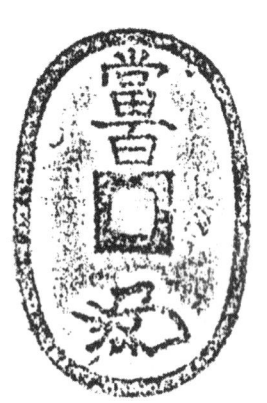

220(1) 文久永寶
(真文)【京町 5】

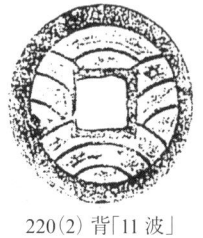

220(2) 背「11 波」

219(1) 天保通寶【京町 5】　　　219(2) 背「當百花押」

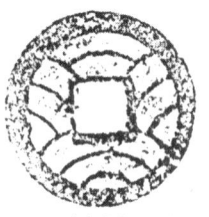

220(3) 文久永寶
(草文)【箕輪】

220(4) 背「11 波」

220(5) 文久永寶(略宝)【箕輪】　220(6) 背「11 波」

221 仙臺通寶
【今帰仁】

222(1) 箱館通寶
【弁天貝塚】

222(2) 参考：背上「安」

219. **天保通寶**（1835 年）：初めて発行された百文銭である。背の下には，金座後藤家の花押がある。

220. **文久永寶**（1863 年）：書体は真書と草書で，「寶」が「宝」となっている略宝と呼ばれているものをいれると 3 種類ある。

221. **仙臺通寶**（1784 年）：仙台藩内の流通ということで，幕府の許可を受けて発行された隅丸方形の鉄銭。しかし，九州での出土例もいくつかあり，広範に分布していたものと考えられる。大型，中型，小型と種類は多い。

222. **箱館通寶**（1856 年）：箱館奉行が幕府の許可を受け発行した円形円孔の鉄一文銭。

■ 貨幣拓影：PLATE-27〔日本〕

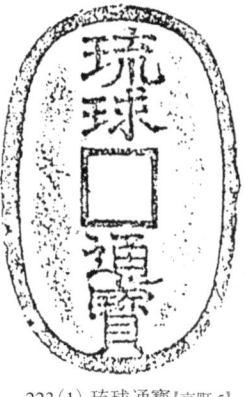
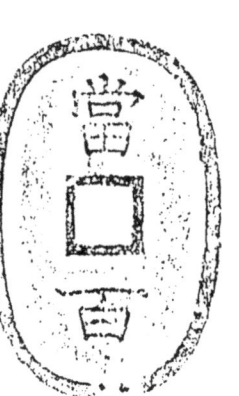

223（3）琉球通寶【フィッツ】

223（1）琉球通寶【京町5】　　223（2）背「當百」

223（4）背「半朱」

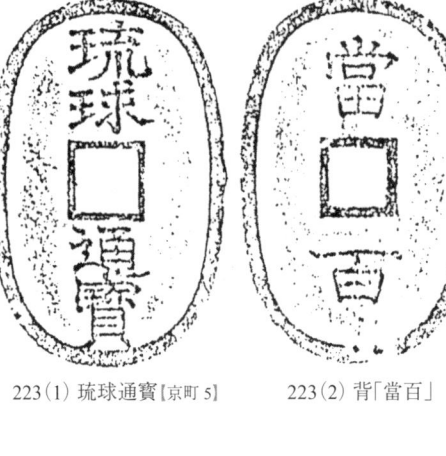

224（1）天保小判【フィッツ】

224（2）万延小判【フィッツ】

223.**琉球通寶**（1862年）：幕府の許可を受け，薩摩藩が発行した小判型の百
　　文銭。円形方孔のものも存在する。
224.**小判金**（1601年）：慶長，元禄，宝永，正徳，享保，元文，文政，天保，
　　安政，万延の10種類がある。品位や大きさは変化があり，万延小判は極
　　端に小さい。
225.**一分判金**（1601年）：小判と同様10種類がある。

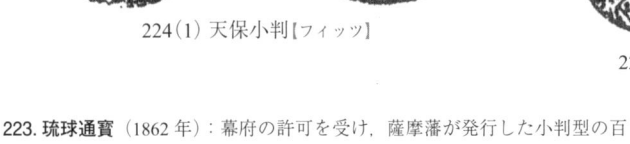

225 慶長一分金【宗玄寺】

貨幣拓影：PLATE-28〔日本〕

226 安政二分判金［永井 1998］

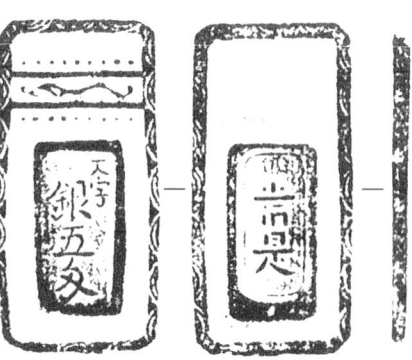

228 明和五匁銀［永井 1998］

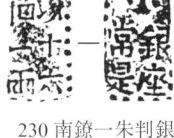

227（2）文政小玉銀［フィッツ］

227（1）慶長丁銀［永井 1998］

229 文政南鐐二朱銀
［郵政省飯倉分館］

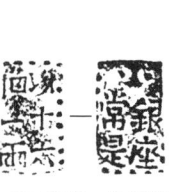

230 南鐐一朱判銀
［永井 1998］

231 安政一分銀［フィッツ］

232 嘉永一朱銀［フィッツ］

226. **二分判金**（1818 年）：文政，安政，万延がある。

227. **丁銀・小玉銀**（豆板銀）（1601 年）：形状はさまざまだが，慶長，元禄，宝永二つ宝，宝永永字，宝永三つ宝，宝永四つ宝，正徳享保，元文，文政，天保，安政の 11 種類がある。秤量貨幣の銀貨は，なまこ形の丁銀とこの小玉銀を組み合わせて重量を調整した。

228. **明和五匁銀**（1765 年）：秤量貨幣であった銀貨が，金 1 両＝銀 60 匁の公定交換レートであったことから，これが 12 枚で 1 両となる。

229. **南鐐二朱判銀**（1772 年）：秤量貨幣であった丁銀や小玉銀が，計数貨幣化したものであり，これが 8 枚で 1 両となる。明和と文政があり，安政二朱銀は銀貨でありながら「二朱」と金貨の単位が刻まれている。

230. **南鐐一朱判銀**（1829 年）：これが 16 枚で 1 両にあたる。

231. **一分判銀**（1837 年）：金貨の単位である「一分」を銀に刻んだ計数貨幣であり，4 枚で 1 両となる。天保と安政，さらには明治になっても造られた。

232. **一朱判銀**（1853 年）：16 枚で 1 両となる計数銀貨である。

考古調査ハンドブック 15
貨幣考古学の世界

櫻木晋一
（下関市立大学）

ニューサイエンス社

はじめに

　旧来は歴史考古学と総称され，考古学にあっても周辺的存在とされていた中世考古学や近世考古学が学問的一分野として確立されて久しい。近年では，近現代の遺物・遺構であっても考古学の研究対象であると認識されつつある。日本は律令国家の成立以来，経済活動の進展に伴って，中国の影響のもとで金属貨幣の使用が始まる。そして，古代末の金属貨幣が不在となる約150年間を除くと，時代とともに貨幣流通量は増加するので，中近世の遺跡を発掘調査すれば，かなりの頻度で貨幣が出土することになる。つまり，考古学の一分野として「貨幣考古学」の重要性が増すと考えられる。歴史研究の基礎にある「史料論」の立場からみても，これまでの文献史料中心の研究ではなく，モノ資料を取り扱う考古学が欠かせないものとなってきている。さらに，金属貨幣の中でも円形方孔の銭貨は，中国をはじめとする東アジアや東南アジア一帯で広範に使用されてきたということもあり，考古学研究が精緻化している日本からその成果を発信していくことは，国を越えて学問的なレベルアップにつながると考える。

　第Ⅰ部では，まず貨幣に関わる固有の学問であるNumismatics（古銭学）について考える。日本の古銭学は多分に趣味の学問と認識されており，これまではほとんど取り上げられることのなかったテーマである。そして，中世考古学における出土銭貨研究の重要性を指摘した坂詰秀一氏や，日本史学や経済史学など隣接学問分野を融合させながら考古学的研究を進めた鈴木公雄氏の業績など，出土銭貨研究の黎明期から近年までの先行研究を概観する。次に，今日的課題である遺跡から個別に出土する銭貨の史料的意義を示し，それらをデータベース化することによって明らかとなる史実について考察する。

　第Ⅱ部では，まず貨幣の機能について考え，時代ごとにどのような性格を有する銭貨が遺跡から出土するのかを紹介する。例えば，古代には胞衣壺埋納銭という和同開珎など5枚の銭貨を埋納する慣行がある。中世であれば，一括出土銭と呼ばれる壺などに納められた大量の銭貨が存在し，紐で束ねられた緡銭などの状況から当時の商慣行などを知ることができる。また，中・

近世墓に納められた六道銭と呼ばれる銭貨もひとつの範疇で捉えることができ，埋葬習俗や，経済活動についての考察が可能となる。近世になると，国内で銭貨生産が再開され，寛永通寳やそれ以外にも認識しておかねばならない銭貨群が存在する。また，金貨や銀貨が発行され，その使用も一般的となり，遺跡からの出土例も徐々にではあるが増加しているので，一部の近代貨幣の出土例とあわせて紹介する。

　第Ⅲ部では，出土銭貨調査の現場に直面する埋蔵文化財担当者を念頭に置いて，筆者がおこなってきた具体的な調査例を紹介しながら，考古遺物である銭貨の出土状況からその処理，判読の方法までを簡潔に解説し，調査ハンドブックとしての役目を果たす。特に，理化学的機器を使用した調査についても紹介する。

　第Ⅳ部では，銭貨の生産技術や金属組成分析など鋳造技術に関わる問題を中心に述べる。特に，鉛同位体比分析の研究進展によって，銭貨の原材料ともなる鉛が東南アジアの鉱山からもたらされていた事実を示す。また，銭貨の復元製作実験についても紹介する。研究対象である銭貨の特性を理解し，自然科学も含めた学際研究によって生まれる研究成果は「貨幣考古学」の成立に欠かせない。

　第Ⅴ部では，日本だけでなく，中国・韓国・ベトナムなど銭貨を使用してきた国々では，貨幣の流通状況について共時性や地域性が見られるので，国という概念を越えた広域で貨幣をとらえる視点が必要不可欠であると考え，日本での研究と関わりのある範囲で，研究の現状と留意点について述べる。筆者が近年実際におこなってきたベトナム・ラオスの出土銭貨調査や，新安沖沈没船に積まれていた銅銭について紹介する。また，イギリスの博物館が所蔵している日本貨幣に関わるトピックスについてもここで紹介する。以上を踏まえ，第Ⅵ部では環シナ海という国境を越えた貨幣の動態を論じてまとめとする。

　埋蔵文化財担当者の多くは行政関係の諸事に忙殺されており，頻出する銭貨という歴史資料の処理に手がまわらないケースも多く見受けられる。したがって，前近代貨幣を調査する際に，簡便で利用しやすく網羅的な内容とす

るため，巻頭に代表的銭貨の拓本を掲げ，巻末には貨幣関連用語解説を載せることによって，出土貨幣の調査についてはこの一冊で概ね対応できるように本書を構成した。ただし，考古資料はすべての学問分野にとって利用可能な形で情報を提供するため，出土銭貨については細分化しすぎた分類ではなく，資料化が容易なレベルでの調査・研究を心がけている。

　「貨幣考古学」という学問が，考古学・歴史学・古銭学・文化財科学などの諸学問とその垣根を越えて基礎的部分で学融合をおこない，一学問分野として確立し，多くの学問にとって有用な資料を提供することになれば幸いである。

　2015 年 4 月

櫻木晋一

目　次

《口絵》貨幣考古学の世界 ……………………………… 1〜4

《PLATE》貨幣拓影〔中国・朝鮮・ベトナム・琉球・その他・日本〕………… 5〜32

はじめに ………………………………………………… *1〜3*

目　次 …………………………………………………… *4〜5*

凡例／貨幣各部の名称 ………………………………… *6*

Ⅰ．Numismatics（古銭学）と出土貨幣史研究 ………… *7〜30*

1 Numismatics（古銭学）とは ……………………… *8*

2 日本における出土銭貨研究略史 …………………… *11*

3 一括出土銭から個別出土銭研究へ ………………… *15*

4 個別出土銭研究 ─「博多」を例として ─ ………… *21*

Ⅱ．日本史のなかの貨幣 ………………………………… *31〜78*

1 弥生〜古墳時代の貨幣 ……………………………… *32*

2 古代銭貨と胞衣壺・経塚埋納銭 …………………… *34*

3 一括出土銭と緡銭 …………………………………… *43*

4 中・近世の六道銭 …………………………………… *53*

5 江戸時代の貨幣 ……………………………………… *59*

   1．幕府発行の銭貨 ………………………………… *59*

   2．その他の銭貨 ─ 加治木銭・長崎貿易銭・清朝銭 ─ *62*

   3．出土銭貨の様相 ………………………………… *66*

   4．幕府発行の金貨・銀貨 ………………………… *70*

   5．出土金貨・銀貨の様相 ………………………… *73*

6 近代の出土貨幣 ……………………………………… *77*

Ⅲ．出土貨幣の調査 ……………………………………… *79〜92*

1 一括出土銭の処理 ─ 岩国市中津居館跡の資料を例として ─ ……… *80*

2 銭貨の判読 …………………………………………… *83*

3 CT・X線利用による理化学的判読 ……………… *90*

目　次

Ⅳ．銭貨の製造 ……………………………………………………… 93 〜 126

　　① 貨幣の製造技術 ………………………………………… 94

　　② 銭貨の金属組成 ………………………………………… 99

　　③ 鋳型と出土遺跡 ………………………………………… 107

　　④ 銭貨の鉛同位体比分析 ………………………………… 112

　　⑤ 実験考古学 ……………………………………………… 115

Ⅴ．海外での調査 …………………………………………………… 127 〜 144

　　① ベトナムの一括出土銭調査 …………………………… 128

　　② ラオス調査の成果 ……………………………………… 137

　　③ イギリスの博物館所蔵日本貨幣 ……………………… 139

　　　　１．フィッツウイリアム博物館 ……………………… 139

　　　　２．大英博物館 ………………………………………… 140

　　④ 韓国新安沈船積載銅銭の用途および性格 …………… 142

Ⅵ．日本とシナ海における銭貨の動態 ………………………… 145 〜 154

　　① 環シナ海をとりまく銭貨の概要 ……………………… 146

　　② 古代から中世の銭貨動態 ……………………………… 148

　　③ 近世の銭貨動態 ………………………………………… 153

Ⅶ．付編 ……………………………………………………………… 155 〜 170

　　(1) 貨幣関連用語解説 ……………………………………… 156

　　(2) 文献目録 ………………………………………………… 160

　　(3) 銭貨出土遺跡の略称一覧 ……………………………… 172

おわりに ……………………………………………………………… 174 〜 175

表紙写真（岩国市教育委員会提供）

表：保存処理済みの中津居館跡一括出土銭

裏：中津居館跡一括出土銭の連を取り上げている場面

凡　例

● 大半の銭貨に鋳出されている「寶」字を，「宝」「寳」と表記されている論考も多いが，本書では引用文献や特殊な使用方法であるもの以外は，ほとんどの銭貨に鋳出されている文字である「寶」で統一した。

● 報告書に記載されている銭種の記載については若干の調整をおこなった。たとえば，判読不能や不明，あるいは読める文字だけは一文字だけでも正確に表記してあとは欠字にしてあるものなどさまざま記載法があり，本書では引用以外で銭種を確定できないものはすべて判読不能と統一した。

● 本書に掲載した貨幣の拓図は原寸である。紙面の都合で，背は数例掲載したのみで面のみとした。

貨幣各部の名称

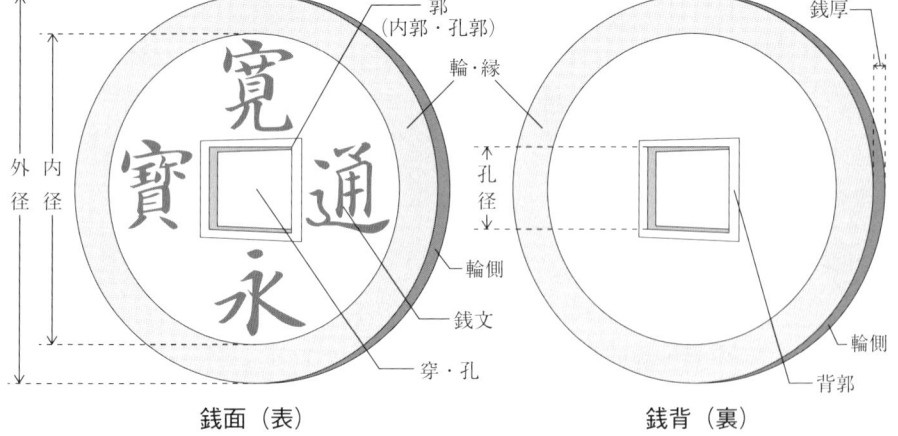

Ⅰ．Numismatics（古銭学）と出土貨幣史研究

　貨幣を研究対象とする学問として，Numismatics（古銭学）が存在する。日本語では Numismatics は古銭学と訳されており，古銭学⇒古銭収集⇒趣味的知識というイメージが定着しているように思われる。しかし，ヨーロッパでは研究者と収集家が同じ基盤の上に立って貨幣に関する研究活動をおこなっており，ひとつの学問分野として確立している（Grierson 1975）。本書は日本史上に登場する貨幣を取り扱うが，まずはこれまであまり触れられてこなかったこの古銭学について考え，出土貨幣研究が今日までどのよう経緯を辿って進展してきたかについて概観する。また，今日的課題として，遺跡から個別に出土する銭貨の研究の重要性を指摘し，そこから明らかになる史実について述べる。

① Numismatics（古銭学）とは

　イギリスのケンブリッジ大学フィッツウイリアム博物館にはコインズ&メダルズという部局があり（口絵 11），全世界の貨幣やメダルの収集だけでなく，貨幣自体を研究対象として，そのデザインなどの形態的特徴についての比較研究や貨幣製造と流通に関する歴史研究，後述する hoard（一括出土銭），single-find（個別出土銭^(註1)）などの考古資料に関する研究もおこなっている。

　それに対して日本では，貨幣を専門とする研究機関は日本銀行貨幣博物館などごく限られている。さらには，文字の微細な差異に着目し古銭を収集するための伝統的古銭学と，出土物を対象とした考古学的貨幣研究との連携が希薄である。古銭界^(註2)における論述を見ても，一部の例外を除いて，出典などが明記されておらず，形式的に論文とは言えないものも多く，好事家たちの貨幣分類論やエッセイといった感がある。また，出土貨幣を研究対象とする考古学界も，貨幣そのものについての観察と知識が不十分で，出土銭貨の資料的評価は高いものと認識されておらず，伝統的古銭学を軽視してきた感が否めない。貨幣を研究対象とする学問である以上，資料の見極めが必要であり，江戸時代以来の重厚な蓄積がある伝統的古銭学に学びながら，現代の歴史的，理化学的研究手法を取り入れた新しい学問として，古銭学を再編成しなければならないと考える。その意味で，従来から使用されている古銭学という用語のイメージを払拭するためには，貨幣学という呼称への変更も考えられるが，調査ハンドブックと位置づけている本書では用語の混乱を避けるため，とりあえずこれまで一般的に使用されてきた古銭学としておく。ちなみに中国では，Numismatics を銭幣学と称している。

　まず，筆者が考えている古銭学の辞書的解説を以下に掲げ，その内容を確認する。

　「古貨幣やメダルなどを研究対象として，その形状，大きさ，銘文などの意匠によって分類・体系化し，発行目的，製造技術，価値尺度などの経済的機能，芸術的価値などについて研究する学問。古泉学とも書く。貨幣の多くは世界各地域の歴代王朝など権力主体によって製造されており，その表面には発行年代を含む文字や人物像など豊富な情報が刻まれている。数量的にも

① Numismatics（古銭学）とは

豊富に存在することから，古銭学は考古学的手法を用いた貨幣史研究と深く係わりながら発展してきた。西洋では，文献が希薄なギリシャ・ローマなどの古代社会研究にまず活用された。イタリアルネッサンス期以来貨幣を使用した研究が行われ，19世紀までに確立された様式論が取り入れられることにより，歴史学や考古学，地理学，神話学などさまざまな学問と関連領域を形成しつつ発展してきた。日本では，江戸時代の延宝・元禄頃から古銭収集が盛んになったのを受けて，古銭商や好事家によって，収集のための手引き書としてさまざまな書物が出版され，古銭の分類を主とした好古趣味に根ざした学問として発展してきた。「和漢古今泉貨鑑」をはじめ多くの古銭書を著した福知山藩主朽木綱昌（1750〜1802）はコレクター大名としてつとに知られている。従って，わが国の古銭学は歴史研究と関連の深い西洋の古銭学とは自ずと内容を異にし，趣味的・骨董的扱いが主で，今日にいたってもその隔たりは大きい。近年のヨーロッパ学界では，考古資料としての大量出土銭（hoard）のみならず，遺構に伴わず出土した個別発見貨（single-find）による貨幣史研究が盛んになりつつある。考古遺物としての貨幣が資料化され，活用可能となってきた日本でも，好古趣味的古銭学から脱却して，貨幣の持つ本来の属性たる歴史学，貨幣経済史学的情報や，貨幣にまつわる習俗などを包摂した文字通り貨幣学の呼称がふさわしい学問に脱皮することが望まれる。」（櫻木 2007a）

　貨幣が古代史研究のための資料として活用され始めたヨーロッパと，江戸時代に貨幣収集のために始まった学問である日本とでは，自ずと性格が異なっているのである。それぞれのもつ長所を生かし，短所を克服することによって，今後は考古学の中に貨幣考古学（Numismatic Archaeology）を確立し，ひとつの学問領域とする必要がある。たとえばヨーロッパでは，金属探知機でコインを探すことが趣味として存在し，そこで発見されたコインが歴史資料となっている。これに対し，日本では考古学の専門家たちによる発掘調査で出土した貨幣が資料化されているという現状があり，資料的価値の高さからいえば，日本の方が恵まれた環境にある。したがって，日本で貨幣考古学という分野を確立することは，世界の古銭学界を学問的に牽引できることになると考える。

　まず，「貨幣」という基本的用語について考えておく。この研究対象物を

9

Ⅰ．Numismatics（古銭学）と出土貨幣史研究

われわれが日常生活の中で使用する言葉としては，「お金」が一般的であろう。お金はコイン（硬貨）と紙幣に大別できる。近年では，電子マネーと称されるモノとして実体のないものも存在する。このお金という用語は一般名詞であり，学術用語としての使用は不適切であろう。よって，お金を少し硬く表現すれば貨幣となる。そこで，何気なく使用している貨幣という言葉の「貨」「幣」と，コインのイメージが強い「銭」という漢字にはどのような意味があるのかを確認してみる。『大漢和辞典』（大修館書店）によれば，貨はたから，金銭珠玉布帛の総称とあり，幣の意味は「きぬ」「ぬさ」で，神にささげる礼物の帛とある。また，貨幣は古くは社会に流通して，交易の媒介，価格の標準，及び支払の方便に供せられる物件を総称していう。後世の法律によって強制通用力を付与せられた物件をいい，硬貨と紙幣との二種があると記されている。ここでは貨幣が硬貨と紙幣を含む表現であることを確認できる。では，銭についてはどうであろうか。銭はぜに，泉に通ずる。すき，目方の名。両即ち二十四銖の十分の一とある。銭貨とはぜに。金銭。銭幣。かね。銭布。銭とさつとあるところから，コインの意味が強い言葉であることが分かる。日本では，古代から使用されてきた金属貨幣を銭や銭貨と呼んでおり，近世になって金や銀の貴金属素材が登場した時に，金貨（銭）・銀貨（銭）と素材名を前に置いて表現している。また，古銭は古い銭の短縮形であり，現在は使用されていないコインと概ね理解されている。金属貨幣のみを取り扱うのではなく，紙幣をも含んだ包括的なものを研究対象とする学問としては，貨幣という用語を使用するのが最適であると考える。Numismatics は紙幣やメダル研究をも含んだ用語であるが，本書では前述の通り古銭学と訳しておく。ちなみに，通貨とは古銭の対義語で，現在の経済活動で使用することができる貨幣のことである。

〔註〕

1) 本来は，個別発見貨と訳すべきであるが，本書では一括出土銭に対応する概念として個別出土銭と訳す。

2) 古銭収集を趣味とする人たちの集まりを古銭界と称する。貨幣収集の趣味が流行する元禄以降は，多くの古銭書も出版され，貨幣研究を伴う古泉界が形成されていく。

② 日本における出土銭貨研究略史

　日本における貨幣研究の始まりは，貨幣収集が広まりだした元禄頃に前田正甫『化蝶類苑』が書かれ，18世紀終り頃には朽木昌綱『新撰銭譜』，藤原定幹『寛永銭譜』など各種銭譜[註3]の出版が盛んになったことから，江戸期における貨幣の形態的分類にあると考えられる。元禄時代には，すでに庶民の通貨として寛永通寶が一般的となり，中国からの渡来銭が市場ではほぼ姿を消し，法的には使用できなくなっていた[註4]。したがって，通貨でなくなった渡来銭は種類が多いこともあり，古銭として収集の対象となり，次第に金貨・銀貨を含む通貨へと収集対象が広がっていったと考えられる。モノとしての貨幣研究から，歴史的研究が加わってくるのである。筆者は大英博物館に所蔵されている朽木昌綱のコインコレクションのカタログを出版したが[註5]，大英博物館は1884年に日本貨幣（絵銭[註6]を含む）のみを購入しており，彼が収集した多数の中国銭については別の研究機関に収蔵されている[註7]。彼の学究的立ち位置や著作は，今日の欧州流古銭学と比して遜色はない。文化文政期に書かれた草間直方『三貨図彙』や近藤守重『金銀図録』も貨幣研究書と呼べるものである。これらの古銭書については「江戸時代の古銭家と古銭書」（小槌 2009）に詳しい。古銭書の刊行は，古銭収集が盛んであったことの反映で，古銭に関する歴史的な考察がなされたものもあり，これらはわが国における古銭学の始まりだと考えられる。この時期の古銭研究は，伝世品だけではなく，不時発見の出土品も対象として含まれており，わずかながら発掘もおこなわれていた。和同開珎の鋳型は江戸時代から収集品として存在することからも，私的な発掘がおこなわれていたことをうかがい知ることができる。

　古くから，出土銭の中でもっとも目につきやすく注目されるものは，壺などに入って大量に出土する銭貨であろう。筆者が一括出土銭と呼ぶこの中世に埋められた大量の銭貨は，近世以前にも土中から出土することが知られていた。たとえば『一遍上人絵伝』では，常陸国の場面で緡銭が掘り出される場面が描かれているし（図1），江戸時代に書かれた近藤守重『銭録』には，大量の銭貨が掘り出された記録[註8]が載せられており，今日でも出土銭貨

Ⅰ. Numismatics（古銭学）と出土貨幣史研究

図1 『一遍上人絵伝』巻五（常陸国で緡銭を掘り出している場面。清浄光寺蔵：葛飾区郷土と天文の博物館 2000）

研究の資料となる。しかしながら，本格的な出土銭貨研究は明治以降になって開始される。

最初の業績としては，明治になって中川近禮の一括出土銭を使用した考察が挙げられる。これは室町時代の銭貨流通に関する論考であり（中川1897），大量の銭貨を埋めた理由を財産保全のためとし，大量の銭貨に永楽通寶が含まれるか否かで時期を大別するといった内容で，今日の一括出土銭研究のさきがけとなる。昭和に入ると，入田整三の考古学的研究が現れる。これは当時知られていた一括出土銭18例について銭種ごとに枚数を示し，北宋銭が多いという銭種構成枚数を明らかにした（入田1930）。今日の研究の基礎となるものである。さらに，石野瑛による神奈川県の一括出土銭に関する報告（石野1935）や，青森地方の一括出土銭を集成した成田末五郎の研究（成田1938・39）が挙げられ，地方レベルでの研究も進展していることが分かる。第二次大戦後，このような基盤の上に立って，矢島恭介は『日本考古学講座』第7巻で出土銭貨について論じ，全国21遺跡の一括出土銭の銭種と枚数を一覧表にして示した（矢島1956）。ここで貨幣が考古学という学問の一分野として明確に意識された。さらに，矢島は一括出土銭40例，総枚数26万枚余の銭貨について一覧表を作成した（矢島1962）。これは最初の全国集計データであり，筆者も研究を始めたころはこれを活用した。

その後は，各地の一括出土銭が調査機関から報告書の形で刊行されるようになり，多くの資料について銭種構成や枚数などが明らかとなった。現在でも日本最多の枚数である北海道志海苔一括出土銭は1968年に発見，報告書が1973年に刊行され，2003年には国の重要文化財に指定されている。一括出土銭についての報告書が1970・80年代になると全国各地で刊行されており，その代表的な事例を一覧表で示す（表1）。銭貨の出土時期と報告刊行にタイムラグがあるものも存在するが，この時期に一括出土銭が考古資料として注目され，報告の努力がなされていたことを読み取ることができる。

12

② 日本における出土銭貨研究略史

表1　1970・80年代に刊行された一括出土銭報告書

	遺跡	枚数	最新銭	発見年	特徴	報告文献No.
1	北海道函館市志海苔町	374,436	洪武通寶	1968	平成24年に387,514枚と変更	1
2	青森県南津軽郡浪岡町大字浪岡字五所	5,971	永楽通寶	1984		2
3	新潟県魚沼郡湯沢町大字湯沢字石白	169,872	朝鮮通寶	1971	第1次	3
4	〃	101,912	朝鮮通寶	1974	第2次	
5	埼玉県北埼玉郡川里村大字屈巣船塚	29,623	咸淳元寶	1965		4
6	埼玉県和光市白子	114,318	宣徳通寶	1972		5
7	東京都八王子市南大沢	27,015	永楽通寶	1983		6
8	長野県塩尻市大字広丘吉田	74,740	大中通寶	1981		7
9	福井県福井市城戸ノ内町字吉野本	3,784	宣徳通寶	1985	一乗谷朝倉氏遺跡第52次調査	8
10	福井県福井市城戸ノ内町字川合殿	16,594	嘉靖通寶	1987	一乗谷朝倉氏遺跡第57次調査	9
11	京都市下京区東塩小路町	31,415	至大通寶	1987	平安京八条三坊七町	10
12	兵庫県宝塚市大原町字堂坂	194,825	永楽通寶	1971		11
13	兵庫県三田市末西字南台	6,384	至大通寶	1981		12
14	広島県福山市草戸町地先	12,591	淳祐元寶	1986	第35次調査	13
15	島根県隠岐郡西郷町大字東町トグ	8,716	宣徳通寶	1984		14
16	徳島県海部郡海南町大里	70,088	至大通寶	1979		15
17	山口県防府市大字下右田	13,495	宣徳通寶	1979		16

一括出土銭報告文献
1　『函館志海苔古銭―北海道中世備蓄古銭の報告書―』1973市立函館博物館・函館市教育委員会
2　『浪岡城跡Ⅷ―昭和59年度浪岡城跡発掘調査報告書』1986浪岡町教育委員会
3　『伝・泉福寺遺跡―石白中世備蓄古銭の報告書―』1976湯沢町教育委員会
4　栗原文蔵1987「川里・舟塚出土の備蓄銭」『研究紀要』第9号埼玉県立歴史資料館
5　栗原文蔵1988「埼玉県出土の中世備蓄銭について(補遺)」『研究紀要』第10号埼玉県立歴史資料館
6　比井民子・竹尾進・松井和浩1984「多摩ニュータウンNo.484遺跡」『多摩ニュータウン遺跡昭和58年度(3分冊)』東京都埋蔵文化財センター
7　「塩尻市広丘吉田若宮出土の備蓄銭」平出遺跡考古博物館・歴史民俗資料館『紀要』第2集1985塩尻市立博物館
8　『特別史跡一乗谷朝倉氏遺跡ⅩⅦ―昭和60年度発掘調査整備事業概要』1986福井県立朝倉氏遺跡資料館
9　『特別史跡一乗谷朝倉氏遺跡ⅩⅨ―昭和62年度発掘調査整備事業概要』1988福井県立朝倉氏遺跡資料館
10　『平安京左京八条三坊七町』1988京都文化財団
11　『堂坂遺跡発掘調査報告書』1973宝塚市教育委員会
12　『青野ダム建設に伴う発掘調査報告書(2)―本文編―』1988兵庫県教育委員会
13　『草戸千軒町遺跡―第35・36次発掘調査概報』1986広島県草戸千軒町遺跡調査研究所
14　『宮尾遺跡発掘調査概報』1984隠岐島後教育委員会
15　吉見哲夫『大里古銭報告書』1985海南町教育委員会
16　『下右田遺跡第4次概報・総括』1980山口県教育委員会

　出土銭貨研究全般に話を戻すと，坂詰秀一氏が中近世考古学，とりわけ中世考古学における出土銭貨研究の重要性を『考古学ジャーナル』（No.187・No.249）において指摘し，経済史との学際研究の方向性を志向した。さらには『出土渡来銭』（ニューサイエンス社）として一書にまとめ，改めてこの研究の重要性を喚起した。これは出土銭貨研究進展にとって大きな転機となった。また，鈴木公雄氏はこれを受け，日本史学・経済史学など隣接学問分野を融合させながら，出土銭貨に関する学際研究を進めた。鈴木氏の業績の特色は，近世の出土六道銭研究に始まり，中世の一括出土銭研究，出土古代銭貨のデータ集成へと対象時代・テーマを移行させながら，資料の考古学的考察のみならず，経済史学的考察へと研究領域を発展させていったことである。鈴木氏が1993年に組織した「出土銭貨研究会」の存在も大きい。全

13

Ⅰ．Numismatics（古銭学）と出土貨幣史研究

国の出土銭貨情報を機関紙『出土銭貨』を通じて，あらゆる分野の研究者が利用可能な形へ整備し，情報発信をしてきたからである。現在も『出土銭貨』は第35巻まで刊行されており^(註9)，出土銭貨研究に重要な役割を果たしている。1990年代になって出土銭貨の分類整理などに残した永井久美男氏の業績^(註10)も特筆すべきものがある。中世の銭貨から近世の金貨・銀貨にまで考察対象を広げ，多岐にわたる論考を展開している。中世の銭貨や寛永通寳は発掘調査で頻出するにもかかわらず，考古学にとって重要な資料とはなってこなかったことに対する警鐘となった。筆者はこれらを受けて，2009年に『貨幣考古学序説』（慶應義塾大学出版会）を上梓し，さらなる出土銭貨研究の深化が必要であることを主張した。本書はその延長上にあり，資料として重要性を増してきた出土銭貨について，埋蔵文化財の調査担当者に有益な情報を提供することを刊行目的のひとつとしている。また，本書はモノ資料としての貨幣そのものの理解を進めるために，その背景にある歴史，とりわけ経済史についても知識を織り込みながら，解説を試みている。

〔註〕

3）拓本などが掲載された貨幣カタログ。

4）寛文10年（1670）に渡来銭使用禁止令が出されている（徳川禁令考3694）。

5）大英博物館にアクセスすれば，このカタログはpdfファイルで見ることができる。

6）絵銭は英語でcharmと言い，護符やお守りとして機能する銭貨の形をした製品のことである。富本銭は江戸時代からの伝統的分類に従い，このcharmに分類されていた。

7）現在，イギリスにおいてこの資料に対する研究が進行中である。

8）享保4年（1719）豊前小倉城下四丁濱で，2桶ほどの永楽銭が掘り出されたとある。『近藤正齋全集第三巻』（国書刊行会復刻，1976）

9）「地鎮めと銭貨」「緡銭」「近世の金銀貨」「出土銭貨研究の現状と課題」など，各号で特集が組まれており，出土貨幣に関する主要な問題点は，これまでに取り扱われている。

10）『中世の出土銭　出土銭の調査と分類』（1994），『中世の出土銭　補遺Ⅰ』（1996），『近世の出土銭Ⅰ　論考編』（1997），『近世の出土銭Ⅱ　分類図版編』（1998），『新版　中世の出土銭の分類図版』（2002）など，一連の業績がある。

③ 一括出土銭から個別出土銭研究へ

　第Ⅱ部でも述べる一括出土銭は，銭貨に関する大量のデータを蓄積・処理することによって，貨幣の生産や流通に関する歴史的事実が明らかにできるので，歴史考古学の調査・研究対象として重要な位置を占めてきた。さらに，単なる銭種の分類のみではなく，含まれている銭種構成による埋没時期区分の細分化や埋没理由の考察，束ねた緡の研究，銭貨の金属組成分析の試みなど，近年の研究は急速に深化しているのである。とりわけ文化財科学との協業は，第Ⅲ部で述べるように文系学問の枠を超えた今日的研究手法であるといえる。

　一括出土銭は大量の銭貨で構成されていることから，収集家にとってもその中に含まれる稀少銭貨を探し出せる魅力的なものであった。西洋にも，英語で hoard と呼ばれる同様のものが存在する。これまでに，いくつもの一括出土銭が彼らによって処理され，彼らが欲する稀少銭貨を獲得する機会となってきた。しかしながら，今日では文化財を取り巻く環境が大きく変化しており，このような行為は許されない。一括出土銭の発見者は，届出など文化財保護法に則った手続きを経て，歴史資料として処置しなければならない。幸い，近年でも発掘調査中に一括出土銭が発見されることがあり，埋蔵文化財担当者によって報告がなされている。参考までに，2010 年以降に発見され，報道された一括出土銭について簡単な情報を一覧表で示している（表2）。これから，平均すると年間 2 件ほどの発見がなされていることが分かる。

　ここで一括出土銭の資料としての特性について簡単に考えてみる。まず，前述のとおり最新銭の確認がもっとも重要な作業となる。つまり，当該資料は含まれる最新銭の鋳造年より埋められた時期は遡らないからである。時期決定のために，外容器を伴っている場合には，その年代観とすり合わせることも重要である。東アジアの銭貨は西洋型貨幣とは異なり，流通期間が長く，正確な年代判定には慎重さが要求されるからである。西洋貨幣は発行した王権との関係で流通範囲の狭いものが多く，比較的短期間で造り替えがおこなわれるが，東アジアでは唐の開元通寳（621 年初鋳）のように，中世になっても中国だけでなく日本，ベトナムなど広範囲で使われ続ける銭貨が存在す

Ⅰ．Numismatics（古銭学）と出土貨幣史研究

表2　2010年以降の一括出土銭報道

	遺跡所在地	銭種	枚数	状態	報道月
1	山口県山口市丸山遺跡	開元通寶，景定元寶	数千枚	緡銭	2010.1
2	茨城県稲敷市清水古墳群	祥符元寶，元豊通寶，元祐通寶，政和通寶，永楽通寶	約1,500枚	緡銭	2010.2
3	秋田県にかほ市家ノ浦遺跡	開元通寶，永楽通寶	47種類1,201枚	藁紐緡銭	2010.6
4	岡山県赤磐市の畑	永楽通寶，最新銭はベトナム銭洪徳通寶	41種類約6,000枚	16世紀前半備前焼壺	2010.8
5	千葉県袖ケ浦市文脇遺跡	最新銭は景定元寶	約7,000枚	緡銭，曲物	2010.10
6	神奈川県鎌倉市下馬周辺遺跡	―	約2,100枚	21本の緡銭	2011.2
7	大阪府東大阪市花屋敷遺跡	最新銭は至大通寶	50種類15,382枚	緡銭，木製かご	2011.11
8	大分県竹田市の山中	元豊通寶，宣徳通寶	約100kg	木桶，緡銭やバラ銭	2012.9
9	山口県岩国市中津居館跡遺跡	至大通寶	2,000～3,000枚	大甕，緡銭	2012.12
10	山形県東根市八反遺跡	―	約10,000枚	緡銭，木の蓋をした曲物	2013.9
11	大分県大分市旧万寿寺跡	―	約2,000枚	緡銭	2013.1
12	京都府京都市下京区の駐車場	最古は開元通寶，最多は永楽通寶	約50種類，約40,000枚	備前焼壺	2014.7
13	鳥取県鳥取市下坂本清合遺跡	開元通寶，最新銭は永楽通寶	約10,000枚	備前焼壺	2015.9
14	新潟県阿賀野市境塚遺跡	―	11束の緡銭	木製容器，緡銭	2015.10

ることを思い起せばよい。また，一括出土銭は大量であるがゆえに，各種の統計学的分析が可能となるという点で重要である。含まれる銭種の構成比率や，銭貨の重量や径などの法量，金属組成分析値などを統計処理することよって，さまざまな事実の把握が可能となる。

　次に，この一括出土銭が埋められた当時の流通銭貨そのものであるかという点について考えてみる。銭貨を貯めるということは，状態の良いもの（＝精銭）を貯め，流通銭貨そのものではなく選別された銭貨である可能性が高いのである。一括出土銭の整理作業をおこなっていると，埋められた環境によって錆がひどいものなど，一部遺存状態が悪いものを除けば，文字の判読は比較的容易である。古い時期のものほどその傾向は強い[註11]。中世の撰銭令に悪銭使用の禁止が謳われていることから，悪銭そのものが少なかったとは考えられず，これは精銭が集められ，埋められた結果であると推定できる。また，経済活動がどのような状況にある時，大量の銭貨は埋められるのであろうか。大量銭貨の存在から，経済活動が活性な時期であると考えがち

3 一括出土銭から個別出土銭研究へ

だが，イギリスや中国での出土貨幣研究によれば，むしろ不安定な政治・経済状態の時にこそ貨幣を貯め込むということが明らかになりつつある。したがって，出土貨幣を経済史研究で活用しようとすれば，経済活性を示す資料を使用しなければならない。そこで注目されるのが，単体で出土する貨幣データの蓄積結果から，個別出土銭（single-find）こそが経済活性を示す指標で

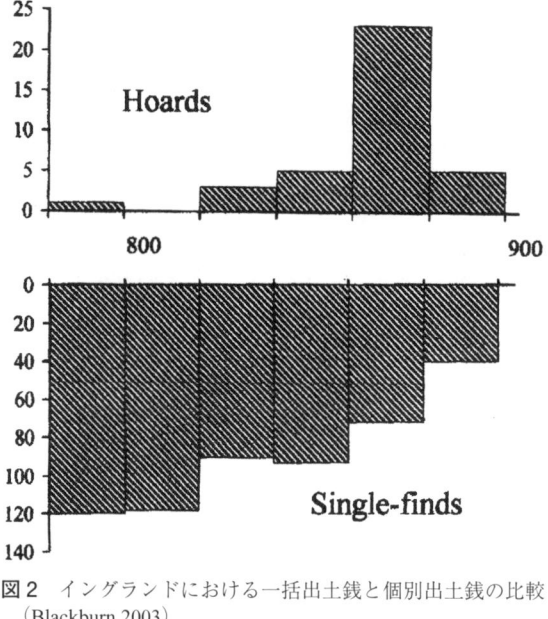

図2 イングランドにおける一括出土銭と個別出土銭の比較
（Blackburn 2003）

あるという研究成果が現れてきたのである（Blackburn 2005）。つまり，彼の研究では hoard は9世紀後半のバイキング侵攻に際して埋められたものが多くなっていると推定できるが，個別出土銭は9世紀に漸減しており，両資料は逆の傾向を示しているのである（図2）。中国の窖蔵銭（一括出土銭）研究でも，国境沿いの政治的に不安定な地域から大量の銭貨が出土する傾向にあることが明らかになっている（三宅 2005）。多量の銭貨からなる一括出土銭と数枚程度の個別出土銭を対置することが重要であり，日本でもこれまでの一括出土銭研究だけでなく，個別出土銭をデータベース化して，これら海外の研究成果と比較していかなければならないと考える。

　遺跡調査において貨幣が出土すれば，1枚であっても報告書にその情報が載せられることになる（口絵6）。発掘調査報告書では，銭貨は金属製品なので巻末近くに掲載されているケースが多い。たとえば，鈴木公雄氏による六道銭研究は，このどこにでも見られる六道銭の分析から江戸幕府初期の銭貨政策を明らかにしようとしたものであり（鈴木 1988），これは個別出土銭

17

Ⅰ. Numismatics（古銭学）と出土貨幣史研究

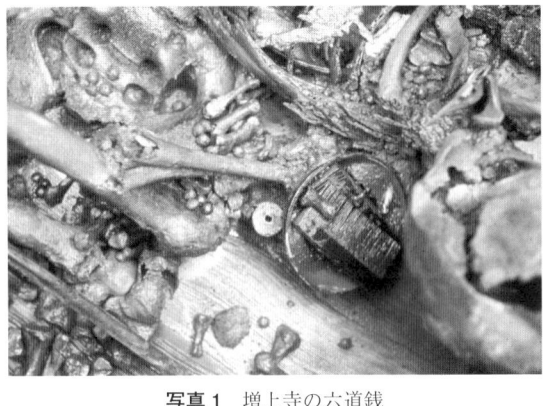

写真 1 増上寺の六道銭
（東京都港区増上寺子院群 BM171。早桶内に骨，銭貨，漆器椀などが見える。東京都港区教育委員会 1988）

を経済史研究へ活用した先駆的業績といえる（写真 1）。たとえ数枚の銭貨であっても，それをデータ化し，分析することで史実が明らかになるのである。重ねて強調すれば，近年の出土銭貨研究では，このような単体や数枚程度で出土する個別出土銭情報を集積し，問題意識をもって考察することが重要になってきているのである。銭貨は小さな遺物であり，遺跡で見落とされてしまう可能性もあるが，その発見と報告には努力を払わなければならない。調査時点で正確な記録を残さなければ，遺物は歴史資料としては不十分なものとなる。一括出土銭と同様に，個々の銭貨が出土する理由ついての判断は難しい。呪術など経済外的機能を持たせて埋められた銭貨も存在するが，日常の経済活動中に使用されていた貨幣が何らかの原因で失われたものである可能性もある。西洋貨幣史研究におけるsingle-find という用語は，まさにこのようなさまざまな理由で出土する貨幣を指しており，調査担当者はこれらのことを意識し，注意深く調査に当たらねばならない。

　日本の古代銭貨の出土例を概観すると，中世以降の銭貨とは異なり，祭祀目的など人為的に埋められたものも多い。したがって，古代社会の銭貨については，より慎重にその出土理由を考察しなければならない。貨幣は本来，経済的機能と経済外的機能を不可分に有しており，古代社会においては相対的には経済外的な機能が強いものとしてとらえる必要がある。古代銭貨は畿内を中心に多数出土しており，具体的な遺構の性格は第Ⅱ部で詳述する。しかしながら，これが中世になると様相が一変し，一括出土銭の出現からも明らかなように，銭貨が経済活動の中で利用される頻度が高まり，貨幣は経済活動を示す指標として存在するようになる。売買などの商行為にともない使

用される銭貨量が増加する結果，経済活動の中で落とされて，埋没してしまう銭貨が多くなると考えるのが自然である。つまり，個別出土銭のデータベース化とその研究が重要性を増すのである。

考古学は隣接学問分野に対しても研究資料を提供している。たとえば経済史学の分野からは，日常使用されて

写真2　博多遺跡群で出土した青磁碗を被せた銭貨（福岡市埋蔵文化財センター提供）

いた銭貨を明らかにするため，出土頻度が高い銭貨（北宋銭や寛永通寳など）のデータが必要となる。また，文献には使用されていた貨幣にどのような文字が刻まれていたのかについての記載がないのは普通であり，この点では考古資料である出土銭貨が歴史学に対して貢献できるものと思われる。さらに，地鎮などの祭祀に使用される貨幣については（写真2），太平通寳など特定の銭銘が選ばれた可能性もあり，その作法を含め実態が正確には把握されておらず，個別出土銭のデータベースは民俗学・宗教学などの研究にも寄与できるものと考えられる。あらゆる学問にとって利用可能な形でデータを公開することによって，貨幣を研究対象に含む諸学問の研究深化が実現できる。未だ十分とは言いがたい前近代日本における貨幣流通の解明や，祭祀など経済外的目的で使用された貨幣の実態解明に，出土銭貨のデータベース化は必要不可欠である。つまり，データベースを活用した出土銭研究によって，文献史学，経済史学，民俗学といった隣接学問分野の研究深化に貢献できるのである。

前述の通り，欧州では愛好家による金属探知機を使用したコイン発見が一般的におこなわれ，これらを資料化することによって single-find のデータ蓄積が進んでおり，一部オンライン上で公開されている。これに対して日本で

Ⅰ. Numismatics（古銭学）と出土貨幣史研究

は，教育委員会等による発掘品が主な考古資料であり，欧州よりは資料価値が高いものであると考えられる。これら資料価値の高い日本の出土銭貨で作成した膨大なデータベースをオンライン上で公開することによって，研究資料と成果の共有を図ることが急務であると思われる。一層のデータ蓄積を進めることによって，日欧間での比較研究が可能となる。つまり，日本におけるデータベースの完成は，日本における諸学問の深化に貢献できるだけでなく，欧州などとの国際比較研究が可能になるというメリットも有するのである。したがって，一括出土銭のみならず，全国の個別出土銭も含む出土銭貨データベースを作成し，世界の学界動向にも目配せしながら研究を進化させる必要がある。

〔註〕

11）ただし，銭貨流通が盛んになる中世後期になると銭貨不足が起こり，模鋳銭など状態の悪い銭貨が増加する。

4 個別出土銭研究 ―「博多」を例として ―

個別出土銭研究の一例として，筆者がデータ化した中世都市「博多」の個別出土銭から明らかになったことを紹介する。

古代以来，アジアへの貿易都市として繁栄した中世都市「博多」は，福岡市教育委員会が「博多遺跡群」と名づけて現在も継続して発掘調査中であり，1977年以来200次を超える調査次数となっている。報告書は『博多152』(2015年)まで公刊されており，これらの報告書に記載されデータ化可能な出土銭貨の総計は12,186枚である。遺構に伴わず出土する銭貨も多く，塩分の多い土中に長期間埋まっていたためか，遺存状態が悪く判読不能や不明とされている枚数も多い。したがって，銭種を特定することができない銭貨が約半数の5,760枚を占める。また，近世の層位からは寛永通寶が多く出土するので，寛永通寶が銭種別順位では第1位(685枚)となっている。博多遺跡群出土の上位25銭種は表3の通りである。ここでは，中世都市「博多」における銭貨の動態を考察するため，近世の寛永通寶を除いた上位15種(元豊通寶，皇宋通寶，開元通寶，熙寧元寶，元祐通寶，洪武通寶，天聖元寶，政和通寶，永楽通寶，紹聖元寶，祥符元寶，聖宋元寶，天禧通寶，祥符通寶，景徳元寶)について考察する。これら15銭種の合計は，銭種が判明するものの77.8％を占めており，鈴木公雄氏が全国の一括出土銭を集計した銭種の上位15位とほぼ同様である(表4)。このように博多の個別出土銭と全国の一括出土銭という性格が異なる銭貨で同様の傾向が見られることから，中世の日本で流通してい

表3 博多遺跡群出土の上位25銭種

順位	銭貨名	枚数
1	寛永通寶	685
2	元豊通寶	638
3	皇宋通寶	580
4	開元通寶	439
5	熙寧元寶	425
6	元祐通寶	402
7	洪武通寶	265
8	天聖元寶	237
9	政和通寶	231
10	永楽通寶	219
11	紹聖元寶	198
12	祥符元寶	184
13	聖宋元寶	171
14	天禧通寶	142
15	祥符通寶	129
16	景徳元寶	107
17	大観通寶	101
17	治平元寶	97
19	太平通寶	89
20	咸平元寶	78
21	嘉祐通寶	77
23	元符通寶	75
22	景祐元寶	69
24	至和元寶	63
25	嘉祐元寶	58
	その他	471
	大　銭	63
	近代銭	33
	皇朝銭	17
	判読不能	5,760
	合計	12,186

I. Numismatics（古銭学）と出土貨幣史研究

表4　博多遺跡群出土の上位15銭種と全国の
　　　一括出土銭比較

順位	博多遺跡群		鈴木備蓄銭データ※	
	銭貨名	枚数	銭貨名	枚数
1	元豊通寳	638	皇宋通寳	395,737
2	皇宋通寳	580	元豊通寳	379,386
3	開元通寳	439	熙寧元寳	301,385
4	熙寧元寳	425	元祐通寳	278,779
5	元祐通寳	402	開元通寳	256,178
6	洪武通寳	265	永楽通寳	211,151
7	天聖元寳	237	天聖元寳	157,101
8	政和通寳	231	紹聖元寳	130,663
9	永楽通寳	219	政和通寳	124,189
10	紹聖元寳	198	聖宋元寳	120,635
11	祥符元寳	184	洪武通寳	87,683
12	聖宋元寳	171	祥符元寳	79,760
13	天禧通寳	142	景徳元寳	71,676
14	祥符通寳	129	天禧通寳	70,320
15	景徳元寳	107	嘉祐通寳	65,031

※鈴木備蓄銭データは（鈴木1999）より作成

た銭貨はこれらの銭銘を刻んだものが混じりあったものと考えられる。ただし，第1位と第2位が逆転している点と，博多では開元通寳が熙寧元寳・元祐通寳より上位の第3位にあるという点には，若干の考察が必要である。元豊通寳が第1位である点は中国における窖蔵銭の構成と同じであり（三宅2005），博多の銭種構成は中国に近いことを示している。元豊年間の年間銭貨鋳造量は最多の506万貫と推定されており（日野1983），皇宋通寳の年間鋳造量が100万貫代と推定されているのと比較すれば，むしろ一括出土銭350万枚を集計した結果，日本全体では皇宋通寳が元豊通寳より順位を上げていること自体に意味がある可能性を考えなければならない。つまり，皇宋通寳が選ばれて輸入されている可能性や，日本で鋳造した模鋳銭に皇宋通寳が多い可能性などである。また，開元通寳の多さについては，博多が古代から栄えていた関係とみることもできるが，これが本当に7世紀の銭貨なのかという疑問も湧いてくる。中国で長期にわたり大量の開元通寳が発行されたことに異論はないが，磨耗が少なく遺存状態の良いものも相当数出土することから，北宋銭と同様に後世の私鋳銭や模鋳銭がかなり存在している可能性を想定しておかなければならない。開元通寳は，銭貨による時期決定の危うさを警告しているようにも思われる。

　次に銭貨の埋没時期から考察を試みる。まず，流通銭貨の姿により近づけるために，経済外的機能を持つであろうと推察される銭貨の除外をおこなう。つぎに，報告書から出土時期をほぼ特定できる銭貨を抽出し，さらにその出土時期を50年ごとに区切って，それぞれの時期に出土している銭貨数を集

22

④ 個別出土銭研究 —「博多」を例として—

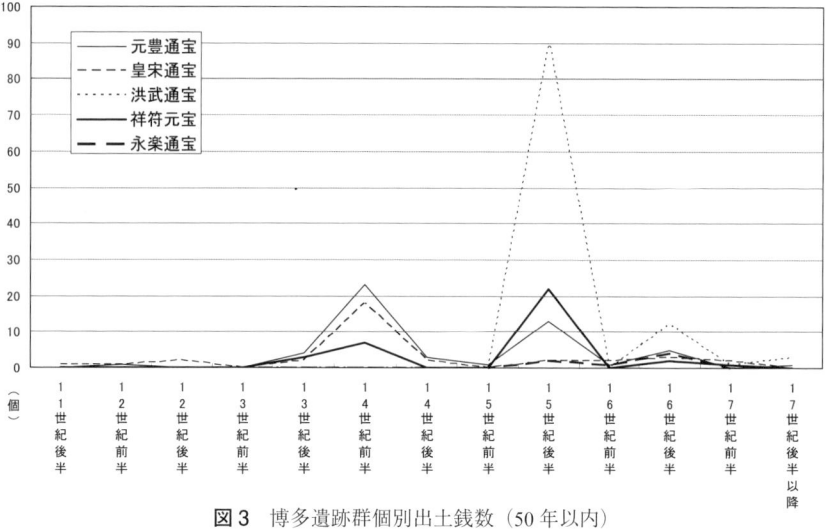

図3　博多遺跡群個別出土銭数（50年以内）

計し，代表的な動きをする5種類[註12]の銭貨について時期別出土数を折れ
線グラフにしたものが図3である（櫻木2007b）。この図から，博多では11
世紀後半には銭貨が出現し，14世紀前半に向かって出土銭貨数は増えてい
くが，いったん14世紀後半に減少する。しかしながら，再び15世紀後半に
向かって出土銭貨数が増加し，16世紀後半にも小さな高まりが見て取れる。
これは，貿易や戦乱などこの地域の経済・政治情勢が関係していると考えら
れる。博多遺跡群では第79次調査で出土した皇宋通寶のように，11世紀末
の遺構から確実に銭貨が出土している。博多は他の地域に先駆けて銭貨が出
現する地域であり，その理由は中国に対する玄関口であったことが関連して
いると考えられる。14世紀前半にピークをもつ北宋銭のうち皇宋通寶は
ここだけでピークを描くのに対し，元豊通寶は次の15世紀後半でもやや低
いもののピークを描く。祥符元寶にいたっては15世紀後半のピークの方が
高いといった状況である。つまり，皇宋通寶は15世紀以降，あまり割合が
増加しないことを示している。15世紀後半にピークをもつ明銭の洪武通寶
はさらに16世紀後半にも小さなピークがやってくる。永楽通寶はほとんど
ピークらしいものが確認できない。銭種によって異なる時期にピークがある
ことにも何らかの意味があると考えられる。北宋銭の祥符元寶と祥符通寶・
天禧通寶は同様の傾向を示しており，これらは中世末に鉛分が多いため白色
化して出土する銭種と一致しており，中世後期に国内生産をされたか，中国

23

Ⅰ. Numismatics（古銭学）と出土貨幣史研究

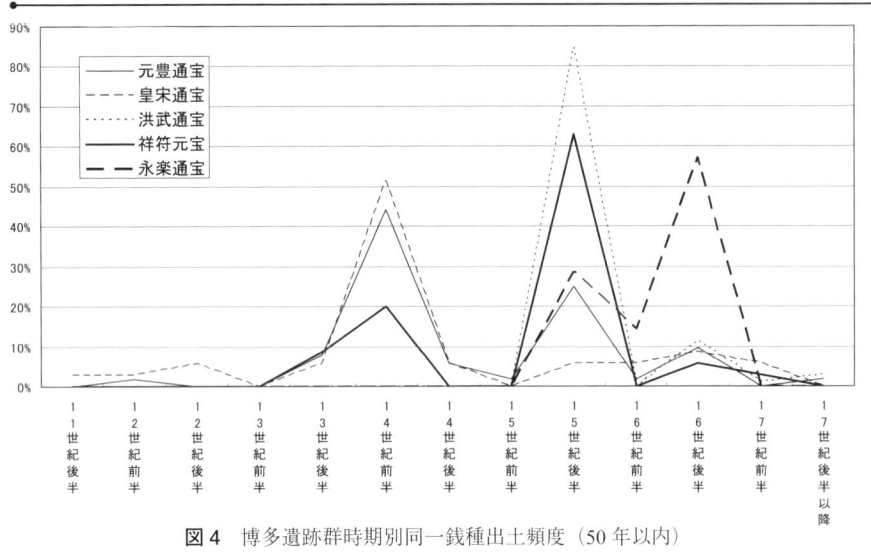

図4 博多遺跡群時期別同一銭種出土頻度（50年以内）

の一定地域から流入してきたと考えると納得がいく。九州地域や東北地方では洪武通寶が多く出土する地域が存在し，博多においてはこの洪武通寶の増加のピークが15世紀後半であることを，これらの表からも確認することができる。さらに，50年幅で出土時期を把握できるこれら5銭種のみについて，同一銭種内での相対的な時期別出土頻度を百分比で示したものが図4である。これによると，1408年初鋳の永楽通寶の出土時期が16世紀後半に向かって増加傾向にあることが判明する。明銭の洪武通寶と永楽通寶は，銭貨の鋳造時期と出土時期で一世紀あるいは一世紀半の隔たりがあることを示している。長期間使用された結果，埋没年が遅れると理解するのか，鋳造や流入時期そのものが遅いと理解するのか判断が難しい。茨城県村松白根遺跡から出土した永楽通寶の枝銭（図5）（茨城県教育財団2005）からも推測できるように，これらは中国銭ではなく，模鋳という国内鋳造も念頭に置いておかねばならない。いずれにしても，北宋銭と明銭の出

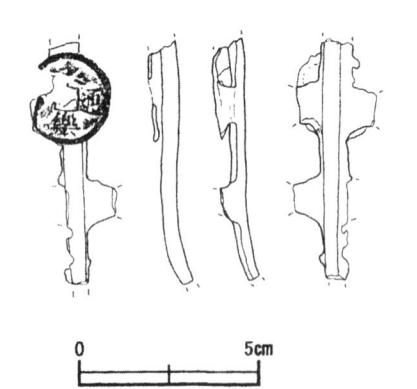

図5 村松白根遺跡出土の永楽通寶枝銭
（茨城県教育財団2005）

④ 個別出土銭研究 —「博多」を例として —

図6 周りを削った大銭（博多 139 次）
左：崇寧通寶（当十銭）磨輪銭の拓本
右：磨輪銭と制銭を重ねて比較（福岡市埋蔵文化財センター提供）

土状況は銭種によっても一様でない。銭貨の生産，流通，埋没という過程を丹念に考察する必要であることは間違いない。

博多遺跡群の特徴のひとつに，全国的にあまり出土しない大銭(註13)が比較的多く出土することがあげられる。報告書で確認できる出土大銭は 63 枚であるが，12,000 枚を超える出土銭貨の枚数と比すれば少なく，これをもって大銭が流通していたということにはならない。これらの大銭は，一文銭が外径約 2.3cm を測るのに対し，折二銭は 2.7cm，当十銭は 3.5cm ほどである。中国では，大銭は北宋以降盛んに流通したが，日本ではまったく流通していなかったと考えられている（東野 1997）。日本では周囲を削り磨いて一文銭の大きさにした大銭が出土する例もあり（図6），大銭を貨幣として使おうとすれば一文銭に作り直す必要があったことがわかる。周囲を削るという行為は，銭貨の使用形態が緡紐に通していたことから，銭貨の大きさを揃えるためだと理解できる。このように外輪を削った例は，博多遺跡群の個別出土銭においても多数確認できる。14 世紀の新安沖沈没船に大銭が積まれていた事実からも(註14)，中国から日本に向かって持ち出されていたことは間違いない。出土時期を一定幅でとらえることができる 26 枚の大銭を図7で示すと，13 世紀後半にそのピークがあり，博多において銭貨流通が開始されてから比較的早い時期に埋没したものが多いことがわかる。特に第85次調査の崇寧通寶のように 12 世紀前半であることが確実な資料も存在する。新安沖沈没船の資料は 14 世紀前半であり，大銭は中世でも早い時期に日本へ持ち込まれたと推定できる。博多で出土する大銭が，勘合貿易の拠点港という共通性を有する堺ではほとんど出土していないという事実は，堺の盛期が 15 世紀中期

25

Ⅰ．Numismatics（古銭学）と出土貨幣史研究

銭貨名	年代	報告書
崇寧通寶(当十)	12世紀前半	『博多57』 85次調査
崇寧通寶(当十)	12世紀～13世紀	『博多14』 39次調査
元豊通寶(折二)	12世紀後半	『博多50』 79次調査
元豊通寶(折二)	12世紀後半～13世紀初頭	『博多37』 65次調査
大元通寶(当十)	13世紀	『博多48』 62次調査
崇寧重寶(当十)	13世紀	『博多48』 62次調査
崇寧重寶(当十)	13世紀	『博多48』 62次調査
元豊通寶(当十)	13世紀	『博多48』 62次調査
熙寧重寶(当十)	13世紀	『博多48』 62次調査
乾道元寶(折二)	13世紀代	『博多60』 1・4・8次調査
崇寧重寶(当十)	13世紀前半～後半	『博多106』 147次調査
崇寧通寶(当十)	13世紀後半	『博多80』 120次A調査
崇寧重寶(当十)	13世紀後半代	『博多37』 65次調査
崇寧重寶(当十)	13世紀後半代	『博多37』 65次調査
元祐通寶(折二)	13世紀後半～14世紀初頭	『博多27』 48次調査
宣和通寶(折二)	13世紀後半～14世紀初頭	『博多30』 60次調査
政和通寶(折二)	13世紀後半～14世紀前半	『博多』第178次調査
紹熙元寶(当十)	14世紀前半～中	『博多80』 120次A調査
判読不能(折二)	14世紀	『博多80』 120次B調査
元豊通寶(折二)	14世紀後半	『博多49』 87次調査
判読不能(折二)	14世紀後半	『博多80』 102次調査
元豊通寶(折二)	15世紀	『博多80』 102次調査
元豊通寶(折二)	15世紀代	『博多135』第172次調査
聖宋元寶(折二)	15世紀後半	『博多30』 60次調査
崇寧重寶(当十)	16世紀	『博多133』第180次調査
嘉定通寶(折二)	16世紀後半～17世紀初頭	『博多27』 48次調査

図7　出土時期が判明する大銭

以降であることをあわせ考えると，博多での大銭出現という現象が勘合貿易以前の現象であることの証左となる。長崎でオランダ貨幣が出土している事実をあげるまでもなく（長崎市教育委員会 1998・2008）（図8），博多に集住する中国商人の間で，大銭が持ち込まれていたのは自然なことであり，これをもって日本で流通したということにはならない。また，中国でも大銭は政府が想定していたほど高い価値では流通しておらず，銭貨を鋳潰し再利用することがあったということを考え合わせると，大銭は金属原材料としての輸入であるという可能性も考慮する必要があろう。具体的には，梵鐘を製作するために銭貨が輸入されていたとする考察がある（黒田 2014）。

　わが国が中国の貨幣制度を完全には受容していないという点では，中世における鉄銭の問題についても述べる。博多から内陸部へ約 30km の距離にある福岡県朝倉市真名板遺跡の一括出土銭は，建炎通寶（1127 年初鋳）を最新銭とし，時期的にもっとも古い一括出土銭のひとつであると考えられ，この中には確実に鉄銭が含まれている（福岡県教育委員会 1993）。鉄銭は中国では唐代以前から存在していたが，わが国では鉄銭が一括出土銭に含まれていないことなどから，中世には流通していなかったと考えられている。しかし，この資料が示すことは，鉄銭が銅銭と同じ緡に綴じられており，12 世紀には一部国内にもたらされているということである。鉄銭は腐食しやすい

④ 個別出土銭研究 ―「博多」を例として―

ので検出が難しく，13世紀以降一括出土銭が一般的になる時期においては鉄銭を確認できないのも事実であるが，鉄銭がわずかに流通していた可能性も捨て切れないのである。

また，博多遺跡群から出土した銭貨の数量を用いて，中世博多の貨幣使用の中心地とその変遷についての考察をおこなってみた。具体的な方法は，博多遺跡群における各調査区の出土銭貨数を調査面積で割った値，つまり一定面積（1㎡）あたりの貨幣量を算出することによって，その多寡から通貨使用量を復元しようとする試みである。銭貨の出土頻度により，町

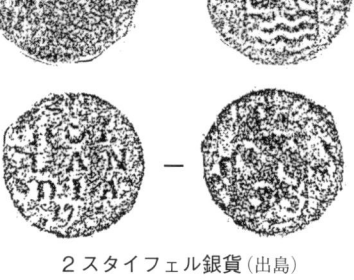

2 スタイフェル銀貨（出島）

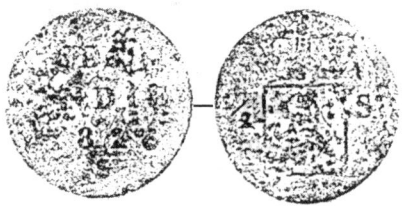

1/2 スタイフェル銅貨（興善町遺跡）
図8 長崎出土のオランダ貨幣

の地域的盛衰を推測しようとするものである。その結果，13世紀から14世紀にかけては，博多の南側である聖福寺，櫛田神社，承天寺周辺において，銭貨が集中的に出土している様子を見て取れる。この地域は，平安時代から鎌倉時代にかけて多数の宋商人たちで繁栄した町場であり，博多浜と称されている。出土銭貨からもこの時期，博多浜が商業活動の活発な場所であったことが裏付けられた（写真3）。15世紀になると，銭貨が出土する地域は広がり始め，博多浜の北側からの出土事例が相対的に増加する傾向が読み取れる。ここは中世

写真3 陶製椀に入った緡銭
（博多45次；福岡市埋蔵文化財センター提供）

27

Ⅰ．Numismatics（古銭学）と出土貨幣史研究

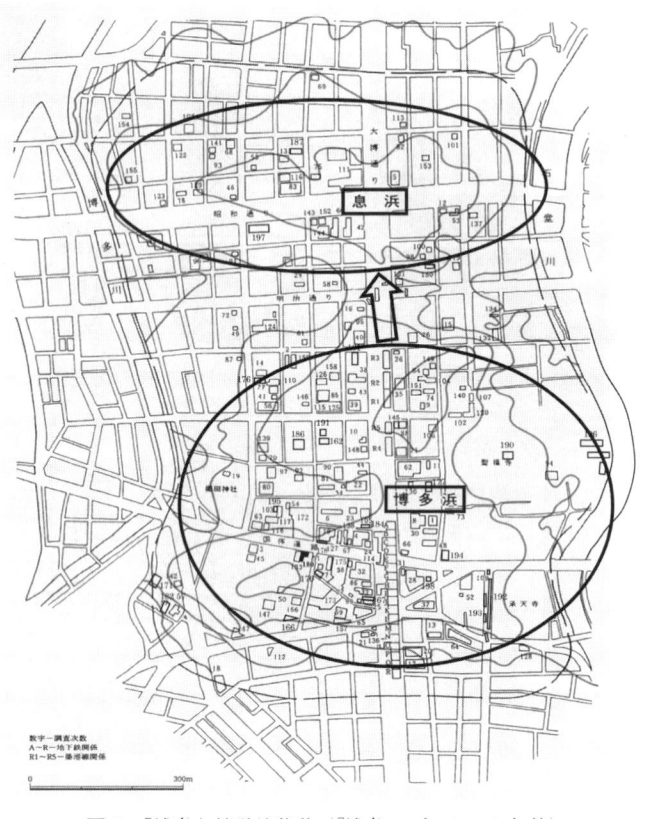

図9 「博多」繁栄地移動（『博多133』Fig.2 に加筆）

博多においては息浜と呼ばれる町場であり，鎌倉時代後半以降になりその名
前が記録に現れてくる。14世紀前半から16世紀後半にかけて，一定量の銭
貨が息浜より出土している（図9）。したがって，中世前半は博多浜におい
て経済活動が盛んにおこなわれており，中世中盤になって息浜における銭貨
流通が盛んになり，後半までその状態が続いていたことが出土銭貨からも確
認できる。
　最後に，博多遺跡群の出土古代銭貨は，文献からは明らかとなっていない
史実を浮かび上がらせてくれる。博多遺跡群からは古代銭貨の和同開珎・萬
年通寶・神功開寶・隆平永寶・富壽神寶・長年大寶・延喜通寶・乹元大寶が
出土している。調査地区別に示すと，築港線第2次調査と第126次調査では
和同開珎が2枚，第32次調査，第37次調査，第59次調査，第80次調査，

28

④ 個別出土銭研究 ―「博多」を例として―

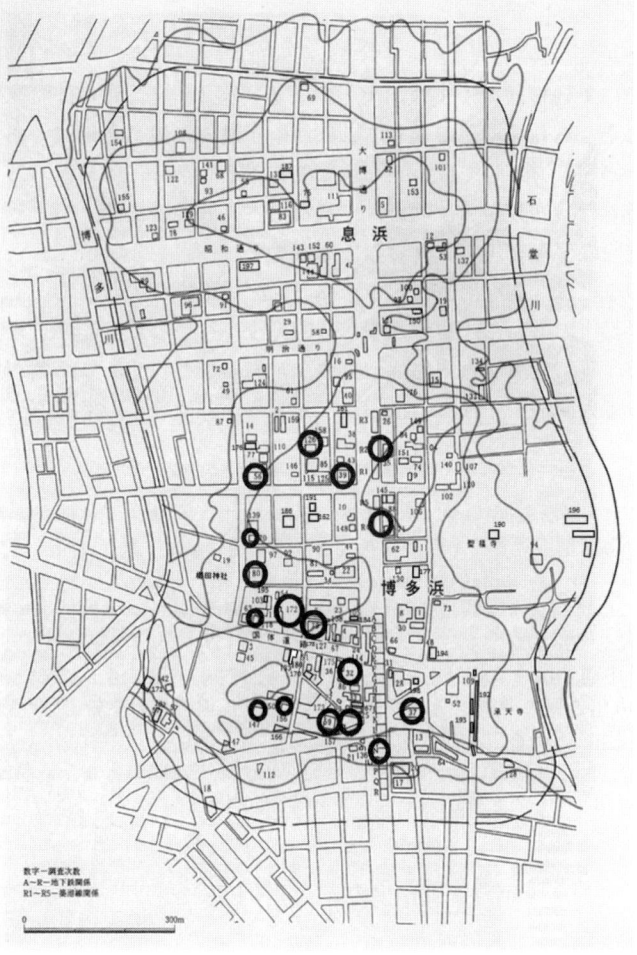

図 10　博多遺跡群出土の古代銭貨地点（『博多 133』Fig.2 に加筆）

第 156 次調査では，和同開珎各 1 枚が出土している。築港線第 4 次調査では
乾元大寶が 1 枚出土している。祇園調査区の道路側溝の可能性が高い溝から
は隆平永寶が 1 枚と，博多第 65 次調査，第 118 次調査でも隆平永寶が各 1 枚，
博多第 39 次調査では延喜通寶が 2 枚出土している。第 70 次調査では，長年
大寶 1 枚出土しており，長年大寶の出土例は，九州内では唯一である。第
79 次調査では，井戸から神功開寶が 1 枚，第 107 次調査では，萬年通寶が 1
枚出土している。第 147 次調査では，乾元大寶と延喜通寶が各 1 枚，第 172

29

Ⅰ．Numismatics（古銭学）と出土貨幣史研究

次調査では，延喜通寶が1枚出土している（図10）。これらはすべて博多浜からの出土であり，前述の通りここは博多が最初に栄えた地域であり，古代銭貨出土の在り方としては自然な現象であろう。さらに言うならば，この出土数の多さは，文献からは明確にできない古代博多の機能，つまり官衙など公的な施設の存在を想起させるのである。

　以上のように，個別出土銭データベースを活用することによって，博多という中世都市の盛衰や，古代博多に公的施設が存在した可能性を推測できるのである。貨幣使用は人間生活の重要な営みのひとつであり，個別出土銭研究によって人間活動や都市の様相までも明らかにできるのである。

〔註〕
12）皇宋通寶と同じパターンを描くものは，熙寧元寶・元祐通寶・天聖元寶・開元通寶であり，祥符元寶は天禧通寶・祥符通寶と同じパターンである。政和通寶，永楽通寶，紹聖元寶，聖宋元寶・景徳元寶については大きな特徴がない。表現上の制約があり，15銭種を5種類にして示した。
13）中国では一文銭（小平銭）以外にも，古くから2倍・3倍・5倍・10倍通用の大銭が発行されており，2倍通用のものを折二銭，10倍通用のものを当十銭と呼ぶ。
14）「大銭」と記載された複数の木簡が出土していることや，博物館に展示してある大銭からその存在を確認できる。

30

Ⅱ．日本史のなかの貨幣

　日本史上で使用された具体的な貨幣を取り上げる前に，まず貨幣の機能について考えておかなければならない。現代人にとって貨幣とは，経済生活を潤滑におこなうためのツールとしての意味合いが強い。つまり，商品などを購入するために必要なものであり，蓄財のために経済的機能を果たすものと考えるのが普通であろう。貨幣論でいうところの価値尺度，流通手段，蓄蔵手段，支払手段などである。しかし，貨幣はそれ以外にも重要な機能を有している。たとえば，現在でも住宅を建てる際におこなう棟上げ式では，紅白の餅や貨幣をばら撒く習俗が各地で見られる。使用する貨幣は5円や50円などの孔に赤い紐を通したものが多く，建物の安全祈願や地鎮め，幸せのお裾分けにもつながる祈りの貨幣といえる。この時に期待されている貨幣の呪術性を経済外的機能と呼ぶが，時代を遡ればこのような貨幣の経済外的機能のウェイトはより大きいのである。近現代のように貨幣が経済的機能を果たすものと認識される社会であっても，呪術性を帯びた特別な目的で造られた貨幣は存在し，それを厭勝銭（まじない銭）という。中国や朝鮮でも花銭や別銭とも呼ばれ，日本では近世の恵比寿銭や念仏銭などがよく知られている。

　また，貨幣は金属貨幣だけではない。米などの穀類や布帛，農具なども物品貨幣と呼ばれ，経済的な機能を果たす貨幣である場合があることを忘れてはならない。洋の東西を問わず，これらの物品貨幣から金属貨幣へと進化していくのが常である。

① 弥生～古墳時代の貨幣

　中国では，今から 4000 年以上前の新石器時代の墓に，宝貝が副葬されていた事例が存在する。さらに商時代の墓になると多数の宝貝が副葬されている場合がある。これは貝貨が呪術性を有し，富の象徴と考えられていたためとされる。かくも昔に中国では貨幣が誕生しており，結果，経済活動から生じる事象と関連する漢字に「貝」が用いられている所以である。また，金属貨幣の出現を世界史的視野で眺めると，中国春秋戦国時代（BC770～221）の布幣や刀幣（写真 4），紀元前 7 世紀のリュディア王国エレクトロン貨幣（口絵 7）をその草創期と位置づけることができる。エレクトロンとは金と銀からなる自然合金のことである。中国では布幣や刀幣の後，金属貨幣の形状が秦の半両や前漢の五銖など円形方孔の銭貨に収斂していく。

　日本史に目を転ずると，金属貨幣使用の黎明期は弥生時代である。日本でも，弥生時代の遺跡から「貨泉」などのいわゆる王莽銭[註1]と呼ばれる銭

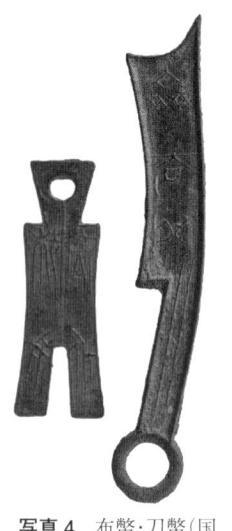

写真 4　布幣・刀幣（国立歴史民俗博物館 1997）

貨がまれに出土する場合がある。たとえば，大陸との橋渡しの位置にある壱岐市原の辻遺跡[註2]では，確実に同時代資料である王莽銭が出土しており，古代における原の辻遺跡の重要性がこのことからも指摘できる。この王莽銭は，新（AD8～23 年）という短期間存在した王朝が発行したものであるが故に，これまで弥生時代であることを示す指標として，遺構の年代決定（＝弥生時代）に使用されていた。しかし，韓国の新安沖海底から引き揚げられた 14 世紀の銭貨のなかに，貨泉や五銖銭が含まれていたこと[註3]からも明らかなように，王莽銭が日本に流入してきた時期は必ずしも弥生時代とは限らず，この銭貨を時期判定の尺度として使用するには，慎重でなければならない（高倉1989）。中世の一括出土銭にもまれに王莽銭が含まれていることがある。また，銭貨が出土するからといって，弥生時代がこれらの銭貨を支払手段として使用し

1 弥生～古墳時代の貨幣

ていた社会でなかったことは自明であろう。やはり，この時代の銭貨は呪術
性や権力者の富の象徴のひとつとして機能していた可能性が高いと考えられ
る。宮崎県串間市から出土した明刀銭や玉璧もそのような性格のものであろ
う（三谷 2006）。古墳に副葬された鉄鋋なども，同様に貨幣的な機能を果た
したと考えられており，統一国家形成以前の日本では，わずかながら中国か
ら銭貨が持ち込まれ，権力者の元で保有されていたものと思われる。

　秦の「半両」と前漢の「五銖」については，山口県宇部沖ノ山の出土例 [註4]
を挙げておく。これは江戸時代に発見されたもので，弥生中期末の甕に入れ
られた半両 17 枚と五銖 78 枚であり，国内では例を見ない多くの枚数が出土
している事例である。近年の発掘事例としては，兵庫県田多地引谷墳墓群 7
号墓墳丘の 3 号主体から，鉄剣やヤリガンナとともに「五銖」1 枚が出土し
ている。これは確実な古墳からの出土であり（渡辺 1995），経済外的機能を
期待して埋められたものと考えられる。『出土銭貨』第 3 号（1995）では，「古
代以前の出土銭貨」が特集されているので参照されたい。弥生時代や古墳時
代の遺跡から銭貨が出土した場合，出土状況把握や銭種の判定にはより慎重
な対応が求められる。

〔註〕
1）前漢と後漢の間で存在した新の王莽が発行した貨泉や大泉五十など
　の総称。
2）2000 年に国の特別史跡に指定されている。宮崎貴夫『原の辻遺跡』（同
　成社 2008）
3）（韓国）文化財管理局文化財研究所『保存科學研究』第 6 輯（1985）
　や（韓国）文化公報部文化財管理局『新安海底遺物（綜合編）』（1988）
　に拓本が掲載されているので確認できる。
4）山口県の文化財に指定されている。http://bunkazai.pref.yamaguchi.lg.jp/
　bunkazai/summary.asp?mid=90049&pid=gs_ch&svalue=&bloop=&mloop=
　&floop=&shicyouson=&meisyou=&shitei=&kubun=&syurui=&jidai=&loop
　cnt=&m_mode=&m_value=&m_loopcnt=

33

② 古代銭貨と胞衣壺・経塚埋納銭

日本最初の貨幣としては、7世紀後半の無文銀銭（写真5）と富本銭（口絵1）をあげることができる。無文銀銭については、銀の地金をほぼ円形に切断・整形して中心に丸い孔をあけたもので、銀の純度は95％以上である。出土遺跡も畿内を中心に十数遺跡と少なく（図11）、切断されて出土したものもあり、用途などその性格は未だよく分っていない。崇福寺の基壇から無文銀銭が出土しており、遺構の年代観から

写真5 無文銀銭
（松村 2009）

668年以降の7世紀末まで遡ることは確実である。銀小片を貼り付けるなどしてあることから、重量を4分の1両(約10g)に揃えて使用した秤量貨幣[註5]である可能性が高く、円形方孔の鋳造貨幣である銭貨とは異なり、銀という貴金属素材の価値で通用していた貨幣か、呪術目的の貨幣である可能性が考えられる。無文銀銭がどこで造られたかについて、松村恵司氏は朝鮮半島産の銀貨であるとする（松村 2009）。日本貨幣史の黎明期の研究課題として、円形方孔の銭貨ではない無文銀銭の実態解明が急がれる。

切断された無文銀銭が出土した飛鳥池遺跡は、貴金属だけでなく玉・ガラスなどさまざまな工芸品の製造所であったことが出土遺物から確認できる。ここで出土した富本銭は、和同開珎を最古の銭貨とする日本古代貨幣史を塗り替える発見となったことは記憶に新しい。飛鳥池遺跡では、坩堝・鋳棹・未製品などの鋳造関連遺物が一括出土しており、共伴した木簡の年代などから地層の時期は7世紀末であると特定できる。現在のところ、富本銭は日本最古の政府発行貨幣であると考えて良い。文献史料では捉えることのできない史実を、考古資料が明らかにした典型的な事例のひとつである。富本銭は金属組成の点でも特異性がある。通常、銭貨は銅・錫・鉛を主要元素とするが、これは銅とアンチモンの合金であることが判明している。日本で貨幣収集が一般的となる17世紀末以来の古銭書には、この富本銭は通貨ではなく厭勝銭と認識されているが、調査担当者は鋳造滓であるスラグなどの残存量から最低でも10,000枚ほどが鋳造されたとして、量的な多さから通貨説を主張

②古代銭貨と胞衣壺・経塚埋納銭

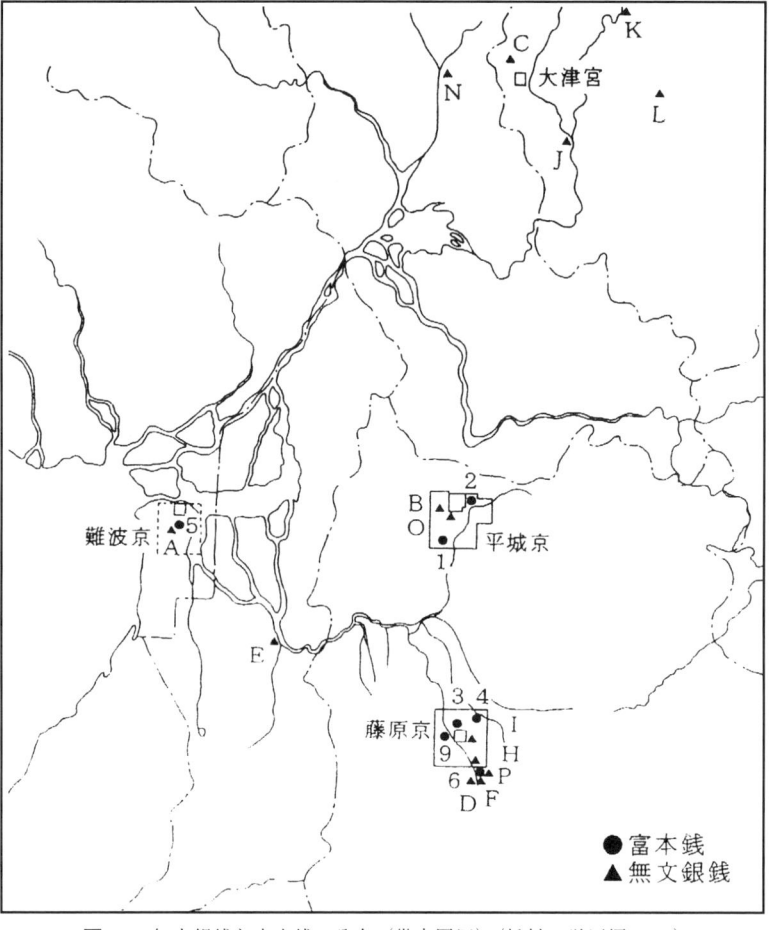

図11 無文銀銭と富本銭の分布（畿内周辺）（松村・栄原編2004）

富本銭出土遺跡

1 平城京右京八条一坊十四坪
2 平城京左京一条三坊
3 藤原京右京一条二坊
4 藤原京左京北三条六坊
5 大阪市細工谷遺跡
6 明日香村飛鳥池遺跡
7 高森町武陵地1号古墳
8 飯田市座光寺地区
9 藤原京右京四条七坊
10 藤岡市上栗須遺跡Ⅰ区第6号古墳

無文銀銭出土遺跡

A 大阪市真寶院
B 奈良市横領町
C 大津市崇福寺跡
D 明日香村川原寺跡
E 柏原市船橋遺跡
F 明日香村飛鳥京跡
G 鈴鹿市北野古墳
H 明日香村石神遺跡
I 藤原京左京六条三坊
J 大津市唐橋遺跡

K 守山市赤野井湾遺跡
L 栗東市狐塚遺跡跡
M 甲良町尼子西遺跡
N 京都市小倉町別当町遺跡
O 平城京右京二条三坊四坪
P 明日香村飛鳥池遺跡

35

Ⅱ. 日本史のなかの貨幣

図 12　富本銭文字の違い
左：飛鳥池タイプ／右：藤原京タイプ

する。富本銭が通貨か厭
勝銭かの機能論争は決着
していないが，692 年に
藤原京の宮殿造営のため
におこなった地鎮遺構か
ら，9 個の水晶玉と 9 枚
の富本銭の入った平瓶が
出土したことは，この時
期にも銭貨の経済外的な使用方法が存在することを示すこととなった。また，
藤原京基壇から出土した富本銭は飛鳥池遺跡出土のものとは字体が異なって
おり，飛鳥池タイプの「富」がウ冠なのに対しワ冠で，藤原京タイプには四
画目の横線がない（図 12）。つまり，藤原京タイプの富本銭は，鋳銭工房であっ
た飛鳥池遺跡とは別な時期・場所で造られた可能性も考える必要がある。
　日本の律令国家は，先進国である中国の銭貨をモデルにこの富本銭以降，
12 種類の銅銭，2 種類の銀銭，1 種類の金銭を発行し，幣制の確立を試みて
いる。一般的には皇朝十二銭と呼ばれているが，本書ではこれらを古代銭貨
と総称する。まず，和同元年（708）5 月に発行されたのが和同開珎の銀銭
である。銀銭が 8 月の銅銭より先んじて発行されたことは，あまり知られて
いない。この事実は，政府が無文銀銭⇒和同銀銭⇒和同銅銭へと置き換えて
いく，つまり貨幣使用に慣れてない社会で銭貨を普及させるための方策であ
ると理解される。和同銀銭と和同銅銭の比価問題は，等価説と 10 倍説があ
るものの，和同銭以前に存在した無文銀銭と富本銭の延長上で，政府が新た
な銭貨政策を実施したことは間違いない。とりわけ，平城京という新都建設
に伴う国家的支払い手段として和同開珎が発行されたことは重要である。新
都建設費を穀類や布帛で支払うより，素材価値以上の価値を付与された新銭
による支払は，財源捻出のためには効果的であった。和同開珎は萬年通寳（760
年初鋳）への切り替えまでの約半世紀という長い期間使用されていた通貨な
ので，発行枚数が多いこともあり，古代銭貨の中では出土数がもっとも多い。
しかしながら，律令政府の弱体化によって，銭貨の生産管理や流通強制力も
弱まり，さらには主要原材料である銅生産の減少もあって，古代銭貨は小型
化と鉛分の多い貶質化の道を辿り，天徳 2 年（958）の乹元大寳をもってそ

②古代銭貨と胞衣壺・経塚埋納銭

の発行が中止される。しばらくの間，日本は金属銭貨から米・布などの物品
貨幣の時代に逆戻りすることとなる。つまり，慶長6年（1601）の金銀貨と
寛永13年（1636）の寛永通寳発行まで，政府が発行した公式な貨幣は存在
しなかったのである。

　古代銭貨が出土する場合，遺構の性格として特に想定しておかなければな
らないのは，経済外的な機能を期待されている胞衣壺埋納銭と地鎮遺構であ
る。まず，胞衣壺埋納銭とは5枚の銭貨が胞衣・筆・炭などと壺に納められ
ているもので，子供の無事な成長を願って埋納したものである。近年の出土
事例では，壺が出土した時に，胞衣壺である可能性がある場合，まずX線
やCT撮影で中身を調べるということがおこなわれており，なかに銭貨が納
められていればそれが映し出されることになる。内容物についての脂肪酸分
析までおこなえば，胞衣壺判定の精度はより高いものになる。10世紀に編
まれた『医心方』第23巻に，「『産経』に言う。胞衣を納めるときは，清水
で胞衣をよく洗って清潔にし，新しいかわらけの甕に納めるようにする。蓋
も新しくする。まず胞衣を赤い絹で包む。つぎに貢銭五枚を甕のそこに並べ
置いて，文様のある面を上に向けて，その上に先ほどの赤い絹に包んでおい
た胞衣を甕の中に入れ蓋をする。」（杉立2002）(註6)とある。和同開珎5枚
が壺に入れられて出土した場合，これは胞衣壺に納められた銭貨であると推
定できる。

　次に，銭貨を経済外的目的で使用する例として，祭祀遺構や地鎮遺構が挙
げられる。祭祀遺構については，土師皿などを伴うケースも多く，福井県敦
賀市櫛川遺跡の事例を紹介する。ここは浜堤上に立地する9世紀初頭の祭祀
遺跡で，「浅皿状（径30～100cm）の掘り込み14カ所が確認され，その遺構
の周辺から8世紀末～10世紀中頃の須恵器をはじめ，素紋鏡，銅鈴，刀子，
火打鎌，製塩土器，そして古代銭貨8枚（和同開珎5・神功開寳1・隆平永
寳2）が出土した。これらの遺物の出土状況は祭祀的色彩が濃く，鎮火儀礼
を推測させるものである。」（芝田2007）とある。また，地鎮遺構については，
前述の藤原宮大極殿院南門から水晶玉9個と伴に出土した富本銭9枚があげ
られる。「地鎮遺構の発見位置は，大極殿南門に取り付く南面西回廊部分で，
西回廊の棟通りから北へ約1.8m，回廊1間目の柱列から西へ約2.5m離れ
た位置にある。・・［中略］・・地鎮遺構は，須恵器の平瓶を埋納した一辺

37

Ⅱ．日本史のなかの貨幣

写真 6 藤原京出土の平瓶，富本銭，水晶玉
（松村 2009）

が 60cm ほどの隅丸方形の土坑で，深さは検出面から 45cm を測る。」（松村・栄原編 2009）（写真 6）墓に伴った地鎮遺構としては，福岡県宮若市汐井掛第 5 号墳墓の事例を紹介する。「汐井掛第 5 号墳墓の墓壙内より銅銭の出土があり，まず骨蔵器の底部を取り上げてみると，底部外側にほぼ接して銅銭 3 枚が重なりあっており，これを M1 とする。M1 は 3 枚で上より萬年通寶，2 枚目 3 枚目は重なっているので判読できない。さらに骨蔵器を取り巻くように，M1 を中心にほぼ「十字形」に配列して検出される。北西方を M2，南西方を M3，南東方を M4，南東方を M5 とする。M2 は 5 枚のようであるが 1 枚目は錆がひどく判読できない。以下重なり合ってこれも判読できない。M3 は 5 枚が重なっているが，これは一枚一枚剥ぎ取れたので，一枚目より和同開珎，神功開寶，3 枚目は錆で剥ぎ取りができず，4 枚目は神功開寶，5 枚目は和同開珎である。M4 は 3 点と思われるが，1 枚目は遺存が悪く○○○寶だけで，2 枚目は神功開寶，3 枚目は萬年通寶である。M5 は 3 枚重ねで，3 枚とも和同開珎であり，以上 M1 から M5 までの合計 19 枚である。」（福岡県教育委員会 1978）（図 13）。最後に，福岡県宝満山祭祀遺構群で三つの遺跡から古代銭貨が出土している事例を紹介する。三つの中では，宝満山上宮祭祀遺跡が量的には最も多い。宝満山頂には延喜式内社竈門神社上宮が鎮座しており，これは 8 世紀後半から 9 世紀代の山頂露岩上での祭祀に関わる遺物と考えられている。宝満山上宮祭祀遺跡跡から出土したものは，正式な発調査によるものではなく岩棚状の平坦部の試掘や採集されたものが大半であ

38

②古代銭貨と胞衣壺・経塚埋納銭

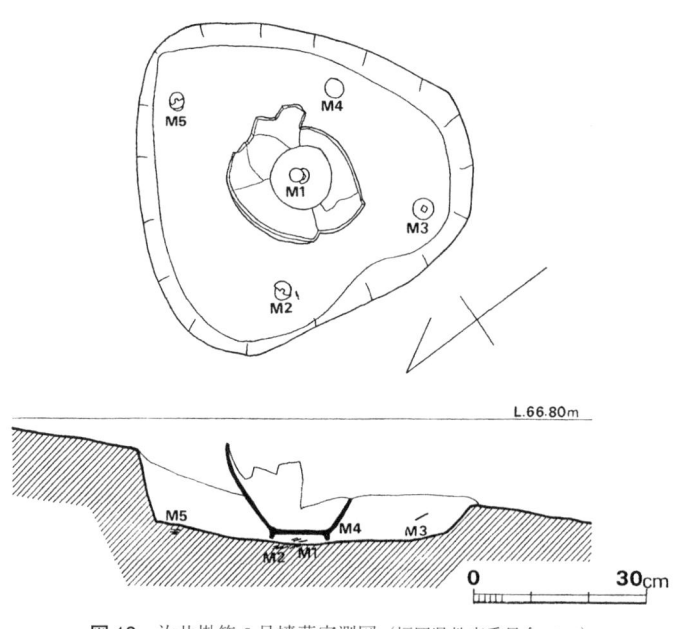

図13 汐井掛第5号墳墓実測図（福岡県教育委員会1978）

るが，和同開珎6枚・萬年通寶4枚・神功開寶10枚・隆平永寶11枚・富壽
神寶7枚・承和昌寶4枚・延喜通寶1枚・乹元大寶2枚である。宝満山の南
西斜面にわずかに発達した尾根部分にあたる辛野祭祀遺跡からは，神功開寶
と富壽神寶が1枚ずつ出土している。時期は7世紀後半から9世紀代と考え
られる。また，宝満山南の急斜面中腹に露頭する巨岩と巨岩間の広さ約10
㎡の窟である大南窟祭祀遺跡からは，神功開寶が1枚出土している（太宰府
市史編集委員会1992）。

　次に，経塚埋納銭についても触れておく[註7]。古代銭貨が958年初鋳の乹
元大寶の発行を最後に，12世紀中盤の北宋銭輸入まで，金属製の銭貨が使
用されない時期にあっても，例外的にわずかながら経塚埋納銭という形で出
土する銭貨が存在するのである。中・近世まで継続する習俗なので，経筒の
内外には古代銭貨ではなく，中国銭が納められている場合が多い。古代銭貨
が出土した例として，福井県敦賀市深山寺経塚群の事例を紹介する。ここ
は，「平安時代に築造された20基からなる経塚であるが，緊急調査によるた

39

Ⅱ．日本史のなかの貨幣

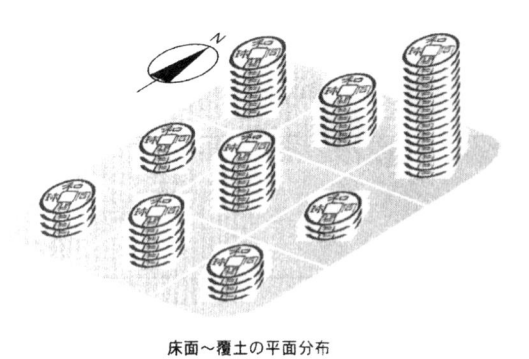

床面〜覆土の平面分布

図14 東国住居址の出土古代銭貨位置（深澤2003）

め部分的に7基が調査された。和同開珎は1号塚より発見されており，大甕をはじめ，青白磁の小皿，白磁小皿片，鏡11面，金銅小鈴1点，刀子が共伴する。経塚副葬品として用いられた例は貴重である。時期は12世紀に比定される。」（芝田2007）とある。

　最後に，個別出土銭の丁寧な観察で明らかになった，出土古代銭貨に関する注目すべき研究成果を紹介する。これによると，東国では古代銭貨の75％は竪穴建物跡から出土している。土坑・ピットが6％，掘立柱建物跡が6％と続く。このことから圧倒的多数は住居址から出土するので，住居址のどの位置から銭貨が出土するかを考察している。データを分析した結果，鬼門（北東）の方位から出土するものが多く，また竈の廃棄に伴うものと考えられるものが存在していることが明らかになった（深澤2003）（図14）。つまり，住居址を調査する際は四隅から銭貨が出土することがあり，注意を要するのである。これらの銭貨は呪術的な機能を有し，埋められたものと考えられている。

　第Ⅰ部で個別出土銭のデータベース化の重要性を説いたが，ここで古代銭貨を集成した『畿内・七道からみた古代銭貨』（出土銭貨研究会2000）から，古代銭貨の出土状況や流通について考察する（表5）。まず，古代銭貨が出土する遺跡を地域別にみると，畿内から出土するものが大半である。畿内が9,520枚（62.3％）と集中しており，大和（30.0％），山城（20.7％），近江（14.6％），加賀（6.4％）と続く。銭種による出土率は全出土枚数 - 不明なので15,284-1,851=13,433枚となり，和同開珎が5,086 ÷ 13,433=37.86％，萬年通寶6.06％，神功開寶17.16％，隆平永寶7.97％，乹元大寶4.57％と続く。奈良時代に発行された3種類の銭貨が多いことを確認できる。では，どのような場所から出土するかをまとめてみると，①墓・祭祀遺構など意識的に埋納されたもの

表5 古代銭貨集計表（森島2005）

五畿七道	旧国名	無文銀銭	富本銭	銀和同開珎・	銅和同開珎・	開基勝寶	太平元寶	萬年通寶	神功開寶	隆平永寶	富壽神寶	承和昌寶	長年大寶	饒益神寶	貞觀永寶	寛平大寶	延喜通寶	乾元大寶	不明	計
畿内	大和	6	73	24	1943	32		318	922	362	151	98	99	42	53	100	78	12	258	4571
	山城	1			225			105	269	68	314	132	92	23	61	368	198	132	1178	3166
	摂津	100	1		99			29	46	57	2	7	64	3	2	6	50	238	29	733
	河内	1		2	195			30	53	38	72	12	3	3	1	34	31	16	7	498
	和泉				531			3	3	4	3					6	2			552
東海道	伊賀			1	2			1	1	1		7								13
	伊勢	1		6	41			27	130	5			4		1		13		17	245
	志摩			2	12			1	1	19	4						1			40
	尾張								3									16		19
	三河				7							2								10
	遠江				22			4		2	2									30
	駿河				4			1	4	3			1			1	3			17
	伊豆				1															1
	甲斐				1			2	6	2					2		1			15
	相模				2			1	4	6	8	3	3	6		2	1			36
	武蔵				24			6	4	14	20	6	2	1	2	1	1			81
	安房								1											1
	上総				3			4	3	1						1				13
	下総				9			7	8	12	9		2		1	1				49
	常陸				4			2	1	2	2	2	2		2					16
東山道	近江	16		1	513			152	567	264	42	258	22	6	138	15	74	122	40	2230
	美濃			2	23															25
	飛騨				1															1
	信濃		2	1	20			8	12	12	13	3	1	2	3	1	8		9	95
	上野				14			3	4	3	11	1	1	1	1	2	2		2	45
	下野				2				1	1						1	59	10		76
	陸奥				33			1	3	3	4				1	1				46
	出羽		1					5		2	2									10
北陸道	若狭				1			4	4			1								10
	越前				22			5	30	17	7									81
	加賀			2	743			45	78	25	13					3			71	980
	能登				49			6	14	33	3	1		1					1	108
	越中				2			1	6	2		1						13		25
	越後				180			1	7	2	3	1				1				195
	佐渡				1							2				2				5
山陰道	丹波							5				1							5	22
	丹後				1						1	2								5
	但馬				9			3	12							6			3	35
	因幡																			0
	伯耆				3														1	4
	出雲		1	2	2											2				5
	石見											1								1
	隠岐																			0
山陽道	播磨				24			1		17	1					1			27	71
	美作							1	1	1										4
	備前				10				1							1				12
	備中				51			8	25	15	7	1		7	3	16	1		18	152
	備後								1							1			1	3
	安芸								1							1				2
	周防				14								4			2	39		10	69
	長門				13				2	2		1			1					19
南海道	紀伊				55			5	21	1	2		3			70			18	175
	淡路			1					1		1	1								5
	讃岐				5			3	9	43	2	5	2		1	1			1	72
	阿波							3	2		1				1	22	1		13	43
	土佐							1	1		11									14
	伊予				127			1	1			1	50		7					187
西海道	豊前				1				1										1	4
	豊後																			0
	筑前				27			12	41		12	5	1		1	7	15		124	260
	筑後				1						10									11
	肥前								1											1
	肥後				2			3		7	5	4	2						5	27
	日向								1									10		11
	大隅							1												1
	薩摩																			0
	壱岐																			0
	対馬																			0
海外	北海道				9			1	4	2	6	1			1		1			25
	唐		5																	5
	渤海				1															1
	計	125	76	49	5086	32	0	814	2305	1070	755	607	317	97	290	534	662	614	1851	15284
	%	0.93	0.57	0.36	37.86	0.24	0.00	6.06	17.16	7.97	5.62	4.52	2.36	0.72	2.16	3.98	4.93	4.57	不明銭を除く	

が多く，これらのケースでは，和同開珎から富壽神寶までの小型化する以前の銭貨が主体である。②墳墓・祭祀遺構以外の遺構から出土しているものは，官衙や国分寺など公的施設の存在や官人が存在していたと推定できる場所が主体である。駅・郡衙・国衙関連遺跡からの出土は，官道沿いに営まれた施設に集中している点が特徴的である。③発行量の多い銭種ほど，出土量が多い傾向にある。つまり，古代の銭貨は経済的な機能を期待された銭貨というよりは，呪術的機能を期待された銭貨の出土比率が高く，古代銭貨の出土から公権力の存在を推測できると言えるのではないだろうか。

〔註〕
5) 金貨や銀貨などで，貴金属の重さを調整して使用する貨幣。
6) 同書には，『御産所日記』の 1434 年の記録に「胞衣を納めるときは，まず清水で七回，・・・（中略）。太平の文字が刻まれている銭を三十三文，その他に筆と墨を一緒に壺に入れて納める。」とある。時代が降がると，銭貨の枚数が変化し，文字を特定することによって祈りの意味を込めていることが確認できる。
7)『出土銭貨』第 6 号（1996）が，11 世紀後半から 14 世紀前後の経塚出土銭に関する特集となっている。

③ 一括出土銭と緡銭

　中世を代表する出土銭の事例として，第Ⅰ部でも触れた一括出土銭をあげることができる。これは数千枚から数万枚という大量の銭貨が陶製や木製の容器に収納され，あるいは容器を伴わず出土するものである。容器の痕跡が見当たらないものは，布に包んで埋められたか，じかに埋められた可能性もある。焼きものに入れられたもののほうが，銭貨の遺存状態は良いのが通例である。道路工事などの際に不時発見されることもあり，報告を受けた文化財担当者はまず散逸を防ぎ，可能な限り聞き取り調査などで出土状況の復元に努力しなければならない。また，一括出土銭は，中心の孔に紐を通して束ねられた緡銭という形態をとることも多いの

図 15　舟木家本洛中洛外図屏風に描かれた緡銭塊（中央の人物の背後に緡銭塊，腕の下には緡銭が垂れている。岩国市教育委員会 2016）

で注意を要する。広島県草戸千軒町遺跡では，塊のまま保存されている 5 貫文の緡銭や，1 貫文が折り曲げられて紐で束ねられている資料が出土しており，銭貨が緡なのかバラで保管されているのかを確認する必要がある。この緡銭塊は東京国立博物館所蔵の舟木家本洛中洛外図屏風に描かれており（図15），ここにも考古資料と絵画資料との一致が見られ，考古資料が重要な資料であることを示唆している。緡紐の材料に注目すると，稲藁が多いようであるが，可能な限り紐の材質まで調査すべきである。近年，後述する山口県岩国市中津居館跡（2012 年報道）や，大分市万寿寺跡（2013 年報道）の発掘調査中に発見された一括出土銭は，複数の緡銭塊で構成されており，これらの資料から当時の商慣行を復元することが可能である。

　一括出土銭は，資産保全のための備蓄や宗教的な目的をもって意図的埋められたものや，あるいは緊急時に廃棄してしまった大量の銭貨である。かつては，備蓄銭や埋納銭などさまざまな呼ばれ方をしていた資料だが，埋められた目的はほとんどの資料が不明と言ってよい。大量の銭貨が埋められた理

由については，橋口定志氏らによる神などに捧げる呪術的機能を重視した埋納説と，峰岸純夫氏らによる経済的機能を重視した備蓄説とが対立し，未だ完全な決着を見ていない。一括出土銭の大半は，再度掘り起こそうとして埋められたものが忘れ去られ，あるいは埋めた人間が死亡するなどして再利用不可能になったものと考えられるが，神への奉納などを強く印象付ける資料もあり，資料ごとに判断しなければならない。しかしながら，史料が残っていないものが大半で，出土位置や状況からだけでは決め難いのが現実である。したがって，筆者は一括出土銭という呼称を採用するのである。

　通常，一括出土銭はその銭種組成によって，明銭が含まれているか否かなどで時期的な差異を判別できるが，銭種としては全国ほぼ同じ60種ほどの銭貨で構成されており，枚数は数千から数万枚というのが標準的である。関東の後北条氏は40〜50種の銭貨を，16世紀当時精銭として認識していたことが発給文書（永禄7年）から知られており，この銭種は出土例とほぼ一致している。また，円形方孔であれば貨幣とみなされ，稀に古文銭[注8]や古代銭貨が含まれている場合もある。中世になっても古いタイプの銭貨が残存する理由の一つには，銭貨が緡銭で使用され，1枚の銭銘がそれほど重視されなかったことも関係すると思われる。

　一括出土銭の発見場所は，都市部ではない辺鄙なところも多く，このことは一括出土銭の性格を示していると考えられる。13世紀の中頃より，荘園年貢の代銭納，あるいは銭貨による土地の売買が増加していることもあり（佐々木1972），荘園管理者の備蓄と考えれば，都市部でないところから発見されることとの整合性はある。農村部にこれだけの銭貨が存在するのなら，都市部では日常使用する銭貨も含め，相当量の銭貨が流通していたと推測できる。ただし，都市部以外での個別出土銭が少ないことを考えれば，農村部における銭貨流通を過大に評価することはできない。

　歴史学にとって年代決定は最重要事項である。一括出土銭の時期区分については，最新銭が利用される。なぜならば，銭貨は初鋳年が明らかであり，それ以前には遡らないという特性を有するからである。これにより，是光吉基氏は4期区分（是光1986），鈴木公雄氏は8期区分をおこなった（鈴木1992）。しかしながら，7期（世高通寶・大世通寶ないしは15世紀の中頃までに鋳造されたベトナム銭貨などを最新銭とする）・8期（弘治通寶・嘉

靖通寶ないしは15世紀後半に鋳造されたベトナム銭貨を最新銭とする）の決定銭種は，存在する絶対数が少ないので，混入していない可能性もあり，6期以降の時期決定については最新銭だけでは難しく，銭種構成や銭貨の状態などを加味して時期を決定しなければならない。16世紀は中世から近世の転換点であり，7期・8期の時期判定については注意を要する。永井久美男氏は鈴木氏の第8期をさらに細分し，ベトナム銭やその私鋳銭を含むか否かで9期，慶長通寶の有無によって10期区分を提唱している（永井2001）。鈴木氏も第1期の前にもうひとつ0期を設ける必要性を予見しており，さらなる区分を考える余地はある。

　もっとも早い時期の一括出土銭の年代については，南宋の銭貨までで元の銭貨を含まないものがあることから，13世紀に埋められたものが存在する。この時期は銭貨による経済活動の再開期であることを確認できる。下限については，堺市 SKT448-3 が慶長通寶を含むことから，17世紀初頭までは存在している。明銭を含む比較的新しい時期の一括出土銭のほうが，古いタイプのものより事例が多いことから，15・16世紀が一括出土銭の埋められた最盛期であると考えられる。鈴木氏による時期区分の目安となる最新銭と，銭貨が埋められた時期の実年代は表6のとおりである。第4期まではちょうど4，50年の間隔であり，このことは13世紀の元寇や14世紀の鎌倉幕府滅亡，南北朝の騒乱，倭寇の活躍，中国では元の衰退・滅亡という，日中両国の国交が正常に機能しにくい状況が存在することと関連していると思われる。とりわけ第1期と第2期間がはっきり区切れるのは，元寇の結果であると考えられる。第4期以降の間隔が狭まっている理由は，15世紀の日明貿易開

表6　最新銭による一括出土銭時期区分

時期	最新銭	実年代
1期	咸淳元寶など南宋銭	13世紀第4四半期～14世紀第1四半期
2期	至大通寶	14世紀第2四半期～第3四半期
3期	大中通寶や洪武通寶	14世紀第4四半期～15世紀第1四半期
4期	永楽通寶	15世紀第2四半期～第3四半期
5期	朝鮮通寶	15世紀第4四半期
6期	宣徳通寶	16世紀第1四半期～第2四半期
7期	大世通寶，世高通寶	16世紀第3四半期
8期	弘治通寶，ベトナム銭の洪徳通寶など	16世紀第4四半期

Ⅱ. 日本史のなかの貨幣

始と前後して，民間交易の活性化により貨幣の流入が連続したことと，貨幣流入量が飛躍的に増大した結果だと考えられる。これは，国内市場についても，貨幣流通量の増加が望まれる環境が形成されつつあったという証拠でもある。明銭が混入する第3期以降は，10万枚以上の大量の一括出土銭がかなり存在する事実も，この貨幣流通量の増加を示していると考えられる。

　一括出土銭の銭種別構成比は，北宋銭が多く，明銭流入以前では，各地の銭種の構成比がほぼ一致している。なかでも元豊通寶・皇宋通寶・熙寧元寶が上位を占めるという点も，全国共通であることが確認されている。このことは，流通していた銭貨はほぼ全国斉一であったことを示していると考えられ，当時流通していた銭貨の銭銘構成比が，そのまま一括出土銭に反映していると推測できる。ここで，第2期にあたる一括出土銭でそのことを見てみる。全国に散在する一括出土銭遺跡の上位23位までの銭種を比較した図16・表7から，各地の一括出土銭に含まれている銭種の割合は同様であることを確認できる。ただし，15世紀以降の永楽通寶など明銭が流入した後は，全体に占める明銭の割合が増加し，地域によっては北宋銭主体ではなく，明銭の洪武通寶や永楽通寶の割合が高いもの（福岡県八女市黒木町，長崎県壱岐市郷ノ浦）が出現するなど，銭種に偏差が見られるようになる。また，特定の銭種を選んで緡を作った例外的なケースとして，埼玉県深谷市根岸遺跡の事例をあげることができる。ここでは永楽通寶を最新銭とする4,851枚の中に，天聖元寶・天禧通寶・至道元寶という銭種を意図的に集めた11緡が含まれていた（深谷市教育委員会2000）。関東では16世紀の後半に，永楽通寶が他の銭種と異なる高い評価を獲得していく過程を，一括出土銭や六道銭からも確認できる。また，郷ノ浦の一括出土銭は永楽通寶が90％を超えており，きわめて特殊な組成比になっている。これは壱岐という離島であり，本土への中継地・倭寇の根拠地であることも考慮して，関東で好まれる最良銭である永楽通寶を選別したものである可能性を考えている。

　また，第Ⅵ部で述べるように，九州では他の地域と比較して，福岡県若宮，佐賀県江北，宮崎県鞍岡の場合，朝鮮通寶の割合が若干高いという傾向が見て取れる。これは九州が朝鮮半島に近いという地理的条件が影響しているように思われる。また，先に述べた通り黒木町の一括出土銭は洪武通寶，郷ノ浦は永楽通寶と，特定の種類の銭貨だけを意識的に集めた例外的なもので，

③ 一括出土銭と緡銭

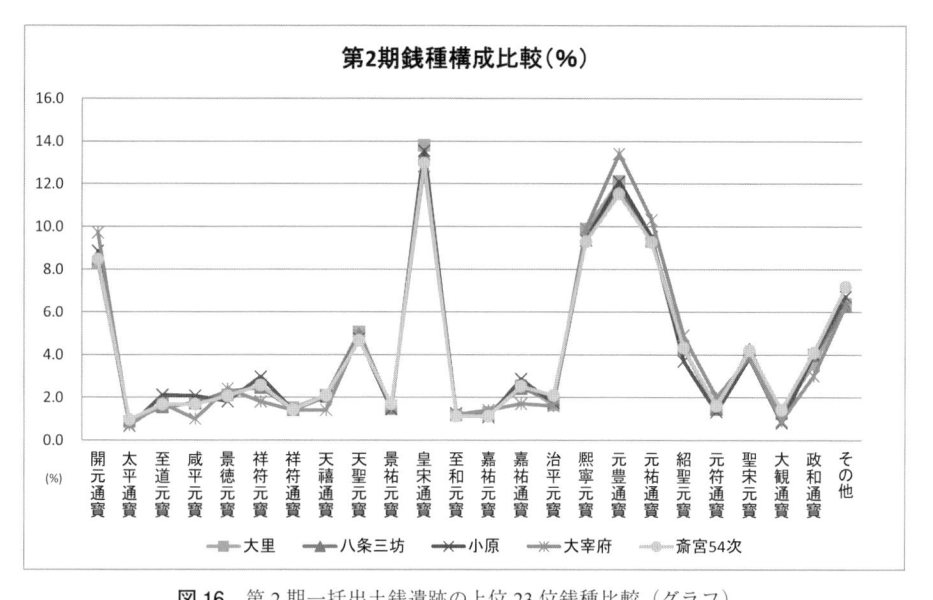

図16 第2期一括出土銭遺跡の上位23位銭種比較（グラフ）

表7 第2期一括出土銭遺跡の上位23位銭種比較

銭種	国	初鋳年	大里		八条三坊		小原		大宰府		斎宮54次	
			数（枚）	比率(%)	数（枚）	比率(%)	数（枚）	比率(%)	数（枚）	比率(%)	数（枚）	比率(%)
開元通寶	唐	621	5,844	8.3	2,669	8.5	239	8.8	97	9.7	979	8.5
太平通寶	北宋	976	606	0.9	297	0.9	18	0.7	7	0.7	112	1.0
至道元寶	北宋	995	1,118	1.6	485	1.5	57	2.1	17	1.7	194	1.7
咸平元寶	北宋	998	1,210	1.7	546	1.7	56	2.1	10	1.0	193	1.7
景德元寶	北宋	1004	1,487	2.1	712	2.3	49	1.8	24	2.4	239	2.1
祥符元寶	北宋	1008	1,803	2.6	774	2.5	80	3.0	18	1.8	297	2.6
祥符通寶	北宋	1008	1,066	1.5	451	1.4	38	1.4	14	1.4	165	1.4
天禧通寶	北宋	1017	1,464	2.1	644	2.0	55	2.0	14	1.4	242	2.1
天聖元寶	北宋	1023	3,557	5.0	1,558	5.0	128	4.7	49	4.9	539	4.7
景祐元寶	北宋	1034	1,033	1.5	483	1.5	39	1.4	16	1.6	196	1.7
皇宋通寶	北宋	1038	9,699	13.8	4,199	13.4	366	13.6	128	12.8	1,502	13.0
至和元寶	北宋	1054	822	1.2	388	1.2	34	1.3	12	1.2	130	1.1
嘉祐元寶	北宋	1056	898	1.3	376	1.2	29	1.1	14	1.4	130	1.1
嘉祐通寶	北宋	1056	1,788	2.5	764	2.4	77	2.9	17	1.7	291	2.5
治平元寶	北宋	1064	1,172	1.7	590	1.9	47	1.7	16	1.6	242	2.1
熙寧元寶	北宋	1071	6,934	9.9	3,001	9.6	253	9.4	99	9.9	1,076	9.3
元豊通寶	北宋	1078	8,501	12.1	3,734	11.9	327	12.1	134	13.4	1,333	11.5
元祐通寶	北宋	1086	6,540	9.3	2,941	9.4	257	9.5	103	10.3	1,073	9.3
紹聖元寶	北宋	1094	3,015	4.3	1,365	4.3	100	3.7	49	4.9	500	4.3
元符通寶	北宋	1098	1,055	1.5	462	1.5	36	1.3	20	2.0	186	1.6
聖宋元寶	北宋	1101	2,805	4.0	1,341	4.3	104	3.9	39	3.9	487	4.2
大観通寶	北宋	1107	885	1.3	415	1.3	22	0.8	9	0.9	165	1.4
政和通寶	北宋	1111	2,512	3.6	1,248	4.0	108	4.0	30	3.0	473	4.1
その他			4,274	6.4	1,972	6.3	182	6.7	63	6.3	832	7.2
全体			70,088	100.0	31,415	100.0	2,701	100.0	999	100.0	11,576	100.0

Ⅱ．日本史のなかの貨幣

貴重な資料である。図17・表8は，永楽通寶を最新銭とする第4期の一括
出土銭を前掲第2期と同様な考え方で作成したもので，ここからも洪武通寶
と永楽通寶の流通について特徴を読み取ることができる。まず，青森県浪岡
城では洪武通寶の割合が高い。また，15世紀中頃に埋められたものと考え
られる兵庫県石在町，山口県下右田，熊本県坂梨の一括出土銭は，東日本に
所在する新潟県石白など同時期のものと比較すると，永楽通寶の割合がやや
高いという特徴がある。これは石白などが時期的に若干古いという可能性と，
西日本に所在する遺跡は日明貿易の基地である博多や倭寇などとの関連性を
考えることができるのではないだろうか。この地理的・歴史的要因によって，
北部九州に永楽通寶が大量かつ急速に流入していた事実を，この一括出土銭
の銭銘構成比率は示していると思われる。

　一括出土銭は枚数的に多いことから，未整理の状態で保管されているもの
が存在する。とりわけ，古くから知られている一括出土銭については再調査
や，銭貨の劣化が進行する前に正確な調査が必要であると考える。筆者が最
近再調査報告をした久原一括出土銭は，最新銭が朝鮮通寶から宣徳通寶に変
更され第6期となった（久山町教育委員会2013）。一括出土銭にはまれに寛
永通寶や疑惑をもたれる銭貨が混入している場合がある。このようなことが
生じる原因としては，表土層に銭貨が包含されていた可能性や，保管や整理
作業の段階でまったく別の銭貨が混入した可能性などが考えられるので，注
意を要する。たとえば，筆者が調査報告をした宮崎県日之影町の資料（日之
影町2001）は，寛永通寶を4枚含んでいたが，この寛永通寶は緑色ではなく，
錆の状態も他の銭貨とは明らかに異なっており，保管過程での混入物である
可能性が高かった。

　次に，緡銭について説明する。銭貨は円形方孔であるため，結果的に孔に
紐を通して銭貨を束ねることが可能になる。これが緡銭である。銭貨約100
枚からなる緡を「連」とよぶ。連は基本単位であり，中世日本ではこれまで
の出土資料から97枚であることが多いことがわかっている。これは「短陌（省
陌）慣行」といって，百枚より少ないものを百枚と見做すことであり，100
枚丁度の場合「丁陌」という。『大乗院寺社雑事記』文明12年（1480）12
月21日条に「料足アカマカ関ヨリ西ハ百文，東ハ九十七文也」とある。もっ
とも古い事例としては，長屋王の邸宅跡から97枚の和同開珎が緡銭状態で

48

③ 一括出土銭と緡銭

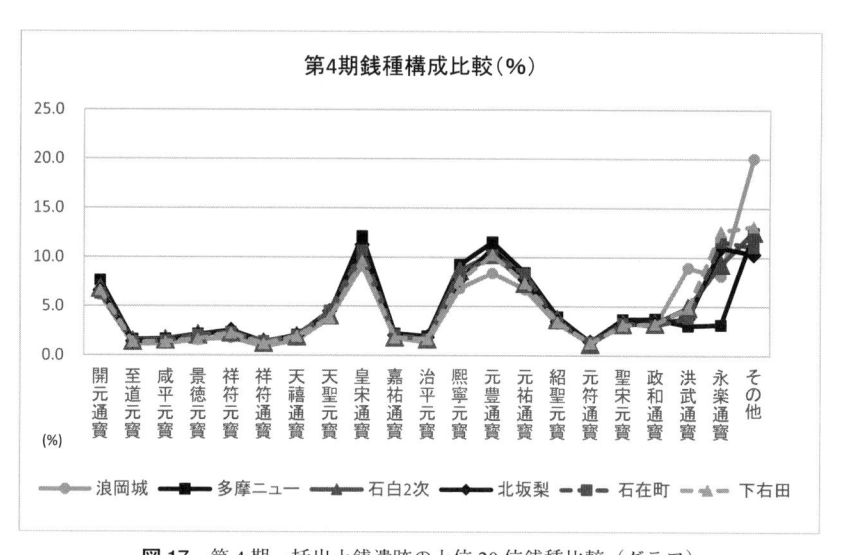

図17 第4期一括出土銭遺跡の上位20位銭種比較（グラフ）

表8 第4期一括出土銭遺跡の上位20位銭種比較

銭種	国	初鋳年	浪岡城		多摩ニュー		石白2次		石在町		下右田		北坂梨	
			数(枚)	比率(%)	数(枚)	比率(%)	数(枚)	比率(%)	数(枚)	比率(%)	数(枚)	比率(%)	数(枚)	比率(%)
開元通寶	唐	621	367	6.1	2,062	7.6	6,958	6.8	1,196	6.2	891	6.6	956	6.6
至道元寶	北宋	995	67	1.1	433	1.6	1,481	1.5	263	1.4	181	1.3	202	1.4
咸平元寶	北宋	998	71	1.2	450	1.7	1,642	1.6	280	1.5	182	1.3	219	1.5
景徳元寶	北宋	1004	93	1.6	580	2.1	2,152	2.1	389	2.0	222	1.6	308	2.1
祥符元寶	北宋	1008	107	1.8	631	2.3	2,355	2.3	444	2.3	303	2.2	371	2.5
祥符通寶	北宋	1008	52	0.9	359	1.3	1,330	1.3	273	1.4	158	1.2	206	1.4
天禧通寶	北宋	1017	91	1.5	560	2.1	1,977	1.9	382	2.0	260	1.9	295	2.0
天聖元寶	北宋	1023	225	3.8	1,152	4.3	4,177	4.1	868	4.5	514	3.8	652	4.5
皇宋通寶	北宋	1038	546	9.1	3,276	12.1	10,400	10.2	2,047	10.7	1,297	9.6	1,642	11.3
嘉祐通寶	北宋	1056	107	1.8	601	2.2	1,919	1.9	395	2.1	243	1.8	301	2.1
治平元寶	北宋	1064	79	1.3	527	2.0	1,723	1.7	315	1.6	225	1.7	268	1.8
熙寧元寶	北宋	1071	407	6.8	2,498	9.2	8,828	8.7	1,559	8.1	1,028	7.6	1,124	7.7
元豊通寶	北宋	1078	500	8.4	3,117	11.5	10,533	10.3	1,962	10.2	1,382	10.2	1,580	10.9
元祐通寶	北宋	1086	401	6.7	2,277	8.4	7,519	7.4	1,593	8.3	992	7.4	1,125	7.7
紹聖元寶	北宋	1094	194	3.2	1,067	3.9	3,771	3.7	646	3.4	461	3.4	507	3.5
元符元寶	北宋	1098	73	1.2	372	1.4	1,206	1.2	259	1.4	170	1.3	205	1.4
聖宋元寶	北宋	1101	200	3.3	996	3.7	3,297	3.2	625	3.3	417	3.1	465	3.2
政和通寶	北宋	1111	179	3.0	1,006	3.7	3,350	3.3	587	3.1	433	3.2	479	3.3
洪武通寶	明	1358	533	8.9	823	3.0	4,970	4.9	733	3.8	650	4.8	549	3.8
永楽通寶	明	1408	483	8.1	848	3.1	9,474	9.3	2,224	11.6	1,709	12.7	1,600	11.0
その他			1,196	20.0	3,380	12.5	12,850	12.6	2,120	11.1	1,777	13.2	1,505	10.3
全体			5,971	100.0	27,015	100.0	101,912	100.0	19,160	100.0	13,495	100.0	14,559	100.0

49

Ⅱ. 日本史のなかの貨幣

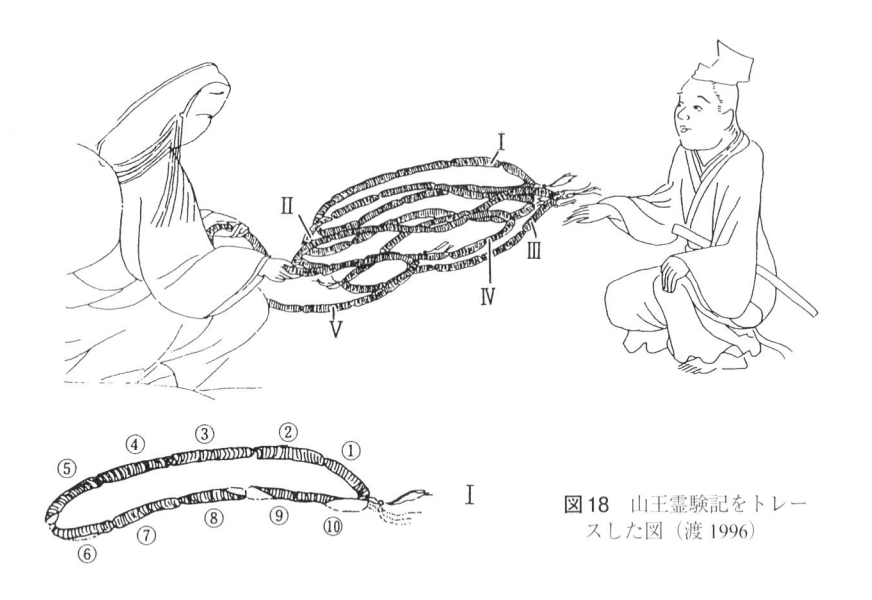

図18　山王霊験記をトレー
スした図（渡 1996）

出土しており，これは古代から「短陌」慣行がおこなわれていた可能性を
示唆している。この連が 10 個で 1 貫文となる。ちなみに 10 枚の銭貨のこと
を 1 疋という。もともと「貫」は単位性を有しておらず，漢字の成り立ちか
らして，紐で繋がった状態を指すものであったが，日本には銭貨がもたらさ
れて一般的に使用される中世には，枚数や重さの単位となっていた。短陌慣
行がおこなわれていた理由については定かではないが，100 より少ない数を
100 と見なす慣行が東アジア各地に存在していたことは明らかであり，後述
のベトナムでの 67 枚一緡も同様であろう。
　文献には「貫」とほぼ同義のものとして「結」という表現があり，これも
約 1,000 枚の緡銭の状態を示している。図 18 の『山王霊験記』に描かれて
いる緡銭を見ると，「連」が 5 つ繋がり，それを 2 本並列に結び 1 結は成り
立っている。考古遺物としては，山梨県北杜市小和田館跡から出土した 1 貫
文緡が完全な形で現存する（図 19）。絵画資料と考古資料が完全に一致した
ことから，史実の復元という点でも重要な資料である。また，この絵画は借
上げから 20 貫文を借りている場面であり，省略して 5 貫文が描かれている
ことから，当時の人々に 5 貫文が一単位として認識されていたものと考えら

50

③ 一括出土銭と緡銭

図19 小和田館出土の1貫文緡実測図（小宮山1996）

れる。さらに、「結」は5貫文以下か、10貫文でしか使用されず、「結」の
前に6〜9の数は存在しないことから、「貫」とまったくの同義ではない（渡
1996）。桜井英治氏による割符の研究によると（桜井1996）、中世に流通し
ていた手形の一種である割符は10貫文の定額のものが多く、5貫文の半割
符も存在し、これらの定額単位が一般的に使用されていたことが明らかと
なっている。つまり、中世当時にあっては5貫文が一定単位として広く認識
されて、それが緡の梱包という形態をとって使用されていたことは間違いな
かろう。これをモノ資料の観点で見ると、銭貨1枚＝1文は約3.75gなので、
10貫文だと37.5kg、5貫文だと18.75kgとなる。周りを稲藁紐で梱包して持
ち運びをするとなると、10貫文より5貫文の単位の方が紐の強度と重量的
な観点から利便性が高いと推測できる。5貫文は実用的なまとまりであると

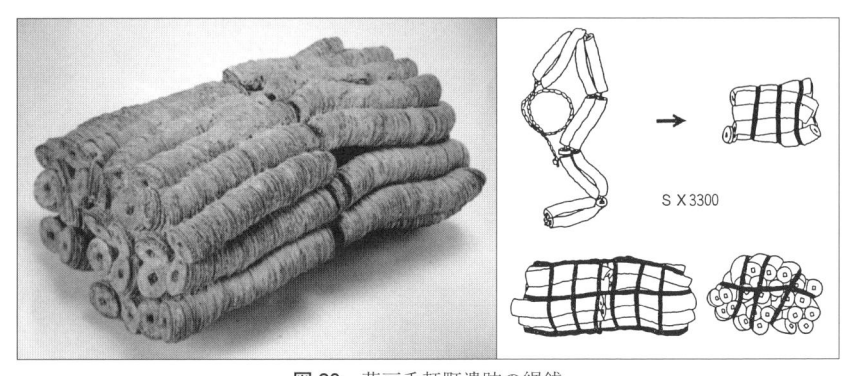

図20 草戸千軒町遺跡の緡銭
左写真（永井編1994）；右図（広島県草戸千軒町遺跡調査研究所編1994）

51

Ⅱ. 日本史のなかの貨幣

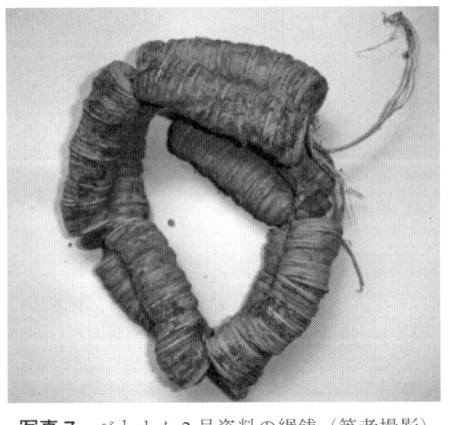

写真7 ベトナム2号資料の緡銭（筆者撮影）

納得できる。5貫文緡など緡銭の研究は，中世経済史にあってはさまざまな史料論の立場からもかなり重要課題であると考えられる。ちなみに，広島県福山市草戸千軒町遺跡から出土している1貫文緡は連を2本並列に繋ぎ，それが5つ繋がっている（図20）。ベトナムで調査した緡銭（口絵10，写真7）や近世の「九六銭」とよばれる96枚の緡銭もこの形態であり，緡の作り方もいくつかのタイプがあることを記しておく。

〔註〕
8）古銭界で使用される場合，中国の秦から隋までの銭貨をさす。

④ 中・近世の六道銭

　六道銭とは中世から存在する出土銭貨の代表的なものである。死者に添え
て埋納されるもので，中世においては枚数が一定せず，比較的多くの銭貨を
緡銭状態で副葬したものも存在する（口絵9）。近世墓の調査では，必ずと
いってよいほど六道銭が出土する。六道銭は俗に「三途の川の渡し賃」と言
われているが，近世になり6枚組が一般的となる。バラバラで出土する場合
も多いが（写真8），紐で束ねたもの，紙に包んだもの，頭陀袋に入れてあっ
たと推測できる繊維痕が残るものなどさまざまであり，注意深い観察が必要
である。

　六道銭とは，「死者を葬る時棺内に収むる銭のこと。通常は紗にて作れる
頭蛇袋を死者の頸にかけ，銭六文を中に容れ，或は単に墨にて銭形を袋に
書くことあり。俗説にては三途川の渡銭等に使用せしむる為なりと云えり。」
（『仏教大辞彙』1922）とあるが，その起源や実態についてほとんど研究が存
在せず，主に宗教学や民俗学が研究対象とする分野であると考える。

　六道銭副葬の起源について現時点でいえることは，六道絵などにより六道
思想が普及・定着していった中世にはじまり，行政の端末組織として仏教寺
院がとりこまれていく近世までには，広範におこなわれるようになったとい
うことである。「漢地の俗に昏晩に銭を壙中に埋めて死者の用となす。之を

写真8　近世墓六道銭（筑紫野市教育委員会 2003）
左：筑紫野市原田の六道銭（49号墓）／右：（74号墓）人骨が見えている

53

II. 日本史のなかの貨幣

昏萬銭と名く，本朝の俗之を習ひて六道銭と云ふ，佛経の説にあらず。」（『織田仏教大辞典』1917）とあるので，本来は仏教と関係のない六道銭が，日本においては仏教と結びついて広まったようである。豊富な貨幣量の存在と信仰が相まって，六道銭を副葬する風習が広まったものと推測される。仏教が日本化・庶民化していくなかで，さまざまな仏教思想が体系づけられてきた。そのひとつである六道思想と関連付けられながら，銭貨が遺骸とともに副葬されるようになったと考えられる。中世のどの時点で六道銭副葬習俗が出現するのかを明らかにすることは考古学的重要課題だが，中世から近世へ継続する良好な遺跡としては流山市三輪野山道六神遺跡B地点が存在する（北澤1998）。この遺跡の調査結果から，遅くとも14世紀から15世紀初頭には六道銭が副葬されていることを確認できる。つまり，14世紀代には六道銭副葬の習俗は始まっており，近世になるにしたがってその枚数が6枚セットに収斂していき，副葬習俗自体も一般化すると考えられる。

　近世墓の発掘調査は，各教育委員会の近世考古学に対する認識の高まりや，国土開発の進展に伴って，バブル期には飛躍的に増加した。しかし，バブル経済崩壊後の景気低迷によって大規模な開発が減少したことで，近年は資料数の増加も足踏み状態である。とは言え，近世墓が埋蔵文化財として調査・研究の対象となっていることは間違いない。六道銭研究の端緒は，斎藤隆氏の印田近世墓の調査報告である（魚津市教育委員会1981）。この報告書で，斉藤氏は北海道から九州にいたる全国91遺跡から出土した六道銭を集成し，六道銭参考一覧として紹介している。これを受けて，江戸増上寺子院群の近世墓調査に携わった鈴木公雄氏は，単に六道銭の出土例を報告するだけではなく，六枚セットの六道銭の組み合わせに注目し，考古学手法のセリエーション分析（図21）を用いて経済史研究への活用を試みた（鈴木1988）。セリエーション分析は，多数の遺跡から出土している同じ範疇の遺物を，相対的な年代順に並べて特徴を探ろうとするもので，遺物出現の在り方を視覚的にとらえることができるという特色をもつ。絶対年代が判らない遺物について有効な分析方法で，鈴木氏が出土六道銭を分析するために初めて応用した。近世以前の墓は墓標を欠くなどして造営時期の分からないものが多く，この研究手法は有効であると考えられている。セリエーション図の作り方は，六道銭として使用されている銭貨を渡来銭，古寛永 [注9]（1636年初鋳），文銭（1668

54

④中・近世の六道銭

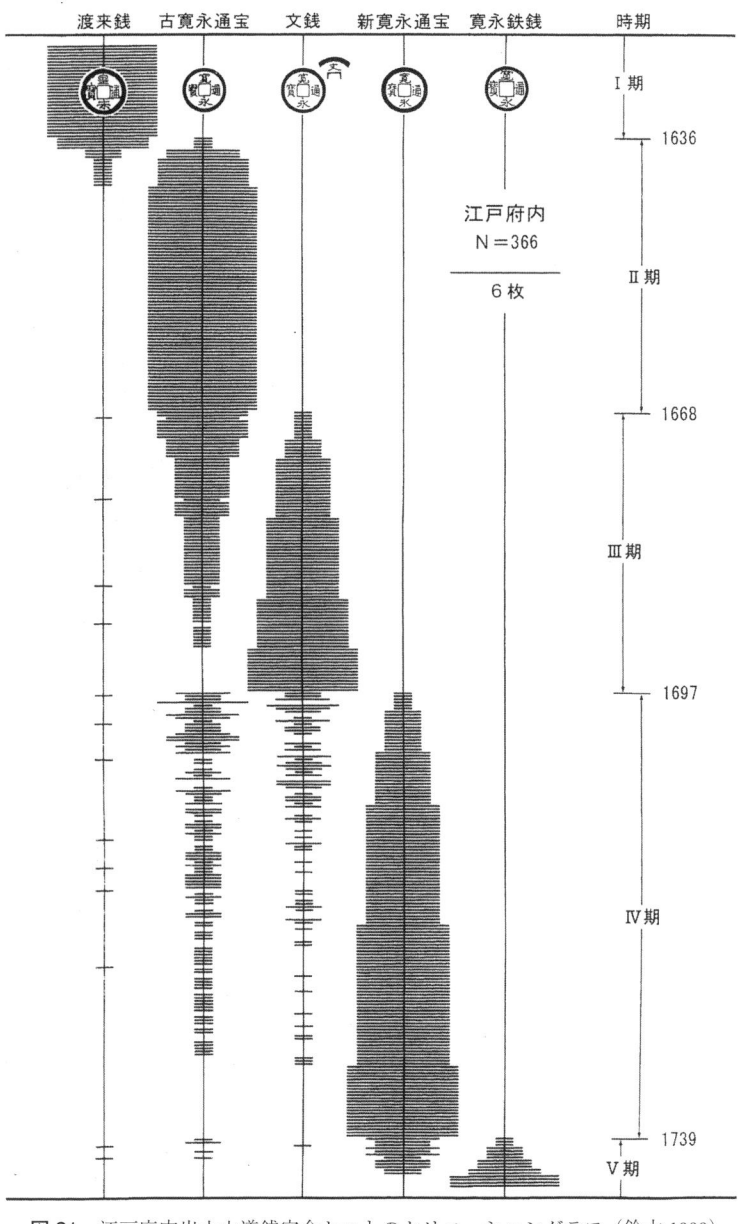

図21 江戸府内出土六道銭完全セットのセリエーショングラフ（鈴木1999）

Ⅱ. 日本史のなかの貨幣

年初鋳），新寛永（1697年初鋳），寛永鉄銭（1739年初鋳）に区分し，左か
ら古い順に配置する。縦軸は上から下へ時間の経過を示す。出土した6枚組
の銭貨を上記区分に従って縦軸上に左右対称となるよう配置するので，横を
合計すると6枚となる。そして，描かれた変化のパターンが漸移していれば，
軍艦を上から見たような軍艦型のカーブを描くというものである。鈴木氏は，
この分析結果から渡来銭と幕府公鋳貨である寛永通寶への不連続性が読みと
れ，このことは徳川幕府が迅速な通貨切り替え政策を実施したということに
他ならないとの結論を導き出したのである。つまり，セリエーションに見ら
れる渡来銭から古寛永への不連続性は，自然な状態で徐々に古寛永が流通市
場に登場してきたのではなく，徳川幕府が何らかの銭貨政策を実施し，渡来
銭から寛永通寶への通貨の切り替えを，すみやかにおこなった結果，両銭貨
の併用期間が短かったということを示していると推測できる。また，小林義
孝氏が指摘するように，墓から出土する銭貨には遺骸・遺骨に付す銭貨であ
る六道銭以外に，墓の鎮めのための銭貨などが存在することものも事実であ
る（小林1999）。したがって，これらを区別せず漫然と六道銭とよんできたが，
今後は遺骸・遺骨に付す銭貨である六道銭と，埋葬の場に関わる銭貨とは明
確に区別して取り扱っていかねばならない。しかしながら現実問題として，
これらを峻別するためには考古資料を提供する側が，銭貨の出土状況につい
て詳細な情報を提供しなければならないという前提が生じる。つまり，発掘
する考古学者側の調査と報告が問題となる。どの位置からどのような状況で
出土したのかが明らかにされない限り，この峻別はできないのである。した
がって，今後の調査では，研究深化のためにも精密な調査の実施と報告が望
まれるのである。

　六道銭として使用される銭貨は，当時流通していた銭貨であると考えられ
る。たとえば，黒田長政墓から出土した銭貨は皇宋通寶・元豊通寶などの北
宋銭であることからも（森1950），長政の没年当時広範に使用されていた銭
貨が，無作為に副葬されたと考えられる。近世になると身分的に高い者に対
し，金貨が副葬されている事例も存在する。しかし，伊達綱宗墓のように宝
永小判10枚とともに寛永通寶6枚を副葬している場合もあり（伊達1997），
習俗としての六道銭は身分にかかわらず認識されていたものと思われる。九
州内で見る限り，墓標と墓壙が動いていない鹿児島県王城古墓の事例から，

56

④中・近世の六道銭

念仏銭（車念仏）
（円福寺跡）

題目銭
（乗泉寺跡・大法寺跡）

真向念仏
（乗泉寺跡・大法寺跡）

霊厳念仏
（円福寺跡）

図22　念仏銭・題目銭

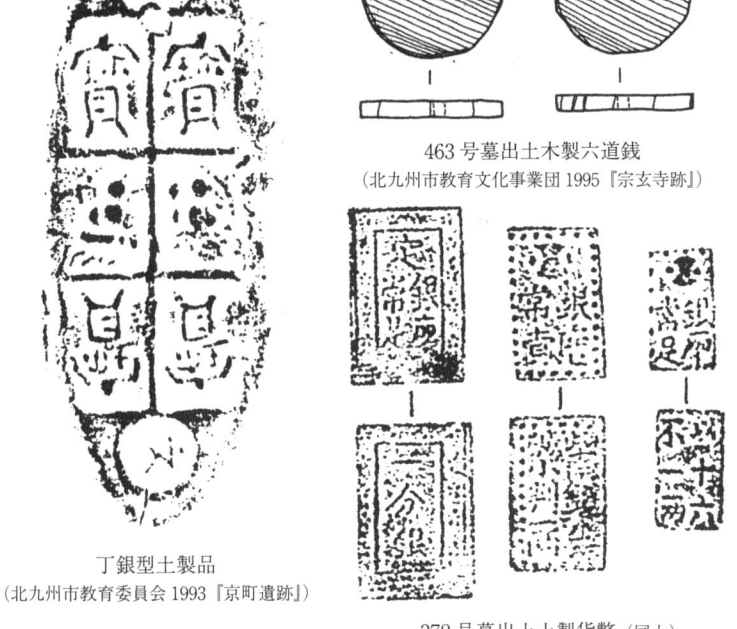

463号墓出土木製六道銭
（北九州市教育文化事業団 1995『宗玄寺跡』）

丁銀型土製品
（北九州市教育委員会 1993『京町遺跡』）

372号墓出土土製貨幣（同上）

図23　銭型模造品

57

Ⅱ. 日本史のなかの貨幣

　銭貨の組み合わせによる時期判定と墓標の年代とは一致し，矛盾しない（櫻木 1990a）。ただし，明治期になるとあえて寛永通寶を使用したと思われる事例が存在する。これは，昭和 28 年（1953）12 月に小額貨幣整理法が施行されるまで寛永通寶は通貨であり，明治以降になっても寛永通寶が六道銭として副葬されるのは不思議なことではないのである。

　最後に六道銭と関連して，銭貨と同様の形態をした念仏銭と題目銭の存在を紹介する（図 22）。これらは通貨ではないが，念仏銭には「南無阿弥陀仏」，題目銭には「南無妙法蓮華経」の文字が鋳出されており，六道銭として副葬されているケースが見受けられる。題目銭については全国的に見ても出土例が少ない（鈴木 1994）。基本的には宗派によって使い分けられているはずだが，乗泉寺跡・大法寺跡遺跡の 553 号墓のように念仏銭と題目銭が共伴する場合もあり（港区ほか 2004），刻まれた文字にこだわらず副葬されている事例が存在する。念仏銭と題目銭の時期については，時期的に古いタイプの寛永通寶と共伴しているケースが多く，17 世紀末までに鋳造されていたものと推定できる。また，題目銭より出土例が多い念仏銭には，いくつかのタイプが存在していたことを確認できる。また，土製の金貨，銀貨を模したものや，木製の六道銭も出土例が存在する（図 23）。

〔註〕

9)古寛永と新寛永のもっとも簡単な判別法は，「寶」字最後の二画が接して「ス」のように見えるものは古寛永で，ス寶銭とも呼ばれる。これが離れて「ハ」のようになっているものが新寛永で，ハ寶銭とも呼ばれる（図 24）。

古寛永ス宝銭　　　新寛永ハ宝銭

図 24　古寛永と新寛永の違い

⑤ 江戸時代の貨幣

　中世末には貴金属である金や銀の貨幣的使用が始まり，銭貨も「東の永楽，西のビタ」という言葉で表されるように，大きく分けると関東と関西では異なった銭貨が流通していた。16世紀第二四半期の石見銀山開発をはじめとして，各地の戦国大名は金銀鉱山の開発に努め，全国を統一した徳川家康は，本位貨幣として金貨・銀貨・銭貨がそれぞれ独立して機能する新たな三貨制度を作り上げた。江戸に政権を据えた家康は，関東一円では永楽通寳の広範な流通が見られたため，慶長14年（1609）に，金・銀・銭貨間の交換比率を，金1両＝永楽銭1貫文＝京銭4貫文＝銀50匁（1700年に60匁と変わる）とする三貨間の公定相場を定める。三貨の交換レートは公定相場が存在するものの日々変化しており，階層や地域を異にしながら，それぞれの貨幣が独立して使用されているという状態であった。

1. 幕府発行の銭貨

　江戸時代に入ると，それまで流通していた北宋銭や明銭などの渡来銭に替わって，寛永13年（1636）以降は寛永通寳一文銭が発行され，小額の通貨として民衆の間でも広範に流通するようになる。まず，幕府は江戸と近江坂本に銭座を設けさせ，寛永通寳の鋳造を開始した。一文という小額貨幣は日常使用するものとして需要が大きく，鋳造所に見本となる手本銭を渡し，均質な銭貨の生産に努めた。さらに，水戸・仙台・三河吉田・越前高田・信濃松本・岡山・長門・豊後中川内膳領の大名領8箇所に鋳銭所の設置を命じ，大量生産体制を確立した。生産形態は請負制であり，願い出たものに対して許可を与える仕組みで，出来高に応じて運上金を幕府に納める。幕府は銅の海外輸出を禁じ，原材料の確保に努め，大量に発行された寛永通寳が広範に流通することとなった。だが，高額貨幣である金貨・銀貨に対する銅銭比価は変化するので，銭貨流通量の多寡によって銭安や銭高という現象が生じていた。寛永通寳発行直後はこの大量の新貨が市場に出回ったため銭安になるが，ふたたび徐々に銭高局面に移行する。そこで，まず明暦2年（1656）に幕府は寛永通寳の増鋳 ^(註10) によって貨幣流通量の調整を試みる。さらに，

Ⅱ. 日本史のなかの貨幣

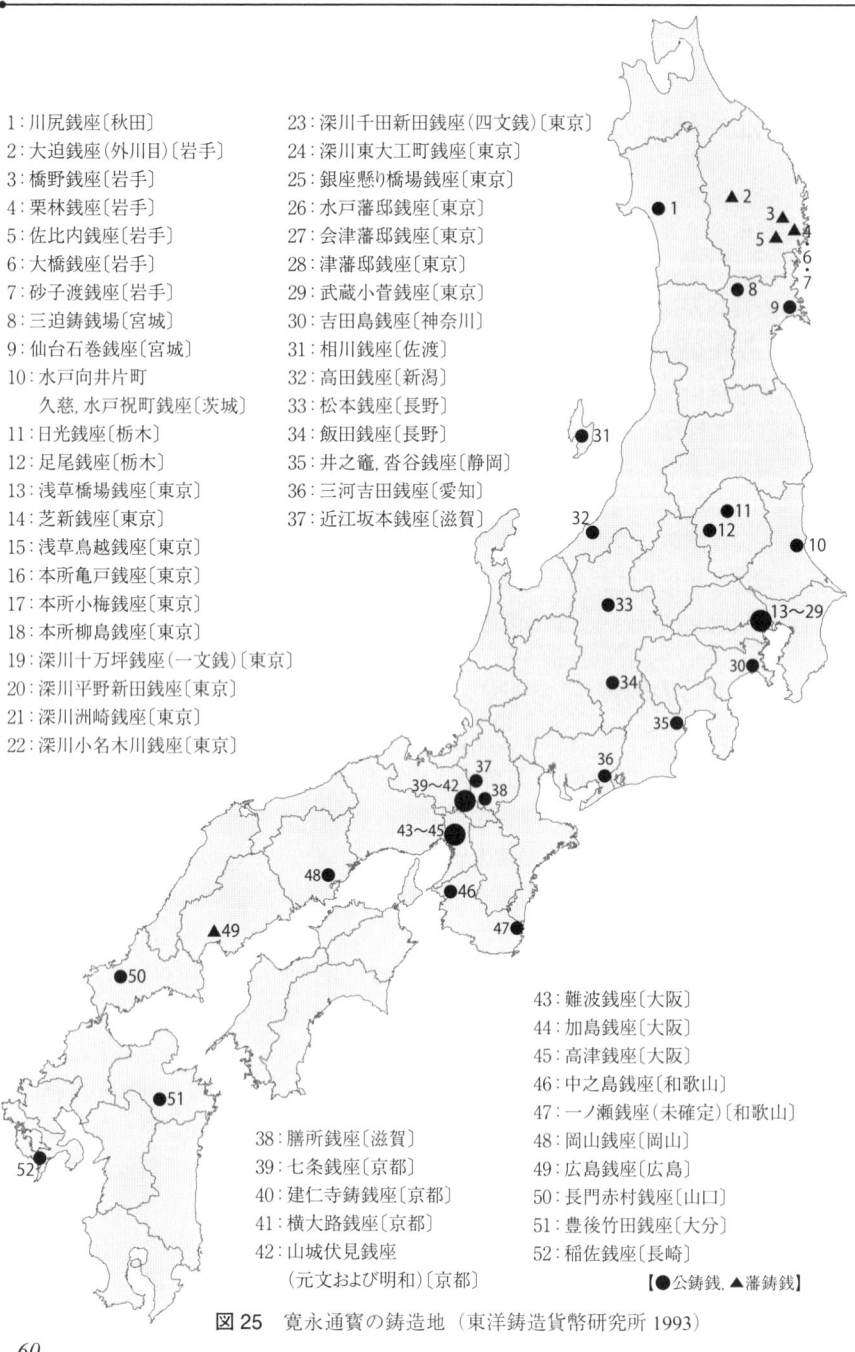

1：川尻銭座〔秋田〕
2：大迫銭座(外川目)〔岩手〕
3：橋野銭座〔岩手〕
4：栗林銭座〔岩手〕
5：佐比内銭座〔岩手〕
6：大橋銭座〔岩手〕
7：砂子渡銭座〔岩手〕
8：三迫鋳銭場〔宮城〕
9：仙台石巻銭座〔宮城〕
10：水戸向井片町
　　久慈,水戸祝町銭座〔茨城〕
11：日光銭座〔栃木〕
12：足尾銭座〔栃木〕
13：浅草橋場銭座〔東京〕
14：芝新銭座〔東京〕
15：浅草鳥越銭座〔東京〕
16：本所亀戸銭座〔東京〕
17：本所小梅銭座〔東京〕
18：本所柳島銭座〔東京〕
19：深川十万坪銭座(一文銭)〔東京〕
20：深川平野新田銭座〔東京〕
21：深川洲崎銭座〔東京〕
22：深川小名木川銭座〔東京〕

23：深川千田新田銭座(四文銭)〔東京〕
24：深川東大工町銭座〔東京〕
25：銀座懸り橋場銭座〔東京〕
26：水戸藩邸銭座〔東京〕
27：会津藩邸銭座〔東京〕
28：津藩邸銭座〔東京〕
29：武蔵小菅銭座〔東京〕
30：吉田島銭座〔神奈川〕
31：相川銭座〔佐渡〕
32：高田銭座〔新潟〕
33：松本銭座〔長野〕
34：飯田銭座〔長野〕
35：井之竈,沓谷銭座〔静岡〕
36：三河吉田銭座〔愛知〕
37：近江坂本銭座〔滋賀〕

43：難波銭座〔大阪〕
44：加島銭座〔大阪〕
45：高津銭座〔大阪〕
46：中之島銭座〔和歌山〕
47：一ノ瀬銭座(未確定)〔和歌山〕
48：岡山銭座〔岡山〕
49：広島銭座〔広島〕
50：長門赤村銭座〔山口〕
51：豊後竹田銭座〔大分〕
52：稲佐銭座〔長崎〕

38：膳所銭座〔滋賀〕
39：七条銭座〔京都〕
40：建仁寺鋳銭座〔京都〕
41：横大路銭座〔京都〕
42：山城伏見銭座
　　(元文および明和)〔京都〕

【●公鋳銭,▲藩鋳銭】

図25 寛永通寳の鋳造地（東洋鋳造貨幣研究所 1993）

寛文 8 年（1668）の背面に「文」字を有するいわゆる文銭 (註11) の発行，元禄 10 年（1697）の新寛永通寶発行という大きな銭貨発行の画期が存在する。新寛永通寶の背面には，鋳造場所を示す文字が記されたものもあり (註12)，判明しているだけでも銭座は 40 箇所以上におよび，その種類は多い（図 25）。元文 4 年（1739）からは，貨幣使用機会の拡大による少額貨幣の不足と，素材である銅の不足もあり，寛永通寶鉄銭が発行されるに至る。

　江戸時代の貨幣は，金貨は金座，銀貨は銀座，銭貨は銭座において製造されていたが，一定の運上を納める銭座の請負生産方式は，幕府が直轄する金座・銀座の管理方式より比較的自由度が高く，元文期に多くの銭座が設けられた結果，銭貨の質や量について十分な統制がとれず，金融市場が混乱することとなる。また，幕府直営である金貨・銀貨の生産も金・銀産出量の減少から，金座・銀座の経営が困窮するという背景もあり，明和 2 年（1765）以降，銭貨を請負生産から金座管理のもとでの鋳造へと切り替え，生産管理体制を強めることとなった。このように金座が銭貨生産を引き受けるようになったのに対し，銀座も滞納銀返済を口実として，明和 5 年（1768）に初めて，1 枚四文の真鍮銭を鋳造することが許される。中国では一文銭（小平銭）以外にも，古くから 2 倍・3 倍・5 倍・10 倍通用の大銭が発行されていたのに対し，江戸時代以前の日本では専ら一文銭のみの流通に限られていたが，これ以降 4 倍通用の大銭が普及することとなった。大銭発行の初例としては，宝永 5 年（1708）に 10 倍通用の寶永通寶が発行される。しかし，これは市場から受け入れられず，わずか一年足らずで流通停止となる。四文銭が流通市場で受け入れられるようになった背景としては，高額銭貨の方が銭貨需要に対応しやすいこと，錆びると使い勝手の悪い鉄一文銭が増加していたこと，当時の銭貨使用において九六銭 (註13) 慣行という実態があり，96 は 4 の倍数であることなどが考えられる。このようにして江戸後期の銭貨鋳造は，金座による寛永通寶一文銭，銀座による寛永通寶四文銭の生産体制となった。

　金座の記録である『貨幣秘録』(註14) を見ると，寛永通寶四文銭は銭径 2.8cm，重さ 5.25g で，一文銭よりやや大きく，銅が 68％，亜鉛が 24％，錫・鉛が 8％含まれている。また，「文政四年辛巳十一月より同八年乙酉迄五ヶ年の間，銀座にて真鍮銭吹増の事あり。重さ一匁四分，銅七割半，針丹一割半，鉛一割。吹高七万九千七百貫文。但同上」と，金属組成に変更があり，銅の比率

61

Ⅱ. 日本史のなかの貨幣

が引き上げられ，亜鉛の比率は引き下げられていることが分かる。この四文銭は新銭の時は金色に近く，銅や亜鉛の含有量の違いによって使い込むと発色が異なることから，明和期のものは青銭，文政期のものは赤銭と呼ばれている。また，最初は背面に鋳出されている青海波は 21 波であったが，波数の多さから不良品が多く出たため，翌年からは 11 波に減らされている。大きさもさることながら，背面を見れば，一文銭か四文銭を確認できるようになっている。中国では明末にはすでに真鍮銭が鋳造されていたが，わが国では亜鉛が輸入品であったため，この寛永通寶四文銭が初めての真鍮銭となる。さらに，この四文銭も万延元年（1860）からは素材が鉄となっている。

　江戸時代も終盤になると，幕府は寛永通寶以外にも天保通寶や文久永寶を発行する。天保通寶は，金座の管轄下で天保 6 年（1835）から発行された小判型の百文銭で，重さは 5 匁 5 分（20.6g），銅 78%，錫 10%，鉛 12%の合金である。当時最少額の銀貨である一朱銀は数百文の価値があり，天保通寶は使い勝手の良い貨幣として市場で受け入れられていく。原材料に比して高価値を与えられているこの天保通寶は，薩摩藩をはじめ各藩が密鋳し，大量に流通することとなる。幕府が公鋳した天保通寶よりはるかに多い天保通寶が，明治になって新貨と交換された事実からも，このことをうかがい知ることができる。文久永寶は，銀座の管轄下で文久 3 年（1863）から四文銭として発行されたもので，重さは 9 分（3.4g）で寛永通寶四文銭より軽量であり，背面には 11 波が刻まれている。さらに，文久永寶は金座でも鋳造が許されることとなり，真文（楷書），草文（草書），略宝（寶が宝となっている）の 3 書体が存在する。

2. その他の銭貨 ― 加治木銭・長崎貿易銭・清朝銭 ―

　江戸時代には幕府公鋳貨以外の銭貨も存在する。まず，わが国では 16 世紀末から 17 世紀中期にかけて，九州で鋳造された何種類かの銭貨が存在するので紹介する。たとえば，鹿児島の島津氏による加治木銭鋳造，豊前小倉の細川氏による鋳銭，長崎で幕府の許可を得て鋳造された長崎貿易銭[注15]などがそれにあたる。その他にも，古銭界で叶手元祐と呼ばれる元祐通寶，天下手祥符と呼ばれる祥符通寶も，九州で鋳造された可能性が高いとされる。まず，加治木銭とよばれている銭貨である。洪武通寶は 1368 年初鋳の明銭

62

であるが，背面上部に「治」字が鋳出されているものが存在する。中国銭の洪武通寶のうちでも，背面上部に「浙」とあるものを母銭とし，背面の一文字を「治」に替えて鋳造したものが多い。この鋳造地が大隅国加治木とされていることから，この名が付されている。鋳造地跡と推定されている地点[註16]における近年の試掘調査で，坩堝などの鋳造関連遺物が大量に出土していることから，当地で鋳造されたものであることが確実になってきた[註17]。この銭貨の初鋳時期は永禄・天正とあるが確定的ではない。『鹿児島県史一』では，島津義弘が天正年間（1573〜1591）に鋳造させたとする。また，『薩藩旧記雑録』によると，加治木銭の鋳造を中止する時期は，寛永通寶が発行される寛永13年（1636）頃であると考えられる。いずれにしても近世初頭の銭貨であることは間違いない。形態的特徴以外にも，金属成分にやや鉄分を多く含むため，磁石に反応するものも存在することが知られており，成分分析からも，鉄を3〜4％，砒素を4〜5％含んでいることが明らかとなっている[註18]。北宋銭や明銭などの渡来銭には鉄・砒素はほとんど含まれない微量元素であり，これらの含有率が高いことが加治木銭の特徴のひとつであると言える。これらの鉄や砒素は後から添加するものではなく，もともと鉱石に含まれているこれらの微量元素を製錬過程で取り除けず，残ったものであろうと推測している。また，日本銀行が所蔵する加治木銭を鉛同位体比分析した結果[註19]，基本的には各地の日本鉛を使用しているが，一部海外の原料もかき集めて鋳造をおこなった可能性が指摘されている。洪武通寶には筑前洪武といわれている一群のものも存在し，九州地方で多く出土する銭銘であることから[註20]，今後の出土洪武通寶については，背面も含め詳細な観察が必要である。これまでに出土品として報告されているものは背「治」のみで，「加」「木」は現存するものの確認できていない。このことから，流通銭としては背「治」のみが鋳造されていた可能性が高い。近年では，鋳造地近くの南九州地方での出土数が増加している[註21]。背「治」の大中通寶も伝世品は存在するが，出土品は存在せず，流通していた可能性は低いと考えられる。

　次に，叶手元祐とよばれている篆書体の元祐通寶は，北宋銭の篆書体とは明らかに異なっている。両銭の判別が容易な点を挙げると，叶手元祐は「元」字4画目のトメが水平方向から垂直に垂れ下がっているので，郭との間に

Ⅱ. 日本史のなかの貨幣

左：叶手元祐　　　　右：北宋の元祐

図26　元祐通寶の比較

1mm 以上のすきまが生じていることと，「祐」字の「司」のように見える旁が輪に沿って湾曲しているところで，新規母銭によって造られたことが分かる。呼称の由来は，背面の左右に「口」「十」と鋳出されたものが存在し，「叶」と読めることにある（図26）。無背のものも多いが，「一」や「真」などの文字を鋳出したものもある。磁石に反応するものがあることは加治木洪武と同様である。鋳造地については不明であり，豊後元祐との呼称もあるが [註22]，現時点までの出土状況から判断すると，この説は支持できない。叶手元祐は加治木洪武と共伴する遺跡が九州内に数遺跡あり，今後この両銭の関連性を考察する必要がある。両銭が共伴している具体例として，長崎市築町遺跡，栄町遺跡，原城跡，鹿児島県宮之城町諏訪原遺跡が挙げられる。鋳造時期は，遺跡での出土層位や共伴遺物から判断して，近世初頭である。後述の長崎貿易銭との形態的類似から，叶手元祐は長崎銭と呼ばれることもあるが，共伴関係などの考古学的所見や，金属の組成分析・鉛同位体分析などの理化学的研究成果から鋳造地を特定していくことが，今後の重要課題であると考える。

　次に，近世初期における小倉藩の鋳銭は良く知られている。これは寛永元年（1624）から領内にある香春の銅を原材料にした鋳銭事業で，寛永5年まで続けられたものである。細川藩としては強制的にこの銭貨を使用するように命じたが，それまで流通していた銭貨より安いレートでしか使用できず，ついには使用停止となった。銭銘に「平安通寶」を充てる説もあるが（伊東1968），九州内での平安通寶の出土例が存在しないことと，出土地点が東日本に散在することから（高桑2001），この説には賛成できない。試作品ができた時に「古めかせ」と指示されていることからも，その当時流通していた

64

銭貨と類似しているものであると推定できるが、銭銘については確定できていない。最近、この銭貨に関する論考がまとめられたので参照されたい（古賀 2016）。

　佐賀藩でも、肥前鍋島家の銭貨鋳造に関する文献記録が残っており、これには年号が記されていないものの、勝茂の花押から判断して慶長9年（1604）～慶長15年（1610）のものと考えられている（古賀 1973）が、その実態は銭銘を含め、まったく分かっていない。この史料から2000貫文を鋳造して新銭を領内の古銭とおき換えたことがうかがえるので、この銭貨は相当量流通していたものと考えられる。

　さらに、長崎貿易銭とよばれている銭貨が存在する。この元豊通寳は北宋銭（行書と篆書）とは異なって真書体であり、長崎で輸出用として鋳造されたものである。これは万治3年（1660）、長崎の町年寄によって申請され、寛永通寳の文字を使用しないことを条件に鋳造を許可されたものである。存在量の多い北宋銭の元豊通寳はなじみ深い銭銘であり、ベトナムなど東南アジアの銭貨流通圏でも受け入れやすい銭銘であったと考えられる。その他にも、天聖元寳、熙寧元寳、嘉祐通寳など北宋銭の銭銘を模したものもあるが、真書体の元豊通寳がもっとも多く存在し、文字の変化も多い。東南アジアでの銭貨需要がなくなる貞享2年（1685）に、鋳造は中止される[註23]。この元豊通寳は後述のベトナム・ハノイにおける出土銭調査やホイアンでの出土が確認されており[註24]、東南アジアにおいて使用されたものであることは確実であるが、まれに国内の遺跡からも出土することがある。出土状況から察すると、近世末以降に逆輸入された可能性と、輸出専用銭といわれているものの、一部国内で使用されていた可能性もあると考えられる。セイロン島の一括出土銭からこの長崎貿易銭が検出されている例が存在し、かなり広範に流通していた可能性がある（Thierry 1998）。

　近世の銭貨として、中国では清朝銭が盛んに鋳造されており、日本におけるこの出土例を見ておく必要がある。鎖国下の江戸時代にあっては、公鋳貨である寛永通寳以外の銭貨使用が禁止されていたという事もあり、出土例は寛永通寳に比すればそれほど多くない。また、近代以降に流入して埋まった清銭も存在し、丁寧な出土状況の観察が要求される。以前、筆者は遺跡から出土した清銭について、長崎ルートからの流入を想定した（櫻木 1996）。近

II. 日本史のなかの貨幣

世長崎は外国に対して公的に開かれた唯一の窓口であり，中国人集住区も存在したことから，江戸期を通して清銭が流入する可能性は想像に難くない。これに対し，清銭が鎖国体制下で流入したものであることを，出土遺構の時期判定などによって明確にする必要があるとし，銭貨そのものの発行年代で時期決定をしがちな現状に対し警鐘がならされている（小畑 1997）。北部九州地域では北九州市と長崎市で比較的多くの出土例を確認できるが，長崎街道の両端の都市に出土例が集中するのは，偶然の一致であろうか。康熙通寶や乾隆通寶など清銭の特徴として，多くに背面左右に満州文字が見られることである。これは，左に「寶」，右には鋳造地を現す文字が鋳出されている。朝鮮の常平通寶が同時代資料として出土している事例の調査はこれからの課題である。

　通貨ではないが，雁首銭（がんくびせん）と呼ばれているものが存在する。これはキセルの火皿の部分を上面から叩き潰すと，銭貨のように見えることからこの名がある。煙の通る穴が銭貨の孔のように見えるのである。喫煙が日本でおこなわれるようになって以降の遺物なので，近世の遺跡調査では出土することがあり，形状が銭貨に類似しているため記しておく。

　その他，よく知られている地方貨として仙台通寶，箱館通寶，琉球通寶がある。これらは領内通用ということで幕府の許可を得て発行された銭貨である。仙台通寶は天明 4 年（1784）に仙台藩が発行した鉄銭である。大量に発行されており，文字や大きさにも大・中・小といった若干の違いがある。形状は隅丸方形をしており，東北から遠く離れた九州でも出土例が存在する。形状の珍しさから，土産物として持ち込まれたものであろうか。箱館通寶は安政 3 年（1856）に箱館・蝦夷・松前限りの通用ということで発行された円形円孔の鉄銭である。背面上部に「安」とあり，大きさは大・小，若干の違いがある。琉球通寶は島津氏によって文久 2 年（1862）から発行された天保通寶と同じ形をした当百銭と，文久 3 年（1863）に発行された円形方孔の半朱銭が存在する。

3.　出土銭貨の様相

　寛永通寶一文銭は，寛永 13 年に鋳造を開始する古寛永と，背面に「文」を有するいわゆる文銭，元禄 10 年以降鋳造された新寛永に大別される。古

寛永と新寛永は,「寶」字の特徴で分類するのが簡単で, Ⅱ-④の図 24 で示
したように「寶」字下の貝最後の三画がスに見えるものをス宝銭, 最後の二
画が開いてハに見えるものをハ宝銭とよんでいる。古銭書による分類は数百
種類にもおよび, 専門家でないものがこのような細分類をおこなうことは不
可能に近い。当時の民衆が寛永通寶をこのような古銭学的分類によって使用
していたはずもなく, 考古学的には最低限, 古寛永・文銭・新寛永・寛永鉄
銭の大分類と, 背面に文字を有していればそれも記録することで問題ないと
考える (註25)。また, 古銭界でこれまで言われてきたことが, 必ずしも正し
いとは限らない。一例として, 近世考古学の発展により, 各地の遺跡から出
土した寛永通寶が報告されるようになり, 考古学の強みである出土銭貨の層
位的把握がなされた結果, 埋没地層の年代からこれまで言われてきた鋳造時
期に関する古銭界の通説に疑問が生じてきたのである。具体的には, 考古学
が有効な時期判定指標を提供できる代表例として,関東には宝永 4 年（1707）
の富士山による噴火層（宝永噴火層）が存在する。出土位置がこの層より上
か下かによって, 1707 年以前あるいは以降かが判断できる。港区芝公園一
丁目遺跡（源興院跡）・東京大学本郷構内の遺跡（御殿下記念館地点）・御殿
場市長坂遺跡で, 宝永噴火層やその下の火災層から, 寛永通寶の四ツ宝銭・
旧猿江銭, 不旧手（マ頭通）と称される銭貨が出土している（後述のⅣ-②
の図 36 参照）。これらの銭貨は, 古銭界ではいずれも宝永 5 年以降の初鋳と
考えられており, 鋳造年代に矛盾が生じたのである（増尾 2000）。この例が
示すように, 今後も古銭界の通説に対して, 考古学的な手法を用いた検証を
続けていかなければならないと考える。また逆に, 各地に存在する大規模な
火災層などは, 銭貨からの時期判定が可能となる。火災によって多くの銭
貨も被災し, 整地層の中に入ることになり, その銭貨の組み合わせから火
災の年代を特定できるのである。福岡県久留米市の三本松遺跡の調査では,
火災層から出土する銭貨が時期判定に有効であることを確認できた（櫻木
1992b）。

　以下, 先述の個別出土銭研究の成果として, 徳川幕府が発行した銭貨に関
する考古学的な調査の成果について, 筆者の研究フィールド内の一部ではあ
るが紹介する。

　まず, 近世の出土銭貨研究の可能性を述べるために最良の場所である国際

Ⅱ. 日本史のなかの貨幣

貿易都市「長崎」の事例である。当地は時期判定が層位で把握可能であり，
Ⅰ期が町建てから慶長6年（1601）の火災まで，これ以降1610年代までを
Ⅱ期と区分されている（川口 2003）。さらに，これ以降も寛永の火災層など
で区分されており，今後も火災層を利用してさらなる時期区分の可能性があ
る。長崎県内の各遺跡から出土した寛永通寶に関しては，筆者が報告書を執
筆したものは古銭学的な分類も載せている。九州内唯一の古寛永鋳造地であ
る豊後の称竹田銭はほとんど確認できず，当地の稲佐で鋳造された背に「長」
を刻んだ新寛永もそれほど多く出土しているという印象を受けない。このこ
とは鋳造地とその銭貨の流通地域について考えさせられる。関東や関西には
多くの銭貨鋳造所が存在するので，両地域における出土の在り方が今後の検
討課題である。そのためには，個別出土銭のデータベース作成が不可欠とな
る。また，当地での調査によって，興味深い習俗として，便壺から出土する
銭貨の事例が報告されている。これはトイレの廃棄儀礼に伴って使用される
銭貨で，築町遺跡における天保通寶の出土例は，これに該当する（長崎市教
育委員会 1997）。

　山口県萩城跡調査の成果も参考になる事例である（山口県埋蔵文化財セン
ター 2002・2004b）。ここでは，約3,000枚の銭貨が出土しており，その大半
が寛永通寶である。地域によって出土数に差があり，中の惣門通りに面する
4地区からの出土が約1,900枚と突出している。また，北の惣門通りに面し
た2地区からの出土も多く，ここは武家屋敷が並ぶ三の丸と町人の住む町屋
を結ぶ惣門付近に立地する建物であることから，銭貨の出土数は住人の階層
や職種を反映している可能性があると考えられる。それに対し中の惣門の南
に当たる5区では出土数が少なく，地域的な違いを明確に認識できる。銭貨
の出土位地については，敷地のうちでも建物が立地していた部分か，または
その周辺から出土したものがほとんどである。逆に，裏庭や土坑からの出土
数は極めて少ない。このことは，銭貨が出土する意味を考える上で重要であり，
出土数の多寡は住人の経済状態を反映している可能性があると考えられる。

　さらに，萩城跡各調査地区における遺構面別の銭種構成について述べる。
全体を通して，上層になるほど古寛永が減少し，新寛永が増加していること
が読み取れ，このことは寛永通寶の発行順ということで自然な状況である。
また，5-北区の焼土層は，1680年代くらいの火災によるものと推測できる。

5 江戸時代の貨幣

4区焼土下層も同様の時期であると思われる。つまり，ここでも火災の時期が出土する銭貨から特定できるのである。3面相当（17世紀後半・末～18世紀中頃）では，地区によって銭種構成が異なっている。4区では新寛永が約40％と，古寛永と同様の割合で高くなっている。この地区は富裕な商人が居住していた地域と考えられており，早い段階で新しい寛永通寶が流入していた可能性を示唆している。

　次に，石材などに挟み込まれた形で出土する銭貨の事例を紹介する（櫻木1990b）。花崗岩で作られた太宰府天満宮一の鳥居は，福岡藩四代藩主黒田綱政が元禄9年(1696)に奉納した紀年を有し，この鳥居の解体作業を行った際，さまざまな部位から少なくとも353枚の銅銭が採集された。この埋納された銭は，無作為に封入されたものだったとすれば，その種類別割合は，鳥居建造当時に，流通していた銭貨の割合を示すものと考えられる。銭がはさまれていた理由については，祭祀性などさまざまな解釈がなされるが，技術的な意味で，鉄製のクサビや漆喰とともに，石の隙間をつめガタをなくすためのクサビとして機能していたものと考えられる。これらの銭は後世の抜き取りはあったとしても，銭貨の埋納状況の観察や，新寛永が混入していないこと，さらに，元禄9年建造以来今日まで解体修理などがおこなわれたという記録がないことから，後世の挿入によるものはないと判断できる。柱の継目の高さが，約2.5メートルと高かったことも銭貨の保存に幸いしたと思われる（図27）。判読可能な銭292枚内訳は，

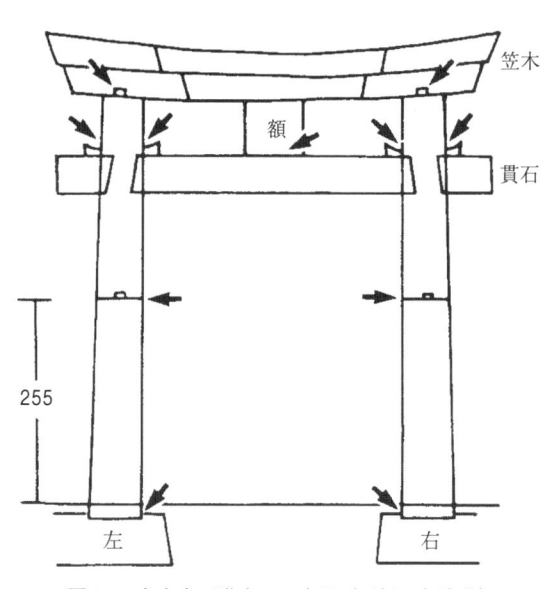

図27　太宰府天満宮一の鳥居（元禄9年建立）
矢印の部分に銭貨が埋納されていた。

69

古寛永 199 枚（68.2％）・文銭 87 枚（29.8％）・渡来銭 6 枚（2.1％）である。このことから，当地では渡来銭が 17 世紀末にはほとんど駆逐されてしまっていたと考えられる。また元禄 9 年当時，最新の銭であった文銭が約 3 割も存在していることは注目に値する。古銭界で，寛文から延宝に改元されたことによって背「文」を削ったとされたる新寛永については，判読可能な銭の中に一枚も入っておらず，文銭の多さと考え合わせると，このタイプの寛永通寶の流通には疑問がもたれる。鳥居に限らず，石造建築物には銭貨が埋納されている可能性があるので，注意を要する。神戸市の敦盛塚でも，宝暦年間頃に埋納されたものと思われる 371 枚の寛永通寶が報告されている（神戸市教育委員会 1988）。隙間をつめるパッキンの役目をした銭としては，幕末の事例だが，長崎県諫早市の眼鏡橋がある。石のすきまから，寛永鉄銭 8 枚と天保通寶 1 枚が採集されている[註26]。

4. 幕府発行の金貨・銀貨

近世になって金貨・銀貨が登場する基盤には，これらの貴金属が日本国内で産出していたことをあげることができる。近世初期の大名領では，領内の金銀鉱山を開発して，極印を打つなどして領内通用の貨幣とすることが各地でおこなわれていた。甲斐の武田氏が黒川金山などの開発によって甲州金を鋳造し，加賀の前田氏が金銀鉱山を開き加賀小判や銀貨を流通させていたことは良く知られている。ここでは，おもに全国を統一した徳川幕府が発行した金貨・銀貨の生産体制と流通について述べる。

徳川幕府が金貨を発行する以前には，長野県諏訪大社から出土した蛭藻金や碁石金と呼ばれる金貨が存在する（永井 1998）。他にも安土城下町や一乗谷朝倉館跡から出土したものがあり，奈良市奈良町遺跡では鏨で切断され切り遣いされた蛭藻金が出土[註27]しており，これらは秤量貨幣であったと考えられている。

徳川幕府は金貨・銀貨製造のために金座・銀座という組織を設け，貨幣発行の管理に努める。徳川家康は慶長 6 年（1601）大黒常是を召して，伏見に銀座を設けて丁銀・小玉銀（豆板銀）の鋳造を始めた。駿河にも作られた銀座は，後に京都と江戸に移り，大坂や長崎にも支所が作られた。同年，後藤庄三郎光次支配下の金座による小判・一分判の発行が，江戸において始まっ

た。江戸以外にも京・駿河・佐渡に金座が置かれた。金貨発行のさい，甲州金の四進法（1両＝4分，1分＝4朱）を貨幣単位として取り入れた。

　金貨は金の延べ板を，重量を揃えて切断し，それを槌で打ち伸ばした打造貨幣である。この点では，西洋型の貨幣に近い。全国政権を握る前の徳川家康が造らせたと言われる駿河小判や武蔵小判は，「壱両」や「花押」が墨書されているが，慶長小判になると「桐紋」，「壱両」，「花押」などを打刻しており，使用してもこれらが消えない実用的なものとなっている。慶長小判の量目は約18gで，金の品位は86％，残りは銀である。一分判はこの4分の1となっており，完全な小判の分身である。おもてを槌目で仕上げた慶長大判は，天正大判と同様に後藤徳乗一族の判金座が製作を担当し，主として奉献・恩賞など儀礼的な用途のために造られたものである。量目は天正大判と同じ44匁（165g）で，金の品位は小判とは異なりやや低めの68％であった。金含有量の関係で7両半の価値をもつ貨幣としてまれに使用されることはあったが，基本的には大判が通貨でないことを銘記しておかねばならない。江戸時代を通じて，大判は元禄・享保・天保・万延の4回，小判は元禄・宝永・正徳・享保・元文・文政・天保・安政・万延の9回，改鋳がおこなわれた。荻原重秀による最初の改鋳は元禄8年（1695）におこなわれ，元禄小判は56％まで金の品位が落とされた。甲州金は，例外的に甲州国内限りの流通を許されたもので，松木家が製作したものである。

　次は，銀貨について述べる。領国貨幣として使用されていた銀貨は灰吹銀と呼ばれ，高品位の銀貨であった。小倉の平田銀や加賀の軟挺銀（灰吹銀）などが知られている。幕府が鋳造した慶長丁銀は品位80％であり，これは当時の東アジアで使用されていた貿易用の銀から見れば劣位であった。また，幕府は当時流通していた慶長銀より高品位の領国銀貨を回収し，慶長銀の流通に努めることとなる。

　銀貨については，堺の銀細工師であった湯浅作兵衛が取り立てられ，大黒常是と名を改めて御銀改役となった。金座の後藤家と同様この職も世襲制であった。鋳造した丁銀や小玉銀は，重さを量って使用する秤量貨幣である。これは西日本における銀遣いの伝統を受け継ぐものと評価できる。丁銀はなまこ形をした1個が30匁〜50匁の鋳造貨幣で，湯の中に敷いた布に溶けた銀を流し込んで作る。そして，これらの銀貨の表面には，大黒天の刻印や，

II. 日本史のなかの貨幣

製作者である「常是」,「寶」,鋳造年号を示す文字が刻まれていた。初期の
ものは薄手で,切り遣いをしたものも確認できる。金貨と同様,慶長銀や享
保銀など品位の高いものには,多数の小極印が押されており,これらから両
替商によって品位のチェックなどがおこなわれていたことを確認できる。銀
座は製造量に応じて,分一銀と呼ばれる利益を得ていた。初期には銀 100 貫
につき 3 貫であったが,後にはこの額が増加していく。また,秤量貨幣であ
る丁銀と小玉銀は包封して使用されることが一般的であった。中身は見えな
くても,常是の墨書が信用となって流通していたのである。銀座では,常是
包の作成には手数料をとっており,これが大きな収入源となっていた。

　元禄改鋳以降,銀の品位が下がり,元禄銀は 64%,宝永二つ宝銀が 50%,
永字銀が 40%,三つ宝銀が 32%,四つ宝銀にいたっては 20% とその大半が
銅であり,銀貨とは言えない代物であった。中国から生糸を輸入するために
朝鮮半島経由で銀が運ばれていたが,代価として支払う銀が品位の低い宝
永銀では受け取りを拒否され,特別に慶長銀と同品位の人参代往古銀を造っ
ていたこともよく知られている。しかし,小判と同様,正徳・享保の改鋳で
80% に銀の品位が戻されたため,低品位の元禄・宝永銀は交換によって回収
がなされ,その結果として現存量が少なくなっている。元文改鋳から再び銀
の品位が下がりだし,元文銀は 46%,文政銀は 36%,天保銀は 26%,安政
銀は 13% となる。金貨と同様に,銀貨も名目貨幣化の道を辿ることとなる。
明和 2 年(1765)に,新しいタイプの銀貨として定形の五匁銀が登場する。
元禄 13 年(1700)以降,金・銀貨の公定レートは 1 両 = 60 匁なので,12
枚で一両小判と交換できる銀貨である。これは秤量貨幣である銀貨を計数化
した画期的なものであったが,実勢レートは日々変動しており,その差額の
調整ができず,思ったほどうまく機能しなかった。この失敗に鑑み,幕府は
明和 9 年(1772)に明和南鐐二朱銀を発行する。南鐐とは純銀に近いという
意味で,これが 8 片で一両であると表記されていることから,貨幣単位は刻
まれていないものの二朱銀と呼ばれている。このような銀貨の金貨への従
属,言い換えると実質的な金本位制がここに出来上ったとも言える。天保 8
年(1837)に銀貨を改鋳したさいには,一分銀を発行した。これは表に「一
分」と金貨の額面単位が刻んであり,嘉永 7 年(1854)に発行された嘉永一
朱銀も,「一朱」と金貨の額面価値を刻んである。このような名目貨幣化し

た銀貨が使用されていた幕末に西洋国家との接触が起こり，金貨の流出という大事件が発生するのである。名目貨幣化し銀含有量が減っていた日本銀貨が，素材価値で流通していたメキシコ銀の銀含有量とリンクさせられたために起こった悲劇である。

慶応4年（1868）の明治維新後もしばらくの期間，新政府は二分金・一分銀・一朱銀・天保通寶などを発行して，幕府の貨幣制度を引き継ぐ。しかし，香港にあった英国王立造幣局が閉鎖されたため，ここの近代的な造幣機械を購入し，明治2年（1869）大阪に造幣局を置いた。明治4年（1871）の新貨条例の発布によって，明治政府は貨幣制度の完全な切り替えをおこなう。両，匁，文など複雑な近世の貨幣単位を改め，十進法に統一し，1両＝1円，1円＝100銭，1銭＝10厘とした。現在の貨幣制度と「円」の誕生である。

5. 出土金貨・銀貨の様相

発掘調査で金貨・銀貨が出土するケースはまれであるが，大量に出土した事例については，近江八幡市蓮光寺出土の金貨や，萩市青木周弼旧宅から発見された銀貨などが存在し（永井1997），東京の長岡藩主牧野家の墓からは元文一分金などが出土している（東京都港区教育委員会1986）。永井久美男編『近世の出土銭』2冊に出土金貨・銀貨は詳しいので，参照されたい。ここでは筆者が経験した個別出土の金貨・銀貨について数例を紹介する。

まず，金貨については，北九州市宗玄寺の六道銭調査の折に出土したもので，備前大甕に埋葬された人物に副葬されていた慶長一分金か享保一分金である（北九州市教育文化事業団1995）。また，長崎市の出島調査では，享保一分金が出土している[註28]。

銀貨では，長崎県南島原市の原城跡から，慶長小玉銀が出土している。これは，発掘作業中に鉄砲玉として取り上げられていたが，洗浄によって銀貨であると判明したものである（長崎県南有馬町教育委員会1996）。ここでは切り銀も一点出土しており，近世初期に，丁銀は切り遣いであったことを考古資料から示すことができた資料である（長崎県南有馬町教育委員会2004）（図28）。

また，萩城跡の調査で小玉銀が，7年間の調査で総計32点出土している（山口県埋蔵文化財センター2004b）。これらは西日本での銀流通の実態を示す

Ⅱ. 日本史のなかの貨幣

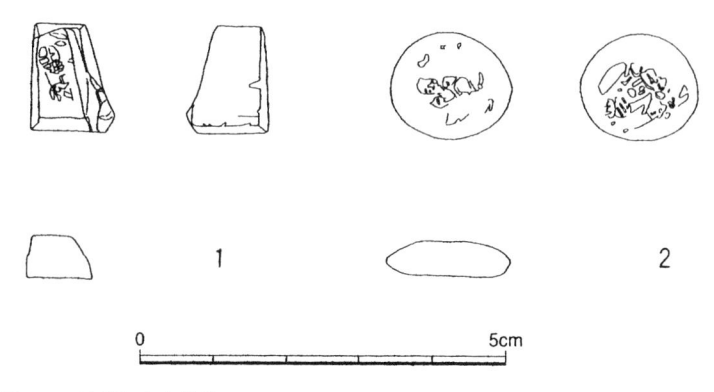

図28　原城跡出土銀貨（1：切り銀／2：小玉銀）（長崎県南有馬町教育委員会2004）

と同時に，ただ落としたというには量的に多いように思われる。建築儀礼に伴う地鎮や棟上げ時の撒銭の可能性も視野に入れなければならない。

　番外編として，出島から出土した8枚の西洋貨幣のうち3枚が銀貨なので，その特徴を述べる（Ⅰ-④の図8参照）（長崎市教育委員会2008）。カピタン外2層からは，表にZEE/LAN/DIA銘の下に1745年の年号，裏にゼーランド州の紋章である楯の中に波と獅子が描かれ，上に王冠がある2スタイフェル（STIVER）銀貨が出土している。乙名土坑2からは，表がオランダの紋章である立ち上がった獅子に王冠が描かれ，その左に2，右にSが配置されている2スタイフェル銀貨が出土している。裏にはHOL/LAN/DIA銘の下に1774年の年号を有する。三番蔵3層上層から，表がオランダの紋章である立ち上がった獅子に王冠が描かれ，その左に2，右にSが配置されている2スタイフェル銀貨が出土している。裏にはHOL/LAN/DIA銘がある。この銀貨の厚さは薄く，拓本では模様を表現できないが，肉眼で以上の情報を読み取ることができる（年号は確認できないものの，この貨幣の製造期間は1672年から1793年までである）。この三番蔵から出土している2スタイフェル銀貨について考えてみる。ここの3層は寛政10年（1798）大火の焼土と考えられており，3層上面出土のこの銀貨は年号を確認できないものの，この貨幣の製造期間は1672年から1793年までということを考えると，出土層位と矛盾しない。4枚の銅貨も出土しており，長崎市興善町遺跡からも1枚の銅貨が出土していることから（長崎市教育委員会1998），出土貨幣はその

土地の特徴を現すものであることを理解できる。

　これらと同様の西洋貨幣が，江戸時代のコレクター大名朽木昌綱が天明7年（1787）に著した『西洋銭譜』に掲載されている[註29]。朽木昌綱はオランダ商館長イサーク・ティチィングとの交友によって西洋貨幣を収集したが，出島出土の西洋貨幣は，当時としてはごくありふれたものであったと思われる。VOC 銘を有するインドネシアで製造されたもの，本国のオランダで製造されたものも出土しており，インドネシア近郊でもこのように各地で製造された貨幣が，混合した状態で使用されていたものと推測される。以上，近世長崎の土地柄を端的に示す西洋貨幣の出土から，インドネシアにおける貨幣流通事情まで垣間見ることができるのである。

〔註〕

10)『銭録』（近藤守重）によると，江戸浅草鳥越で 30 万貫と駿河沓谷で 20 万貫が鋳造された。

11) 背面上部に「文」字が鋳出されており，『折りたく柴の記』（新井白石）によれば，16 年間で 197 万貫が鋳造された。

12) 佐渡は「佐」，足尾は「足」，長崎は「長」などである。

13) 一文銭 96 枚を紐に通して束ね 100 文と見なす省陌慣行のこと。したがって，一貫文は実際には 960 枚である。

14) 佐藤治左衛門著（博文館 1891）　日本銀行貨幣博物館のホームページ上には江戸期の冊子が pdf ファイルで公開されている。

15) 幕府の三貨制度が確立後なので，これは貨幣というより輸出商品としての銭貨であると見做される。

16) 鹿児島県姶良市本町 158 番地，149 番地。

17) 現在，整理作業中のため正式な報告書の刊行を待ちたい。

18) 咲山まどか・赤沼英男・櫻木晋一・佐々木稔 1997「中世出土銭の形態的特徴と材質の比較研究―その 1―」『わが国における銭貨生産』出土銭貨研究会第 4 回大会報告要旨

19) 高橋照彦・西川裕一 1998「中世〜近世初頭の模鋳銭に関する理化学的研究」日本銀行金融研究所『金融研究』第 17 巻第 3 号

20) 櫻木晋一 1998「洪武通寶の出土と成分組成」『季刊考古学』第 62 号

21) 鹿児島県立埋蔵文化財センター 2006『中ノ丸遺跡』（近世墓から加治木洪武が 1 枚出土），姶良市教育委員会 2012『中田遺跡』（溝遺構から加治木洪武が 4 枚出土），宮崎県埋蔵文化財センター 2010『鵜

Ⅱ．日本史のなかの貨幣

　　戸ノ前遺跡』（加治木洪武が 9 枚報告されており，蛍光Ｘ線分析もなされている）。

22）橋詰武彦 1979『図説　九州諸藩鋳造貨幣の研究』九州貨幣史学会

23）東野治之 1997『貨幣の日本史』朝日選書

24）昭和女子大学国際文化研究所 1997『ベトナムの日本町ホイアンの考古学調査』昭和女子大学国際文化研究所紀要 Vol.4

25）寛永通寶は鋳造時期や鋳造地に関する情報を有しており，その確認作業は重要である。ただし，古銭学的細分類は鑑定する人によっても違っており，こだわっていては報告そのものができず，ものの本質を見失う可能性がある。

26）報告書は刊行されていないが，諫早市郷土館に現物が所蔵されている。

27）http://sitereports.nabunken.go.jp/53 で情報を見ることができる。蛭藻金は長さ 2.8cm，幅 3.1cm，厚さ 0.1cm，重さ 8.4g。

28）2010.10.25. 西日本新聞の報道にあるが，正式な報告書はまだ刊行されていない。

29）同書には，オランダの紋章をもつ 2 スタイフェル銀貨 2 枚「銀銭大小二品大ナル者ハ径リ六分三釐重サ四分五釐表立獅子上冠左右二字裏上ノ銭ニ同シ小ナル者ハ径リ五分重サ二分表裏上ト同断」と銅貨 2 種「銅銭　径リ七分重サ九分表立獅子上冠裏作文字是 [ヲーストインジイセコンパグニイ] ト云ヘルコトヲヨセテ印トナスノ字也和語ニテ東方ノ役所ト云ヘルキミノ下ニテ羅紗ノ織・等ノ印シ其外諸物ノ印シトス [ジヤガタラノ出張ノ印ト見ユ疑ラクハ此銭並ニ舩ノ付タルハ本國ニハ用ザルナルベシ以下七州皆此ノ如シ」「銅銭　径リ七分重サ九分表ニ疋連ノ獅子上冠コンパンヤノ印シ下年数ノ字」が載っている。

6 近代の出土貨幣

　遺跡の発掘調査において，明治以降に発行された近代貨幣が出土すること
もあるので，その例をわずかながらここで紹介する。
　明治4年（1871）に新貨条例が公布され，江戸時代の複雑な三貨制度に代
わって10進法の円・銭・厘を新しい貨幣単位として導入し，近代幣制が始まっ

二銭
【京町】

一銭
【久々相8次】

半銭
【京町】

一銭
【博多80次】

五銭白銅貨
【原田（41号墓地58号墓）】

一銭
【原田（41号墓地58号墓）】

五銭白銅貨
【原田（40号墓地表採）】

図29　遺跡出土の近代貨幣

77

II. 日本史のなかの貨幣

た。遺跡からは，明治・大正・昭和の各時代に発行された小額の五銭，一銭などの出土例が見られる。現行通貨である1円，5円，10円，100円なども出土することがある。

　たとえば，個別出土銭の事例として，市街地である長崎市築町遺跡では，半銭銅貨，一銭銅貨，二銭銅貨，二十銭銀貨，五十銭銀貨など合計39枚が出土している（長崎市教育委員会1997）。これらは，現代まで継続利用されてきた都市遺跡ならの出土であると考える。多くの墓地が存在している北九州市京町遺跡では，合計25枚の近代貨幣の出土が報告されている（北九州市教育委員会1993）。千葉県君津市の箕輪富士塚群1号塚では，明治16年の竜一銭銅貨，2号塚から明治14年の半銭銅貨が出土している（君津郡市埋蔵文化財センター1987）。福岡県筑紫野市原田の近世墓（58号）からは，六道銭として大正時代の稲一銭青銅貨と明治23年の五銭白銅貨が副葬されており，大正9年の五銭白銅貨と大正12年の桐一銭青銅貨が表採されている（筑紫野市教育委員会2004）。全国各地で多くの出土例があるが，紙幅の都合でこれにとどめる（図29）。

　特殊な近代遺構から出土した銭貨の調査を経験したので，最後にここで紹介する（北九州市芸術文化振興財団2005）。それは，福岡県小倉城新馬場跡の資料で，井戸から一括して出土した貨幣である。最新の貨幣が1936年発行の中華民国壹分であることから，これ以降に埋没した昭和の遺物であることは間違いない。これは，当該地に所在した陸軍造兵廠で武器製造のための原材料として中国から持ち込まれた貨幣が，昭和20年8月頃廃棄されたものと推定されている。つまり，これらは戦時中の金属不足と，それに対する原材料調達の実態を示す貴重な考古資料なのである。日本では通常出土することがないような中国貨幣も多く含まれており，出土貨幣調査の難しさとおもしろさを体験することができた。

Ⅲ．出土貨幣の調査

　出土する銭貨は長期間土中に埋もれていたこともあり，付着物の存在や錆等の劣化によって銭銘を判読することが難しい場合も多い。個別に出土する銭貨の場合，遺跡からの取り上げ方法は他の遺物と同様だが，第1章では資料的価値が高いと考えられる岩国市中津居館跡の一括出土銭について，その発見から，遺物の取り上げ，保存処理などについて述べ，今後の調査への参考に資する。第2章では，室内における一括出土銭の処理や銭貨の判読作業を中心に述べる。銭貨という遺物を傷めないためには，付着物や錆を落とさずとも文字が読めるものは，可能な限り現状のままで保存することが望ましい。ただし，保存を考えた場合，他の遺物と同様，劣化の進行を食い止めるための処置を講じることは当然である。筆者はこれまで各地で収蔵されている多くの出土銭貨を実見したが，文字を判読するためにカッター等で遺物の表面をかなり傷めているものが多数存在することに，心を痛めたことも度々あった。無数の引っ掻き傷がついているのは，遺物保護の立場から好ましいことではない。酸性液などにつけてクリーニングをし，文字を判読するなどの行為は問題外である。第3章では，理化学的機材を使用した銭貨の判読方法について紹介する。

① 一括出土銭の処理 ― 岩国市中津居館跡の資料を例として ―

　平成 24 年度に実施された岩国市楠木町三丁目に所在する中津居館跡第 4 次調査において，一括出土銭が発見された。この遺跡は岩国市教育委員会が継続的に発掘調査をおこなっている現場であり，土塁に囲まれた 14 世紀前半から 16 世紀中頃の平地居館跡である（岩国市教育委員会 2012・2016）（図 30）。

　土坑内で発見された一括出土銭は備前焼の大甕に収納され，上面を覆う形で板状の木質遺物が残存しており（口絵 13 上段），遺構全体の様子を把握した後，最初にこの木質遺物のみを取り上げ（口絵 13 下段），樹種同定と保存処理を実施した。樹種同定の結果は杉材であった。この大量の銭貨は発掘調査によって出土したものであり，散逸はなく，歴史資料としての価値が高い。銭貨が緡の状態で固着しており，まとまりの形態や見た目の量からこの塊は 5 貫文緡であろうと推測したので（註1），中世当時の流通形態を留めている貴重な資料であると判断した。したがって，これらを損なわずに取り上げる方策を模索するためには時間が必要であると判断し，銭貨の上面を養生して一

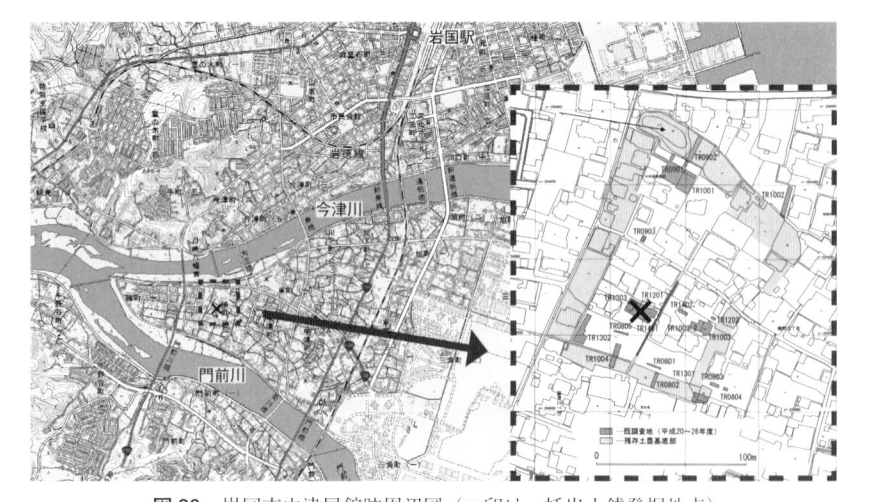

図 30　岩国市中津居館跡周辺図（×印は一括出土銭発掘地点）
（広域図：国土地理院電子地形図（タイル）より；右点線枠内拡大図：岩国市教育委員会 2016）

1 一括出土銭の処理 ― 岩国市中津居館跡の資料を例として ―

旦埋戻しをおこなった。そして、この遺物の処置について文化庁や山口県教育庁など各方面とも協議し、具体的な取り上げ方法などを慎重に検討するとともに、その実施に向けて準備をおこなった。その結果、将来は歴史資料として博物館等での展示に供するため、甕に銭貨が入った状態のままで現地から切り取り、屋内に移動させた後、調査及び保存処理をおこなうこととした。翌年12月の第5次調査中に、元興寺文化財研究所によって遺物の取り上げ作業が実施された。作業はまず、銭貨が埋まっている土坑の記録を取った後、緡銭と緡銭間の谷部や大甕と銭貨の隙間などに、緩衝材と樹脂で詰め物をして養生した（口絵14①）。そして、シリコン樹脂を塗布したうえで、発砲ウレタンを上部から吹きかけ、蓋をする形となった（口絵14②）。その後、甕の周囲の土を取り除き、そこに発泡ウレタンを充填する工程を計8回繰り返し、甕周囲の土砂を完全にウレタンと置き換え、遺物が動かないように固定した（口絵14③④）。つまり、発砲ウレタンで上部から蓋をし、大甕側面の土をウレタンと置き換え、遺物を完全にパッキングすることによって、ウレタンの中に銭貨が入った大甕が封入されるという状況を作った（口絵14⑤）。次は、遺構からの遺物取り上げであるが、遺物近くに門型の支柱を立ててそれに梁を渡し、チェンブロックで遺物を吊り上げ（口絵14⑥）、横に移動させて安定した地上に置いた。最終的には、これをクレーンで吊り上げ（口絵14⑦）、美術品専用輸送車両を用いて博物館内の保管スペースに搬入した（口絵14⑧）。そして平成26年9月から、室内での調査に着手した。博物館内の調査室では、蓋の部分にあたるウレタンを取り除き、大甕や銭貨の上面が見える状態にしてから、銭貨の取り上げに着手する前の状態を記録するために、3次元デジタイザを用いて計測をおこなった（口絵14⑨）。今回発見された一括出土銭は大きな緡銭塊の状態で発見されたので、読み取りのために銭貨を取り上げてもこの状態を保持できるよう、現状の変更を最小限にすることとした。したがって、銭種の判読は一部のみを抽出しておこなうという方針を決定し、目視により推定された総数約2万枚の5%に当たる1,000枚を調査する事とした。次に、視認できる大きなブロック（緡銭塊）が4個あり、どのブロックの下層から緡銭を抜き取るべきかを検討した。結果、最も下層にある緡銭塊から抜き取ることとし、緡銭の形状補強の目的もあって表面に露出している緡銭に和紙で裏打ちを施して、形状を保ったまま計8本の

81

Ⅲ．出土貨幣の調査

緡銭（＝連）を取り上げた（口絵 14 ⑩⑪）。この 8 本の緡銭は旧状のまま保存処理し（口絵 14 ⑫），後日元の場所に戻すことによって出土時の状態を復元できるようにするためのものとした。そして，この 8 本の緡銭より更に下層に位置するものから，別の連を 10 本取り上げ，銭種を判読した。さらに，ＣＴスキャン撮影による銭銘判読実験のためにもう 1 本を取り上げ，計 11 本の資料を採集した。緡銭の剥ぎ取りや読み取り作業については第②章で述べる。

　その後，大甕に入った遺物を元興寺文化財研究所に搬入し，甕本体と 8 本の緡銭の洗浄及び保存処理に着手した。またその間，銭種の判読調査を済ませた 964 枚の銭貨は，岩国市教育委員会で洗浄及び計測，採拓等の作業をおこなった（口絵 14 ⑬⑭）。残存している緡紐についても材質の同定をおこない，結果は藁縄を 2 本撚って作った紐であった。さらに，今回新たな試みとして，福岡県立九州歴史資料館のＸ線ＣＴ装置を用いて，錆で固着した 97 枚の緡銭について銭銘の判読実験をおこなった。また，福岡市埋蔵文化財センターの蛍光Ｘ線分析装置を用いて，964 枚のうちの 26 枚については金属の組成分析もおこなった。これらについては，第③章で詳述する。

〔註〕
1) クリーニングと保存処理がなされた後に観察したところ，正確な緡数の確定はできないが，10 貫文緡が 2 個と 8 貫文緡が 2 個，その下に 1 貫文緡が 2 個以上存在しそうである。

② 銭貨の判読

　本章では，一括出土銭の調査に関連して，まず調査担当者にとって必要となる緡銭の剥ぎ取り作業の要点を述べ，次に銭貨の読み取り方法について説明する。

　【準備する道具】（写真9）

　カッター：固着している銭貨を剥ぎ取るためのもので，日常使用している文具用カッターで良い。錆がひどいようであれば，刃が厚い大きなカッターも有効である。

　ワイヤーブラシ：銭銘を読み取る時に使用し，DIYショップに売っている真鍮製のブラシでよい。銭貨の表面に錆や泥などが付着しているため，これらを落とすためのものである。真鍮は銭貨をほとんど傷つけないが，ステンレス製のものは毛が固すぎるので使用は避けたい。

　まな板：銭貨を剥がしたり，磨いたりする場合，下敷きとなるものが必要となるので，市販されている薄いプラスティック製まな板が便利である。

　ニッパー：錆がひどい場合には，銭貨を剥ぎ取る時に側面を切るなどする際，必要になる場合がある。

　薄いビニール手袋・指サック：剥ぎ取り作業の際，手や指を傷めな

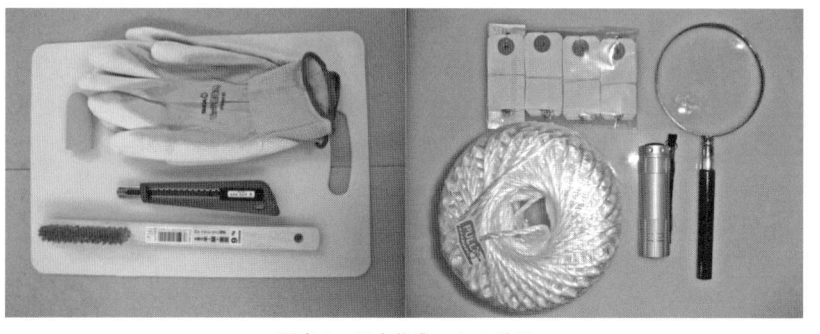

写真9　調査作業のため道具

III. 出土貨幣の調査

いようにするために必要である。

マスク：剥ぎ取り作業やブラッシング作業によって小さなほこりが舞うので，マスクは必需品である。

分類箱：剥がした銭貨を銭銘別に分類していく際に必要となる。紙で作っても良い。タッパーウェアーや大きめの製氷皿などでも代用できる。皇宋通寳や元豊通寳など検出枚数の多いものと，南宋銭のように出現頻度が低いものがあるので，大小の分類用容器が相当数必要になる。

紐と荷札：DIYショップで売っているポリプロピレンを2本撚った径4mmほどのヨリロープでよい。緡銭にして銭銘や枚数を書き込むときには，針金つきの豆荷札が便利である。

瞬間接着剤：剥ぎ取りの過程で銭貨が不幸にして割れた場合，接着するために準備しておくとよい。

チャック付ビニール袋：銭貨を入れるもので，1枚ごとに入れる小さなものから，中・大と揃えておけば便利である。

ルーペ・ミニライト：銭貨の拡大観察や側面から光をあて，文字を判読する時に用いる。

　一括出土銭には，通常60種類くらいの銭銘が含まれているので，これらをどのように仕分けして，保管をどうするかによって，処理方法や時間は違ってくる。たとえば，同一銭銘でも書体による分類をするか否かで，手間は異なる。また，判読後は1枚1枚を小ビニール袋に入れて保管するのか，紐を使用して新たな緡銭を作って保管するのかも考えておかねばならない。新たな緡銭を作る場合は，銭貨に撚ったビニール紐を通し，小さな荷札に銭銘と枚数を記入して結び付けておけば，後の整理がしやすい。また，枚数は100枚単位にしておくと，集計がしやすい。海外で調査をする時には，時間的な制約も大きく，用具も不十分であることが多いので，最初の調査方針の立て方が重要となる。

　一括出土銭は，束ねた緡銭の状態で出土するものと，銭貨がバラバラの状態で収納されているケースがある。また，一つの容器に収納されていても，上層はバラバラで，下層は緡銭という場合もあるので，慎重に取り扱わなければならない。緡銭形態のものは，その内容について観察記録を残さなけれ

ばならない。

　緡銭形態を留めてい
る遺物は，第Ⅱ部で述
べたように省陌慣行な
どが存在するため，ま
ずその枚数を確認する
ことが重要である。ま
た緡銭については，銭
貨の表裏の重ね合わせ
方についても確認が必
要である。緡を作る際

写真10　緡紐の検出

に，銭貨の表裏を同一方向に揃えている可能性を有するからである。これま
での調査事例からみて，向きを揃えている可能性は低いが，まずはこれらの
確認作業をおこなわなくてはならない。また，緡紐が残っていることもあり，
この場合，紐の材質同定までおこなうことが望まれる（写真10）。これまで
の出土事例では，稲藁紐が多いようである。ベトナムで調査したものは，麻
類の紐で束ねられていた。また，小重遺跡一括出土銭のようにもみ殻が混入
している場合もあり，注意が必要である（戸根・鈴木1995）。銭貨がどのよ
うな状態で保管されているのかについては，可能な限り観察し記録すべきで
ある。

　次は，剥ぎとりの仕方であるが，銭貨はぴったりと固着しているので，
まず側面から観察して，錆の状態を確認する。その際，マスクをする必要
がある。次にカッターを準備して，銭貨と銭貨の間を一周する感じでカッ
ターの刃を押しあてていく。無理に刃を差し込もうとすると銭貨が割れる
場合があるので，丁寧に銭貨外周の隙間にカッターをあてて圧をかけてい
くようにしなければならない。案外，簡単に剥離するものが多い。剥ぎ取っ
た銭貨は，次に銭面のクリーニング作業をおこない，銭銘の判読をしなく
てはならない。ここでワイヤーブラシが必要となる。錆がひどい場合，小
型の電動ルーターを使用して除去をすることも可能であるが，この場合は
磨きすぎないように注意しなければならない。ゴム手袋等で保護した指で
銭貨を押さえ，ブラシをかける。銭銘が判読できれば良いので，ピカピカ

Ⅲ．出土貨幣の調査

写真 11　銭貨の判読作業（宮崎県立総合博物館）
①銭貨の剥離／②銭貨のブラッシング／③銭貨の判読／④銭貨の仕分け

に磨きすぎないようにする。どうやっても，この作業は銭貨という遺物を
痛めることになるからである（写真 11）。

　一枚ごとの銭貨については，判読の手順として，まず表裏の確認が必要に
なる。文字がある表（面）が分かれば，次は文字の中から「寶」字を探すこ
とである。大半の銭貨は表（面）の左に「寶」が位置しているので，まず「寶」
を探して上下の位置関係を確定する。次に，上の字から順に他の文字につい
ても判読すればよい。たとえば，上が「永」であれば，まず永楽通寶である。
しかし，行書の「元」があった場合，元豊通寶なのか，元祐通寶なのか，は
たまた元符通寶なのかは確定できないので，右の文字を見ることになる。函
館高等専門学校の学生たちが開発した判読ソフト「はんどくん (注2)」は，上・
下などに配された一文字が分かった場合，どのような銭銘が存在するかを調
べるためのフリーソフトであり，初心者には便利なので利用を奨める。慣れ

てくると，経験的におおよその見当がつくようになるが，思い込みや推測は
誤りの元凶なので，常に慎重さが要求される。なお，「開元通寳」，「洪武通寳」，
南宋銭などの一部には，裏（背）に文字を刻んだものも存在するので注意を
要する。裏（背）上部に一文字だけ存在するものが多いが，年号が「十一」
などでは上下に存在するものや，左右に文字などが存在するものもあるので
注意を要する。たとえば洪武通寳には，右に一銭とあるものも存在する。ま
た，文字ではないが「月」とよばれる三日月型の線や，「星」とよばれる径
1〜2mm 程度の点が存在するものもある。

　判読のために，ルーペやミニライトを準備しておくと便利である。ルーペ
の使用は言わずもがなであるが，ライトはさまざまな方向から文字に光を当
てることで，文字が浮かび上がって読める場合があるからである。

　拓本については，画仙紙をあらかじめ 3cm × 8cm ほどに切っておくと便
利である。1 枚の銭貨の裏表を 1 枚の拓本用紙に納めることができるからで
ある。正方形の画仙紙で表と裏を別々に採拓すると，将来同一銭貨の拓本か
どうかが分からなくなる可能性もあり，後の整理のためには，1 枚の拓本用
紙に採拓することが望まれる。また，画仙紙に遺跡名や銭銘などの記録を書
き込んでおくことも必要である。特に，状態の悪い銭貨の場合，拓本では銭
銘が明確にならないこともあり，銭銘を記入しておくことは欠かせない。拓
本を採るさいの台には，市販の押印マットを使用すると便利である。紙にパ
ラフィンが貼ってある収集用ホルダーのパラフィンを破って銭貨を置き，
拓本を採ると銭貨の周りが汚れず，きれいな拓本が打てる。

　銭貨は金属製の遺物であるから，劣化の原因となる湿気を嫌うのは当然で
ある。緡銭を水につけるなどして湿らせた方が，剥ぎ取り作業が容易になる
のは事実である。しかし，遺物保護の観点からは良いとは言えず，その判断
は各調査機関に委ねたい。中津居館跡の緡銭については，取り上げてから速
やかに作業をすることで，湿気を保った状態のまま銭貨の剥離作業をおこな
うことができた。調査を終えた銭貨については，各調査機関の保存・収納方
法に従って，プラスティック容器やビニール袋にシリカゲルなどの乾燥剤を
入れて保管をすればよい。

　誰しも知りたいことの一つに，制銭と模鋳銭・私鋳銭の判別法がある。制
銭とは政府が発行した公鋳銭のことであり，民間でそれを踏み返し[註3]たり，

Ⅲ. 出土貨幣の調査

新規母銭を使用して鋳造した銭貨が私鋳銭である。公鋳銭不在の中世日本で鋳造された銭貨を，模鋳銭と規定しているので，模鋳銭と私鋳銭の区別は基本的には不可能である。中国でも私鋳行為は銭貨登場以来常におこなわれており，日本にもたらされた銭貨にも私鋳銭は混じっていた。したがって，銭貨のコピーが中国でおこなわれたものか，日本でおこなわれたのかについては確定できない。いわゆる目利きの人物が，銭貨の仕上がり具合からコピー（私鋳 or 模鋳）されたものであるかどうかを鑑定するのである。ただし，金属組成を測定すれば，ほぼ模鋳銭と判定できるものが存在する。たとえば，純銅系の銭貨は模鋳銭と考えて良い。中国は日本から銅を輸入していたように，日本では銅を産するためその調達が比較的容易であり，銭貨の組成分析から日本製の銭貨には銅が多く含まれることが分かっている。日本ではいつの時代においても銅の比率は高めであり，中世末になると純銅銭とよんでもよい無文銭が登場する。また，近世初頭の日本銭には砒素や鉄が一定量混じっているものも多く，これも判断材料のひとつになる。

　では，目視で判定できるものはないかといえば，まったくできないという訳ではない。踏み返した場合，若干文字などの仕上がりが甘くなり，金属が鋳縮みをおこすために銭径は小さくなる。鋳縮みについては松村恵司氏らの実験があるので，そのデータを表9に示す（次山・松村編 2011）。また，堺で出土した鋳型から判明することは，文字を有する模鋳銭の背面は平坦になっていることである。文字などの鋳上がりが悪く，銭径が23mm程度で小さく，裏面が平坦なものは模鋳銭であると推定できる。ただし，土中に埋没している間に劣化して，仕上がりが悪いように感じるものもあり，見た目の粗悪さが鋳造時に生じているのかどうかを判断するのが難しい。さらにいえば，銭貨の作りが悪いからといって，必ずしも私鋳銭・模鋳銭であるとは断定できない。つまり，日本の古代銭貨を見れば明らかなように，政府などによる生産管理体制が弱くなると，製品も粗悪になることがあるからである。中国における中世の銭貨研究が

表9　和同開珎銅銭の鋳縮み率（次山・松村編 2011）

	外郭平均	鋳縮率(%)	
1	25.36		100.00
2	24.89	1.85	98.15
3	24.49	1.61	96.57
4	24.07	1.71	94.91
5	23.47	2.49	92.55
6	23.07	1.70	90.97
7	22.60	2.04	89.12
8	22.16	1.95	87.38
9	21.81	1.58	86.00
10	21.58	1.05	85.09
		1.78	

進展し，制銭と私鋳銭との比較研究の成果が出てくる日が待たれる。

　日本各地で中世末に鋳造されていたと考えられる無文銭は，判読のさいに特に注意深い観察が必要である。文字を有しない無文銭は遺存状態の悪い出土銭では判定が難しく，判読不能と判定されることが多く，報告書作成段階では無文銭と認識されていないものも多い。無文銭の判定には，慎重な現物チェックが重要である。

　では，模鋳銭はどのような人々によって造られたのだろうか。これまで日本の都市部で確認できている銭貨の鋳造遺跡は，堺は商家，京都・鎌倉・博多は工房での小規模な生産だと認識されているが，公権力がこれらの生産を掌握していた可能性も考えてみたい。たとえば近世初頭ではあるが，薩摩の島津氏は洪武通寶が広範に流通しているという現実を追認する形で，背面上部に「治」字を有する加治木洪武を鋳造させ，公権力が貨幣鋳造を主導していた。また，豊前小倉における細川氏の鋳銭事業も同様である。さらには，筑前黒崎で17世紀初頭に銭貨鋳造をおこなっていた遺構・遺物が発見され，文献史料ではほとんど知られていなかった鋳銭事業の存在が明らかになった。ここでは寛永通寶の生産方法との類似性が指摘されており，考古学の手法を用いた銭貨生産の実態把握が可能になろうとしている。つまり，中世までの粘土鋳型使用による銭貨鋳造から，近世の砂型の使用への転換といった製作技術の研究や，鋳造技術を有する工人集団の組織やその移動問題の解明など，銭貨生産に関わる研究資料が出現したのである。ただし，この問題の解決は考古資料のみでは検証不能であり，文献史料も駆使しながら，実態の解明に努めていかなくてはならない。

〔註〕
2）現在このソフトウェアは函館工業高等専門学校埋蔵文化財研究会の
　ウェブサイト http://www.maibun.org/ からアクセスできる。
3）流通銭などを母銭として鋳型を作り，銭貨を鋳造すること。

③ CT・X線による理化学的判読

　近年，X線やCT（Computed Tomography）装置を使用した銭貨にかかわる研究が進展しているので，その一端を紹介する。遺物保護の観点からも，刃物などによる無理なクリーニングではなく，付着物で文字が読めない銭貨や固着した銭貨を剥ぎ取らずに銭銘を読み取ることが，最良の方法であることは自明であろう。まず，福岡市教育委員会による透過X線による銭銘判読について紹介する。

　博多遺跡群から出土する銭貨は塩分を含む砂が強固に付着している場合が多く，それらの除去が難しく，銭銘の読み取りを困難なものにしている。したがって，まずは資料にX線を照射し，透過の度合いによって，肉眼では見ることができない内部構造などの情報を得るのである（写真12）。著しく腐食の進んだ資料に対しては手の施しようが無いが，砥石や耐水ペーパーを用いて，平滑な面を研ぎだすことができる資料に対しては，銭銘の判読が可能となる。具体的には，「選定した資料にアクリル樹脂（パラロイドNAD-10）を減圧含浸し強化する。グラインダーを用い平らな面を削り出す。その際文字面まで削り出すのではなく，あくまで平らな面を出すまでに留める。この段階で再度透過X線写真を撮影することにより，銭銘が解読されるものもある。もしくは一字でも判読できると文字面と背面が判明し，作業が短縮できる。砥石を用いて更に平滑な面を研ぎ出す。方穿又は肉郭の輪郭が表れだしたら，粗さの異なる5種類の耐水ペーパーを用いて仕上げる。腐食の進んだものほど文字が浮かび上がる瞬間は短いため，こまめに文字面を確認しながら研いでいく。文字が判読できたらアルコールに浸け脱水した後，乾燥機にて乾燥させる。処理後は速やかに写真を撮り，腐食防止剤（ベンゾ・トリ・アゾール）

No. 27 13938

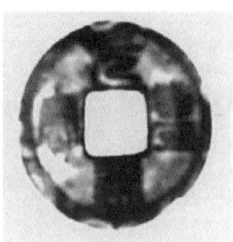

元豊通寶

写真12　X線写真（福岡市教育委員会2000）（左：砂が銭貨を包んでいる）

③ CT・X線による理化学的判読

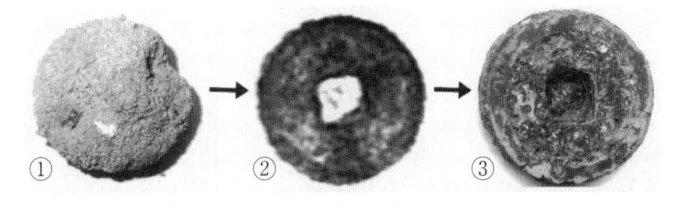

写真 13　研ぎ出しによる判読作業（福岡市教育委員会 2005b）
①錆汁が砂を咬み込み錆玉の状態で出土／②透過 X 線では銭文の判読が困難／
③研ぎ出しにより「元豊通寶」が浮かび上がる

を含むアクリル樹脂（パラロイド B72）を研磨面に塗布する。」（片多 2005）（写真 13）。福岡市教育委員会の調査報告書には，これらの X 線写真を載せ，銭銘を記載しているものが見受けられる。

　筆者の経験では，固着したままの銭貨でも，通常の X 線撮影により 3 枚程度なら銭銘を読み取ることが可能である。筆者がこれを最初におこなったのは，大分県日田市尾漕 2 号墓から出土した緡銭の六道銭を読み取る時であった。この資料は，銭貨の周りは白色化して劣化が激しく，1 枚ずつを剥ぎ取れば割れてしまう可能性が高かったので，数枚単位で剥ぎ取りを実施し，X 線撮影による銭銘の読み取りを試みた。ただし，複数の銭貨の方向が揃っている訳ではなく，X 線画像には文字がずれて写っており，鏡文字が重なる場合もあり，銭銘の判読はかなり難しい。しかしながら，劣化が激しい銭貨で剥ぎ取りが困難な場合，これを試してみる価値はある。

　胞衣壺などの内容物が外見で観察できず，銭貨が納められているか否か，その存在を確認する際に，X 線 CT 装置が利用されるケースは近年見かけられる。岩国市中津居館跡出土の緡銭については，この X 線 CT 装置による銭銘判読を試みた（写真 14）。通常の X 線より性能が良く，緡銭を壊さなくとも銭銘を読み取ることができるかもしれないと考えたからである。結論から言えば，100 枚程度の緡銭をそのままの状態では判読することができなかっ

写真 14　岩国市中津居館跡出土の緡銭の銭銘判読
①ＣＴ撮影風景／②画像を見ながら銭銘判読／③祥符元寶

91

たものの，5枚程度であれば判読可能であることが判明し，今後の活用に期待が持てる成果を得ることができた。電圧を強めることや，より高性能の装置であれば，さらに多くの銭貨を一度に判読できる可能性はあると考えられる。前述のように，通常のX線撮影では3枚が限度で，文字の重なりなどもあるため，判読は容易ではないが，X線CT装置だと，断層写真なので文字の重なりがなく，銭貨と銭貨の接着面に断層面を正確に当てると，きれいに文字が浮かび出ることが分かった。さらに多くの枚数の銭貨が非破壊で読み取れるような方法が今後出現することを期待したい。

　最後に，今回おこなった中津居館跡一括出土銭に対する一連の処置が，世界における貨幣考古学の中で如何なる位置づけにあるのかについて，英国での一括出土銭（hoard）調査と比較して述べる。英国での一括出土銭研究も長い歴史をもっており，多くの資料がこれまでにも Numismatics（古銭学）や経済史研究に活用されてきた。最近出土した資料として，2007年にイングランドのバース Beau Street で，コッズウォルド協会の調査団によるホテル建設前の調査で発掘された一括出土銭が存在する（Ghey 2014）。これは現地（＝遺跡内）での内容確認調査をおこなわず，遺物を適切に処置し，遺構からそのままの状態で切り離し，クレーンで持ち上げ，まず大英博物館に搬入された。そして，予備的な調査が保存部及び科学調査部金属課のスタッフによっておこなわれた後，サウサンプトン大学に搬入され，ここでは形状を記録するためにまず 3D スキャンがおこなわれた。さらに，X線撮影や可能な限りの理化学的研究を交え，内部構造を確認しながら詳細な調査と報告がなされた。結果，この hoard は大きく3グループに分けられる8つの皮製バッグに入れられており，17,500枚以上の3世紀ローマ時代の銀や銅のコインを含んでいた。今回われわれが中津居館跡の一括出土銭に対しておこなった処理とほぼ同様のことがおこなわれている。洋の東西を問わず，遺物を遺跡から切り離し，博物館等の施設に搬入し，3D撮影やCT撮影など，可能な限りの理化学的手法を交えながら調査を実施するというのが，現時点での最高レベルの調査であると考える。ただ銭種の判読をすれば良いという時代は終わったのであり，一括出土銭研究はこのレベルまできていることを指摘しておきたい。

Ⅳ．銭貨の製造

　銭貨は鋳貨とも呼ばれ，鋳造品である。それに対し，西洋の貨幣は小さな貴金属を台の上に置き，ハンマーで打って作る打造であり，製作方法はまったく異なっている。銭貨は溶けた金属を鋳型に流し込んで造られるので，その基本的な形状は使用した鋳型で決まる。また，仕上げ時の整形作業によってもわずかな変化は生じることがあり，古銭学的分類はこの微細な違いを分類基準にする。しかし，文化財の調査担当者ができることは大分類程度であり，本書では細分類には基本的に踏み込まない。また，金属素材に注目した分類は，近世におこなわれていた金貨の色味 (註1) 以外，貨幣表面の色調を観察するのみで，銭貨内部の金属組成を正確には把握できなかった。前近代にはあっては形態的な模造は可能であっても，正確な金属配合比率まで真似ることはほぼ不可能であり，現代の研究方法である金属組成分析によって銭貨の鋳造時期や製作地，真贋の判定，原材料の由来などを明らかにできる可能性がある。この点で，銭貨の金属組成分析は貨幣考古学にとって重要な研究方法論のひとつであり，文化財科学との連携なしにはなりたたない学際研究といえる。また，貨幣史を学ぶ上で，貨幣の製作技術の理解も重要であると考える。したがって，第Ⅳ部では鋳造・打造という銭貨の製造技術，鋳造における合金比率の問題，日本における鋳型の出土事例，近年研究が進展している鉛同位体比分析，最後に銭貨の復元実験という実験考古学について述べる。

〔註〕
　1) 試金石を使用して，金の品位を鑑定していた。

① 貨幣の製造技術

　銭貨生産は，同一形状で均質のものを大量に鋳造する目的をもっているため，最初から大量生産が意図された製造方法が用いられている。中国も含めると，鉄笵・銅笵・石笵・土笵（笵＝鋳型）など，さまざまな材質の鋳型による生産が知られている。このうち粘土板に母銭（mother coin）[註2]を押した土笵がもっとも容易に造れる鋳型であり，飛鳥池遺跡から出土した富本銭の鋳型片や和同開珎の鋳型[註3]はこの土笵で製作されている。また，中世における模鋳銭の生産も，京都・堺・鎌倉などの鋳型の出土例をみると，この土笵でおこなわれていた。わが国では銭貨生産の開始時から，鋳型に溶けた金属を流し込んで銭貨を鋳造する方法をとっており，中世の銭貨生産は古代から技術的には連続していた。しかし，近世になると寛永通寶の鋳型は粘土ではなく，鋳物砂を用いる製作方法に変化する。したがって，砂型の場合，遺物としての検出がいっそう難しくなる。これは技術的に重要な転換点

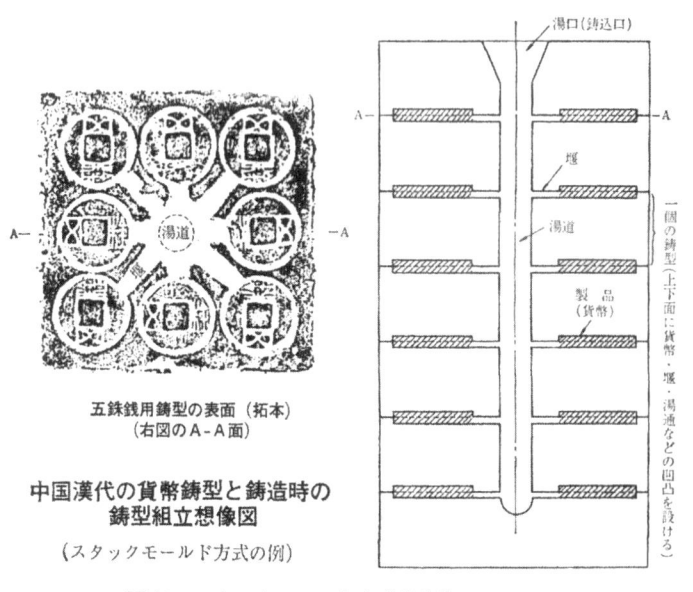

五銖銭用鋳型の表面（拓本）
（右図のA-A面）

中国漢代の貨幣鋳型と鋳造時の
鋳型組立想像図
（スタックモールド方式の例）

図31　スタックモールド方式鋳造法（石野 1977）

である。また鋳物は，鋳型を壊して製品を取り出すので，考古遺物としての土笵は破片となっている。

土笵を使用した鋳造方法は大きく二つに大別できる。ひとつは，中国漢代の五銖や貨泉などを鋳造する際に使われたことが分かっているスタック・モールド方式である。これは一個の鋳型に数個の銭貨雌型を中央の穴（湯道）から放射状に配置し，同形の鋳型を数枚から十数枚積み重ね穴が貫通した状態にして，上部の湯口から溶けた金属が流れ込むようにした方法である（図31）。現在のところ，日本の銭貨がこの方法で鋳造された形跡はない。もう一つの方法は，鋳型の中央に湯道を設け，その左右に銭貨の雌型を一・二列配置して，金の成る木と俗によばれている「枝銭」が出来上がる方式である（図32）。飛鳥池遺跡から出土した富本銭の枝や細工谷遺跡から出土した和同開珎の枝銭から，古代以来この枝銭方式で銭貨が鋳造されていたことは明らかである。中世の出土鋳型片や伝世している近世銭貨の枝銭からも，日本では一貫して枝銭方式で銭貨が鋳造されていたことが分かっている。

出来上った枝銭の銭貨の部分を枝の部分から切り離し，銭貨を重ねて中央の孔に芯を通し，外縁を砥石で磨く（図33）。この時使用された砥石には，銭貨の外縁にみあう弧状のくぼみが生じる。近世の砥石の事例ではあるが，図34からさまざまな方向にこのくぼみが走っていることを確認できる。外縁部を仕上げたら，次に表裏の面を磨き，銭貨は完成する。

銭貨の中心の孔に，四辺とも一ヶ所ずつ切り込みがあり，孔形が星のよう

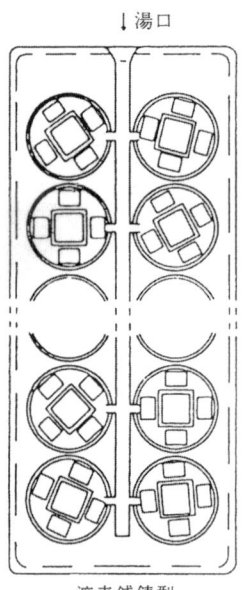

↓湯口

渡来銭鋳型

0　　　　　5cm

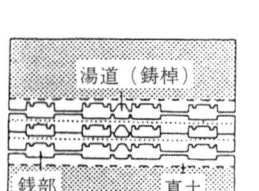

図32 枝銭方式鋳造法
（嶋谷 1994）

Ⅳ. 銭貨の製造

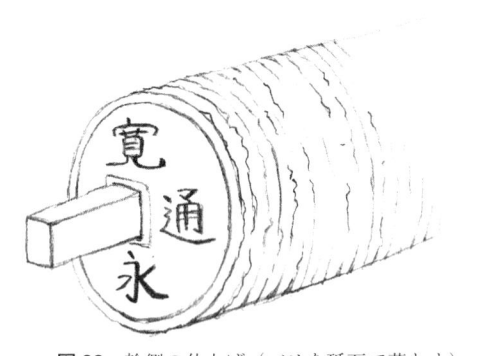

図33 輪側の仕上げ（バリを砥石で落とす）

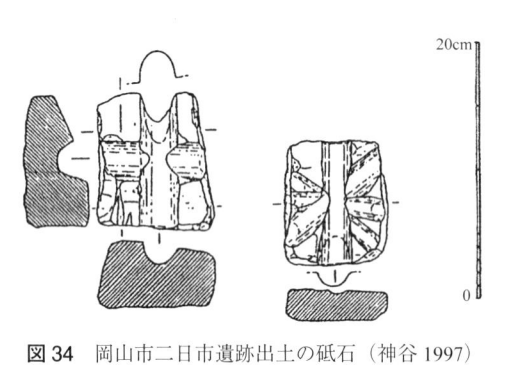

20cm

0

図34 岡山市二日市遺跡出土の砥石（神谷1997）

にみえるもので存在する。これを星形孔銭とよぶが、孔郭のバリの残り具合から判断して、銭貨が鋳上がった後、孔に正方形の芯をさしこんで整形する際に、ついたものと推定できる。今日で言うエラー銭である。新安沖沈没船の銭貨にもこの星形孔銭が含まれており（李・姜1989）、製作時に生じる傷なので、中国からもたらされたものにも存在することは明らかである。星形孔銭は北宋銭に多く、出土枚数の多寡と相関関係があるように思われる。私鋳銭や模鋳銭の粗悪銭にも多い。また、郭が削り取ら

れ、円孔となっているものもあり、この目的は不明である。さらに、磨輪銭とよばれる輪の外側を削り取っている銭貨も稀に見かけるが、大銭を削ったものは小平銭（＝一文銭）に揃えようとする意図を読み取れるが、小平銭を小さくしたものも存在し、その目的は判然としない（図35①）。

　銭貨の中には、しかみ銭とよばれる歪な形をしてものがあり（図35①）、これも製作時の失敗作であると考えられる。また、大小の穴があいている銭貨も存在し（図35①）、錆び等によって生じたものか、意図的に穿孔したものであるのかを観察によって判断しなければならない。鋳造時に湯周りが悪く穴があいているものもあるが、小さな穴がひとつか複数穿ってあるものが存在する。たとえば、衣服にアクセサリーとして縫い付けるなどするために穿孔される例は、民俗学的事例として知られている。さらに、島銭とよばれる出自不明の銭貨が存在することも指摘しておく（図35②）。制銭には存在

1 貨幣の製造技術

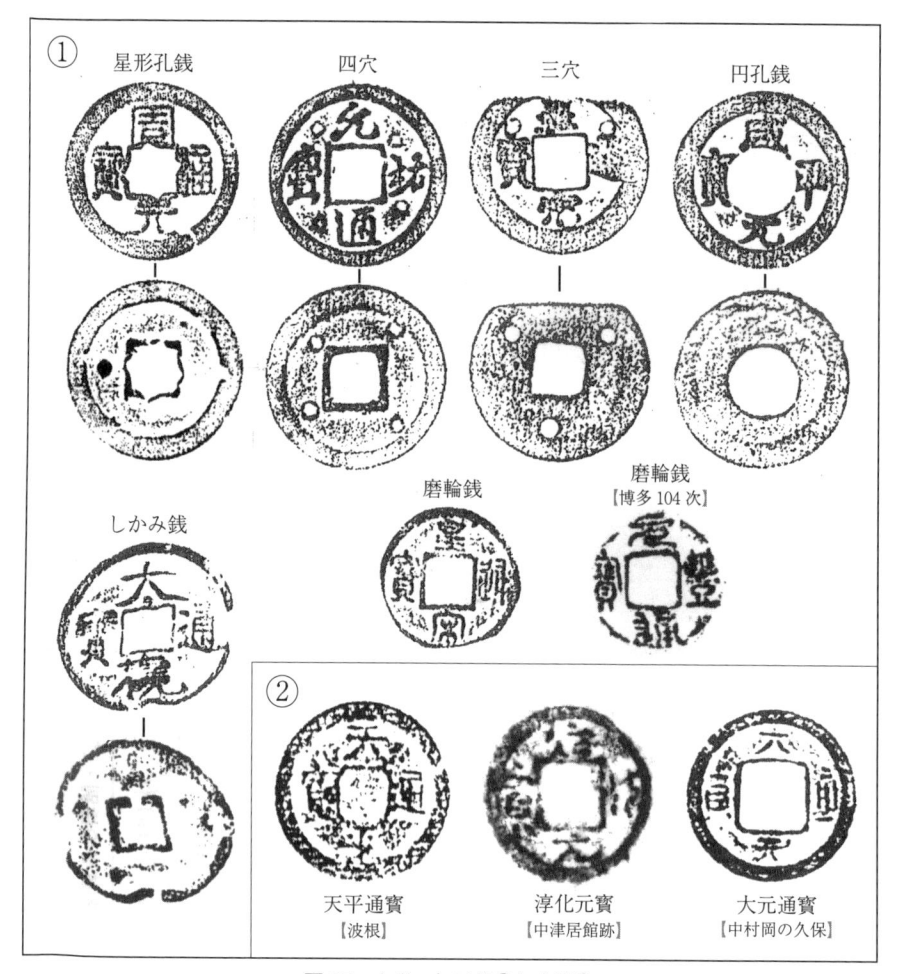

図35 中世の加工銭①と島銭②
（【】内は出土遺跡。無印は福岡県北九州市本城出土（櫻木1992a））

しない銭銘を有するものや，漢字ではなく記号のような印象を受ける文字ら
しきものが刻まれているものもある。

　中世末に多く存在する無文銭のなかには，孔や外輪の縁が打ち抜いたよう
に一方向にめくれているものが存在する。これについては製造方法が鋳造で
はなく，鍛打・展延したものをタガネで打ち抜いて製造した可能性が指摘さ
れており，また，銅は融点が高く溶融時の流動性が低いため鋳造が難しく，

97

Ⅳ．銭貨の製造

純銅に近いと文字が浮かび上がりにくいため無文銭になるという指摘もある（西本ほか2006）。無文銭の製作技術については今後も検討が必要であり，このような鋳造技術を理解した上で，銭貨そのものの金属組成について考察していくことにする。

〔註〕
2)種銭ともいい，貨幣を作るための貨幣であり，金属が鋳縮みを起こすため，出来上がる銭貨よりやや大きい。
3)下関市立長府博物館所蔵の土笵は重要文化財に指定されている。

② 銭貨の金属組成

　分析方法については，溶液化した試料を霧化し，誘導コイルを捲いた反応管中の酸素・水素混合ガス燃焼炎中に導き，溶液に含有するイオンをプラズマ状態にして発光させ，分光をおこなう誘導結合プラズマ発光分光分析法（ICP-AES 法）などの定量分析法，分析試料中の原子核を励起し，そこから放出される放射線を測定して分析する中性子放射化分析法[註4]，1 次 X 線束を分析試料表面に照射し，試料から発生する含有元素の特性 2 次 X 線を測定する蛍光 X 線分析などの比較的簡便に利用できる定性分析法など，分析精度や方法にそれぞれ長所と短所がある。いずれの分析法を利用するかについては，適宜判断していかねばならないが，まずは，簡便におこなえる蛍光 X 線分析をおこない，その傾向をとらえた上で，可能であれば ICP-AES 法などの定量分析をおこなうのが良いと考えられる。また，金属を分析するに際しては当然のこととして，錆が分析値に与える影響についても考慮しなければならない（清水 2006）。

　わが国最古の鋳造銭貨である富本銭の成分は銅とアンチモンの合金である（村上 2007）。通常，銭貨は銅・錫・鉛を主要成分とする合金であり，これまでアンチモンは微量元素と考えられていたので，この事実は大きな衝撃を与えた。鏡や古和同と呼ばれる古い時期の和同開珎の一部にも銅・アンチモン合金の存在が確認されており，アンチモンは強度を増すために入れられたものであると考えられる。わが国で鋳造された銭貨の出発点では，すべてではないにせよこのような銅・アンチモン合金で造られていたことが判明したのである。同様に，萬年通寶以降の古代銭貨では砒素を多く含むものが散見され，今後はこれらの微量元素の存在にも注意を払わなければならないと考える。また，日本の古代銭貨は錫をほとんど含まないという特徴と，乹元大寶には鉛銭と呼べるほど鉛の比率が高いものが存在することも記憶しておかねばならない（表10）。

　中国からもたらされた制銭の金属混合比率はおおむね銅：錫：鉛＝ 7：1：2 程度であると認識されており，南宋銭はもっとも調達しにくい金属である錫の割合が少なくなっていることが分かっている。銭貨を構成する金属は合

Ⅳ. 銭貨の製造

表10 古代銭貨の金属組成（蛍光X線分析（wt%））

銭名等	出土調査	銅	鉛	錫	鉄	砒素	アンチモン	文献
富本銭	藤原宮 64 次	89.9	0.3	0.9	1.0	0.9	5.1	①
富本銭	平城宮 168 次	84.6	-	0.8	0.3	1.9	11.9	①
富本銭	平城宮 57 次	87.0	-	2.6	0.6	1.1	7.2	①
富本銭	細工谷遺跡	92.3	0.7	0.4	0.7	2.5	1.1	③
古和同開珎	細工谷遺跡	86.6	0.1	0.3	0.2	3.4	8.6	③
古和同開珎	細工谷遺跡	96.7	0.7	0.2		1.1	0.1	③
和同開珎	藤原宮 75-15 次	91.0	0.2	0.4	0.1	1.2	6.2	①
和同開珎	平城宮 57 次	89.0	-	1.3	0.4	2.6	6.1	①
和同開珎	平城宮 57 次	94.0	-	0.6	0.6	0.8	2.3	①
和同開珎	藤原京右京一条一坊	88.4	0.2	1.5	3.6	1.3	3.8	②
萬年通寶	細工谷遺跡	80.4	9.4	0.1	0.4	9.3	0.1	③
神功開寶 1	細工谷遺跡	59.1	0.6	0.5	18.0	20.9	0.1	③
神功開寶 2	細工谷遺跡	77.5	10.0	1.3	1.0	9.5	0.3	③
隆平永寶 1	細工谷遺跡	64.3	22.5	0.8	0.7	11.0	0.4	③
隆平永寶 2	細工谷遺跡	77.6	19.4	0.2	0.7	1.0		③
隆平永寶 3	細工谷遺跡	78.5	17.5	0.5	0.1	3.0	0.2	③
隆平永寶 4	細工谷遺跡	67.5	28.4	0.3	0.1	3.1	0.2	③
延喜通寶 1	甲賀宣政資料	69.48	16.06	0.95	1.82	8.81	1.72	④
延喜通寶 2	甲賀宣政資料	73.20	4.00	3.15	6.50	5.38	3.40	④
延喜通寶 3	甲賀宣政資料	71.00	16.07	3.24	0.84	5.37	0.82	④
乹元大寶 1	甲賀宣政資料	51.25	45.27	0.40	1.93	0.31	0.74	④
乹元大寶 2	甲賀宣政資料	62.42	25.54	0.87	0.70	0.28	0.31	④
乹元大寶 3	甲賀宣政資料	9.38	75.08	0.79	0.42	3.20	1.01	④

〔文献〕①奈良国立文化財研究所年報 1996
②奈良国立文化財研究所 1997『藤原京右京一条一坊発掘調査報告』
③大阪市文化財協会 1999『細工谷遺跡発掘調査報告Ⅰ』
④甲賀宣政 1919「古銭分析表」『考古学雑誌』第 9 巻第 7 号

金であり，各元素が均等に混じっている訳ではなく，偏在が見られるので，計測点によって数値に若干の違いが出てくる。表 11 で示した唐，北宋，南宋，金，元代銭貨の蛍光X線分析値は，中津居館跡で出土した銭貨を 1 枚につき 2 点について測定した値である。この表からも，南宋銭は錫の含有率が低いこと，金の正隆元寶は鉛と錫の割合が低く銅の割合が高いこと，元の至大通寶は銅が約 7 割で鉛と錫の割合が同程度であることが分かる。また，表 12 は中国制銭の ICP-AES 法による分析結果であり，これは中国で鋳造され

2 銭貨の金属組成

た制銭の金属組成についての目安となる。朝鮮通寶（1423年初鋳）はこの表には載せていないが、銅が95％以上含まれており、純銅に近いものである（佐野ほか1983）。日本の中世末の模鋳銭の先取りをしているのか、これが意味することについては、今後の課題としたい。

これに対し、中世末にわが国で生産された銭貨には銅が90％を越える純銅系銭貨とでも呼べるものが登場してくる。日本では鉱脈の少なさなどから、錫はもっとも調達が難しい金属であると考えられ、新安沈船に錫のインゴットが積まれていたことからも、このことは傍証できる。無文銭の鋳型が出土した堺に限らず、博多など他の地域で16世紀に生産された無文銭の多くは、純銅系である可能性が高い。ただし、銅・鉛2合金系や銅・錫・鉛

表11 中世渡来銭の金属組成 I （蛍光 X 線分析（wt％））

	銭種	銅	鉛	錫	鉄	砒素
1	開元通寶	59.53	26.35	13.48	0.47	0.00
		62.34	23.72	13.39	0.21	0.04
2	（南唐）開元通寶	58.94	23.35	16.97	0.48	0.00
		62.82	20.65	15.68	0.45	0.14
3	淳化元寶	68.33	14.86	16.44	0.22	0.00
		62.44	18.06	19.07	0.23	0.00
4	皇宋通寶	76.16	11.07	12.30	0.15	0.00
		68.44	17.03	14.12	0.14	0.00
5	元豊通寶	72.90	15.82	10.87	0.20	0.00
		69.06	18.34	12.20	0.11	0.00
6	聖宋元寶	69.14	18.86	11.49	0.14	0.07
		68.39	19.59	11.52	0.20	0.02
7	政和通寶	74.74	12.51	10.50	1.51	0.38
		73.21	14.34	9.90	1.54	0.64
8	正隆元寶	89.40	3.36	6.24	0.37	0.00
		89.22	3.97	5.71	0.44	0.00
9	紹興元寶	74.97	12.08	12.38	0.38	0.00
		70.24	18.20	11.00	0.35	0.00
10	淳熙元寶	64.95	29.23	4.12	1.54	0.00
		68.05	23.68	6.60	1.43	0.00
11	紹熙元寶	67.90	21.99	8.17	1.79	0.00
		68.50	24.35	5.32	1.66	0.00
12	慶元通寶	66.79	27.10	4.26	1.64	0.00
		65.81	27.96	4.55	1.33	0.02
13	嘉泰通寶	65.84	29.15	3.46	1.27	0.00
		67.70	27.23	3.49	1.35	0.00
14	嘉定通寶	62.27	34.58	0.84	2.07	0.00
		64.50	32.39	1.00	1.85	0.00
15	嘉熙通寶	63.54	32.21	2.68	1.26	0.00
		68.04	27.30	3.03	1.37	0.00
16	淳祐元寶	75.22	16.15	5.98	1.73	0.15
		77.09	18.23	3.51	0.93	0.00
17	景定元寶	66.25	26.36	5.40	1.78	0.00
		64.80	26.65	6.82	1.40	0.05
18	咸淳元寶	61.05	34.36	3.03	1.40	0.00
		54.27	39.66	4.27	1.61	0.00
19	至大通寶	70.33	14.89	14.19	0.20	0.00
		71.34	13.27	14.87	0.16	0.00

岩国市教育委員会 2016『中津居館跡 II』

Ⅳ．銭貨の製造

表 12　中世渡来銭の金属組成 Ⅱ（ICP-AES 法（％））

	銭種	出土地	特徴	銅	鉛	錫	鉄	砒素	アンチモン	文献
1	開元元寶	博多遺跡群第 102 次		56.0	27.0	4.4	3.000	0.050	0.140	③
2	祥符元寶	博多遺跡群第 102 次		67.0	8.6	8.0	0.046	0.024	0.024	③
3	天聖元寶	博多遺跡群第 102 次		67.0	15.0	9.0	0.059	0.043	0.025	③
4	政和通寶	博多遺跡群第 102 次	折二	61.0	16.0	6.7	0.096	0.240	0.420	③
5	熙寧元寶	博多遺跡群第 102 次		61.0	19.0	9.7	0.120	0.100	0.050	③
6	淳祐元寶	北九州市本城		62.40	32.40	2.26	1.54	0.37	0.020	②
7	洪武通寶	余市町大川遺跡	長嘴	73.03	16.80	9.27	0.24	0.49	0.008	①
8	洪武通寶	余市町大川遺跡	長嘴	74.40	16.71	8.35	0.11	0.24	0.014	①
9	洪武通寶	余市町大川遺跡	長嘴	75.04	16.87	7.88	0.06	0.25	0.012	①
10	洪武通寶	岩手県大瀬川 C 遺跡	大字	82.18	7.64	9.86	0.03	0.17	0.008	①
11	洪武通寶	水沢市仙人西遺跡	大字	71.22	18.50	9.21	0.11	0.37	0.162	②
12	洪武通寶	福岡県糟屋郡仲原	背面「折」	70.69	12.65	13.50	0.08	0.71	0.223	②
13	洪武通寶	福岡県糟屋郡仲原	背面「一銭」	74.71	11.72	10.63	0.10	0.33	0.183	②
14	永楽通寶	茨城県麻生町		70.43	19.02	8.25	0.84	0.83	0.017	②
15	萬暦通寶	博多遺跡群第 102 次		55.0	2.4	1.8	0.830	0.290	0.200	③
16	萬暦通寶	長崎市栄町遺跡		67.2	6.3	6.3	0.890		0.092	④
17	天啓通寶	長崎市栄町遺跡		83.1	0.4	20.0	2.180		0.056	④
18	順治通寶	長崎市栄町遺跡		66.5	4.0	3.5	0.380		0.380	④

※空欄は報告書に記載なし。
※※栄町遺跡の萬暦通寶からは 10％以上の鉛を蛍光 X 線分析で検出。

〔文献〕
①咲山まどか・赤沼英男・佐々木稔 1997「出土銭貨の極少量試料摘出による化学成分分析とその修復法」
『出土銭貨』第 7 号
②咲山まどか・赤沼英男・櫻木晋一・佐々木稔 1997「出土銭貨の形態的特徴と材質の比較研究—その 1
—」『出土銭貨研究会第 4 回大会報告要旨』
③福岡市教育委員会 2002『博多 80』福岡市埋蔵文化財調査報告書第 706 集
④長崎県教育委員会 2001『栄町遺跡』長崎県文化財調査報告書第 162 集

3 合金系のものも存在することから，公鋳銭を溶かしたものを主たる原料と
すれば，成分的には公鋳銭・私鋳銭の区別がつけられないという組成分析に
よる識別の限界も存在する。
　また，無文銭に含まれる銅以外の金属は少量であるが，鉛（Pb），錫（Sn）
の量と，鉄（Fe），砒素（As），銀（Ag）などの微量元素についても個体差
が大きく，今後はこれらの元素を詳細に検討することで，より細かなグルー
ピングが可能となる。無文銭は，とりわけ鋳造場所・時期・原材料の多様性

② 銭貨の金属組成

表 13　模鋳銭等の金属組成（ICP-AES 法（％））

	銭種	出土地	特徴	銅	鉛	錫	鉄	砒素	アンチモン	文献
1	洪武通寶	福岡県黒木町	降共	48.28	49.41	2.65	0.42	0.22	0.009	①
2	洪武通寶	福岡県黒木町	降共	50.64	44.77	2.78	0.25	0.19	0.007	①
3	洪武通寶	長崎市築町遺跡	背面「治」	85.64	1.86	2.08	3.00	5.10	0.041	②
4	洪武通寶	長崎市築町遺跡	背面「治」	84.74	2.21	3.11	4.88	4.38	0.030	②
5	洪武通寶	北九州市小倉城	小型	53.03	29.22	8.37	0.37	0.5	0.26	③
6	洪武通寶	北九州市小倉城	降共？	18.74	72.33	0.35	0.02	0.17	0.02	③
7	鋳写し銭	高千穂町片内山中遺跡		95.55	0.00	0.62	0.34	0.81	0.008	②
8	無文銭	高千穂町片内山中遺跡		93.94	2.96	0.58	0.24	0.95	0.018	②
9	無文銭	北九州市小倉城跡		73.41	9.64	4.96	0.29	2.62	0.160	③
10	無文銭	北九州市小倉城跡		94.32	2.55	0.07	0.60	1.40	0.020	③
11	無文銭	北九州市小倉城跡		90.01	1.84	0.11	0.62	0.93	0.020	③
12	無文銭	北九州市小倉城跡		86.72	0.16	0.23	0.78	0.15	0.010	③
13	元祐通寶	長崎市栄町遺跡	叶手	78.90	7.16	0.64	4.16		0.210	④
14	祥符元寶	北九州市小倉城跡		20.80	70.15	0.15	0.06	0.08	0.090	③
15	祥符元寶	北九州市小倉城跡		24.66	66.03	0.30	0.06	0.55	0.470	③
16	祥符通寶	北九州市小倉城跡		17.59	71.93	0.25	0.07	0.05	0.110	③
17	祥符通寶	北九州市小倉城跡		29.06	64.50	0.01	0.01	0.19	0.170	③
18	天禧通寶	北九州市小倉城跡		32.13	57.78	0.64	0.02	0.02	0.010	③
19	元通通寶	長崎市栄町遺跡		86.50	2.13	1.90	2.40		0.120	④
20	元豊通寶	長崎市栄町遺跡	長崎貿易銭	69.80	17.00	0.13	3.69		0.095	④
21	慶長通寶	長崎市栄町遺跡		67.40	16.50	4.57	2.06		0.020	④
22	大世通寶	北九州市小倉城跡		69.33	11.74	9.08	0.07	0.26	0.130	③

※空欄は報告書に記載なし。

〔文献〕
①咲山まどか・赤沼英男・佐々木稔 1997「出土銭貨の極少量試料摘出による化学成分分析とその修復法」
　『出土銭貨』第 7 号
②咲山まどか・赤沼英男・櫻木晋一・佐々木稔 1997「出土銭貨の形態的特徴と材質の比較研究―その 1―」
　『出土銭貨研究会第 4 回大会報告要旨』
③北九州市教育文化事業団 1997『小倉城跡 2』北九州市埋蔵文化財調査報告書第 196 集
④長崎県教育委員会 2001『栄町遺跡』長崎県文化財調査報告書第 162 集

を示しているものと推定され，金属組成の研究は銭貨生産の実態解明のカギ
であり，貨幣考古学の研究方法論としても重要であると考える。微量元素の
含有率に対する関心が今後必要になってくると思われる。
　たとえば，北九州市小倉城で出土した極端に外径が小さい洪武通寶（1.8cm）
については，やや鉛の比率が高いものの銅・錫・鉛合金である。当地では，
このような白色化した洪武通寶・祥符通寶・祥符元寶・天禧通寶などの銭銘

103

IV. 銭貨の製造

表14 古寛永通寶の金属組成（ICP-AES法）

No.	銭種		字体	出土遺跡	化学組成（mass％）						
					銅	錫	鉛	砒素	ｱﾝﾁﾓﾝ	銀	鉄
1	古寛永	称水戸銭	跳永	山口県銭屋	61.9	7.36	21.0	0.28	0.13	0.05	0.163
2	古寛永	称岡山銭	縮寛	山口県萩城外堀	72.5	3.01	20.1	1.55	0.10	0.04	0.978
3	古寛永	称鳥越銭	低寛	青森県畑内	71.4	3.94	18.8	0.62	0.03	0.05	1.01
4	古寛永	称沓谷銭	大字	青森県畑内	61.7	8.15	19.5	0.02	0.05	0.08	0.116
5	古寛永	推水戸銭	長永	青森県畑内	70.6	8.91	12.7	0.37	0.15	0.09	0.101
6	古寛永	推岡山銭	縮寛	青森県畑内	66.3	3.71	19.0	4.02	0.22	0.04	2.00
7	古寛永	称建仁寺銭	大字	青森県畑内	70.7	2.74	18.9	0.72	0.07	0.13	0.796
8	古寛永	称松本銭	斜寶深冠	青森県畑内	62.8	4.43	24.9	2.60	0.23	0.09	1.56

山口県埋蔵文化財センター 2004a『銭屋遺跡Ｉ』

を有する銭貨がかなり出土するという特色があり，小倉藩が寛永元年（1624）に実施した鋳銭事業と関係する可能性もあり注意しなければならない。文字の形状観察と金属組成分析の結果を照らしあわせるという作業をすすめていくことが今後の重要課題である。また，近世初頭の日本の銭貨には砒素や鉄がやや多く含まれるということが，明らかになってきており，前述の加治木洪武や叶手元祐，さらには長崎元豊などにもその特色は見て取れる（表13）。

　寛永通寶の金属組成分析に関する研究の中にも，わずかではあるがICP-AES法で行われた定量分析値や（佐野ほか1983），岩手県立博物館赤沼英男による寛永通寶の分析データが公表されており[註5]，そこから読み取れることを述べる。古寛永については，ほぼ銅が60〜70％代，鉛が10〜20％代，錫が9％未満という数値内に収まる。砒素の数値が1％超と高いものが，古寛永には存在する。これは，近世初期には砒素銅が使用されていたという研究成果があり，その延長線上ととらえることができる（表14）。文銭は銅が62〜63％，鉛が20％前後，錫が9％前後とかなり均質である。これは，文銭の鋳造地が一箇所であることと関連していると考えられる。中国銅銭に比べ江戸期の日本銅銭について総じていえることは，銅の比率が高く，輸入品である錫の比率が低くなっているということであろう。江戸期に日本から銅を輸出していたことは周知の事実であり，このような銅資源に恵まれていたことが，日本で銅の含有量の多い銭貨が鋳造されていた一因であろう。

　また，福岡県原田近世墓から出土した寛永通寶についておこなわれた蛍光Ｘ線分析によるデータ（比佐2004）について，表示はしていないが総括する。これは，古銭学的分類をした銭貨の3〜5地点を測定し，個々の銭貨につい

② 銭貨の金属組成

て測定地点による金属組成の偏差が存在す
るのか否か，古銭学的に同一分類であるも
のは金属組成も同じなのかといったことを
明らかにし，金属組成による鋳造地特定な
どの可能性を模索したものである。

その結果，関西で鋳造されたと考えられ
る不旧手と称されるタイプ（マ頭通 ^(註6)）

コ頭通　　　　マ頭通

図36 寛永通寳の「通」字2タイプ

（図36）は銅の割合が高く，長崎銭は鉛を
多く含むという特徴を有する。不旧手の旧十万坪・横大路・七条の三種類は
マ頭通で，山背国で鋳造された可能性が高いものだが，銅の比率が圧倒的に
高く，鉛はかなり少ないという共通性を有する。しかし，微量元素では，亜
鉛を全く含まないもの，砒素を全く含まないもの，アンチモンを全く含まな
いものなどに分かれる。佐渡銭は，享保期のものより正徳の方が鉛を多く含
むという特徴が見てとれる。さらに足尾銭と小梅銭の組成に関する規格性は
強く，かなり銅の割合が高く，鉛はあまり含まず，錫に至ってはほとんど含
んでいない共通性を読みとれる。長崎銭は錫を全く含まず，砒素を含む銭貨
である。文久永寳については，錫が1%未満でほとんど含んでおらず，略宝
には全く含まれていない。天保通寳も同時期の日本銭と比して，錫が幾分多
く含まれ，亜鉛が若干含まれているものの，やはり銅を主成分とする銭貨で
あると言える。また，蛍光X線分析による寛永通寳の分析値として，元文
期以降のものには錫がほとんど含まれていないことや，摂津高津銭とよばれ
る背「元」の寛永通寳は銅の含有率がかなり低く，砒素や鉄が多く含まれて
いること示している（川根ほか2005）（表15）。砒素を多く含む寛永通寳は，
近世初頭の砒素銅を使用する日本的技術と考えることもできる。

金属組成の分析結果から，銅・鉛・錫だけでなく，砒素・鉄などの本来微
量元素と考えられるものについても銭貨の特徴が現われてくる可能性が明ら
かとなった。また，総じて金属組成の数値にはバラツキが大きいという印象
を受けるが，これは元素そのものの偏在や測定方法の問題もさることながら，
そもそも鋳造時に今日ほど徹底した品質管理がおこなわれていたのかどうか
という疑問も生じてくる。

中国では明末に，銭貨の金属組成が青銅銭から真鍮銭へ変化しており，明

105

Ⅳ. 銭貨の製造

表 15 新寛永通寳の金属組成（蛍光Ｘ線分析）

No.	銭種		元素組成 （％）						
			銅	錫	鉛	砒素	アンチモン	銀	鉄
1	文銭	細字	63.72	9.27	16.86	0.29	0.04	0.10	0.76
2	文銭	正字	62.40	8.15	19.73	0.11	—	0.12	0.70
3	文銭	中字	62.07	9.06	22.89	0.16	0.03	0.10	1.20
4	新寛永	丸屋銭	56.70	8.03	22.90	0.42	1.23	0.06	0.63
5	新寛永	四ツ宝勁永	72.23	6.73	13.56	0.09	0.12	0.06	0.34
6	新寛永	四ツ宝跳永	62.08	1.41	23.36	0.34	—	0.10	0.76
7	新寛永	四ツ宝広永	68.44	6.10	14.79	0.72	0.07	0.03	2.29
8	新寛永	座寛	68.45	0.54	12.30	0.84	3.11	0.04	6.03
9	新寛永	称猿江	72.73	6.68	14.69	0.70	0.04	0.04	0.63
10	新寛永	草点永	67.86	0.30	23.30	5.14	0.16	0.05	1.11
11	新寛永	細字背元	40.92	0.25	29.96	8.43	0.05	0.08	8.61
12	新寛永	小字背元	40.58	0.73	23.74	7.50	0.23	0.09	14.84

（川根ほか 2005 より）　　　　　※複数掲載されているものは番号の若いデータを採録した。

末に書かれた技術書『天工開物』（1637 年）からもその鋳造技術を確認でき
る[註7]。明末の銭貨である萬暦通寳（1576 年初鋳）については，長崎市と福
岡市で出土した銭貨の組成分析がなされており，真鍮銭であることが実証さ
れている。つまり，清銭は銅・亜鉛合金で，鉛・鉄はほとんど含まない真鍮
銭といえる。嘉慶通寳・道光通寳については錫を数％程度含むものが多い。

〔註〕
4）鉛については定量分析ができないという欠点がある。
5）青森県教育委員会 2002『畑内遺跡Ⅷ』，山口県埋蔵文化財センター
　2004a『銭屋遺跡Ⅰ』
6）寛永通寳の「通」字は，通常一画目と二画目が「コ」となっているので，
　コ頭通とよばれる。それに対して，新寛永の不旧手と称されている
　ものは「マ」となっており，マ頭通とよばれる。この判別は容易な
　ので，確認できれば記録しておくとよい。
7）（平凡社東洋文庫 1969）加藤繁『支那経済史概説』（1944）の内容（＝
　明の嘉靖以降は真鍮銭になる）を注で紹介している。

③ 鋳型と出土遺跡

　現在までのところ知られている中世の土製銭范の確実な出土例は，京都市平安京左京八条三坊・鎌倉市今小路西遺跡・堺市環濠都市遺跡・博多遺跡群の4都市である。その他，沖縄県浦添市当山東原遺跡1999年度調査で洪武通寶の鋳型とも考えられる土型が一点出土しているが，確定できない（浦添市教育委員会2003）。

　まず，博多遺跡群第85次調査では取瓶・フイゴの羽口・鉄滓・鍋の鋳型などとともに銭貨の鋳型が二片検出された（福岡市教育委員会1997a）。出土した銭范の一片は石製鋳型（図37），もう一片は土製鋳型である。石製の銭范は，これ以外に出土例が知られておらず，わが国唯一の出土品である。ただし，この石製鋳型は被熱した形跡がないことから，使用されていない可能性も高く，この石製鋳型が実際の銭貨生産に結びつくかどうかは不明である。この色調は暗灰色である。材質はシルト岩質で，きめが細かく緻密である。表裏・側面には無数の細かい擦痕があり，湯道の中にも縦方向に擦痕が認められる。片面のみに幅5mm・深さ1.5mmの湯道と，一部ずつではあるが2枚分の銭面，およびそれらを結ぶ幅6mmの堰が刻み込まれている。堰と湯道は直交している。側面方向から観察すると，厚みが若干変化しており，湯を流し込む上部の方が厚くなっていると考えられる。残存部分から銭貨の外径を復元すると，約2.4cmとなる。これは通常の一文銭の標準サイズである。幅2.9mmの輪（銭貨の外側の段）の部分を確認できることから，文字そのものの確認はできないが，何らかの文字が刻

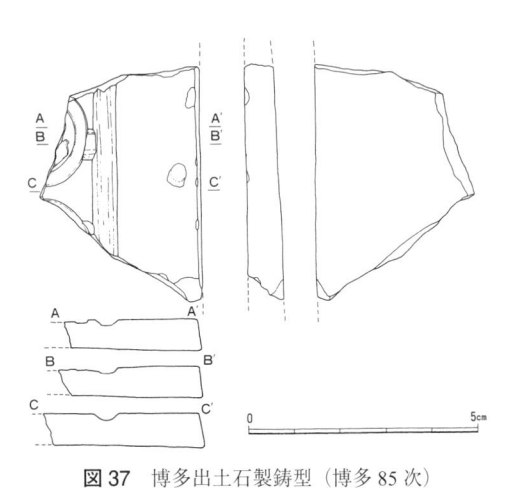

図37　博多出土石製鋳型（博多85次）

Ⅳ. 銭貨の製造

まれた銭貨の鋳型であると考えることができる。ゴミ穴と考えられる1163
号遺構から出土しており，時期は層位から15世紀～16世紀初頭と考えられ
る。

　土製鋳型の色調は，粗土の部分が茶色～暗茶色で，真土部分は暗灰色であ
る。粗土には砂粒が混じっており，裏面にはスサが混入していることを確認
できる。焼成は土師質で軟質である。表面は前面荒れ気味で，銭銘の確認は
できない。洗浄作業時に，軟質のため真土の一部が剥離してしまったためで
あると思われる。湯道・堰・銭面は被熱していることを確認でき，この鋳型
は実際に使用されたものであると考えられる。幅7mm・深さ1mmの堰が湯
道に対して斜め方向に切ってあり，鋳型の上下を確認できる。上部の方が湯
道の幅も1cm程あり広くなっている。片面のみに不完全ながら2枚分の銭
面を確認でき，その残存部分で銭貨の外径を復元すると，約2.4cmとなる。
標準的な大きさであることと輪を有することから，無文銭ではないと推定で
きる。流通銭を母銭として踏み返したことによって，輪や郭がはっきりしな
くなった可能性が考えられる。時期は石笵と同様に出土層位から15世紀～
16世紀初頭と考えられる。博多遺跡群の場合，工人達が他の鋳物と同時に
銭貨を模鋳していたと考えられる。

　次に，京都市の平安京左京八条三坊では合計3地点から，銭貨の鋳型が見
つかっている。最初に発見されたのは，八条三坊七町の14世紀中葉の遺構
で1点のみであった。これは両側に銭面があり，その片面に銭銘があり，「□
和□寶」（□は判読不能文字）と読める。反対の面には銭銘がない。八条三
坊六町では，14世紀中葉の別々の柱穴から1点ずつ計2点が出土している。
1点は片面のみに判読できないが銭銘を有し，薄い。湯道と堰が直交してい
る。他の1点も片面のみに銭銘のない銭面を有する。八条三坊三町の銭笵は
まとまった出土例である（図38）。13世紀後半に属し，模鋳銭の鋳型では鎌
倉・堺・博多のいずれよりも古い時期のものである。銭面が両面にあるもの
と，片面にしかないものの二タイプに大別できる。両面に銭面を有するもの
が5mm程度と薄く，片面のみのものが9mm以上と厚いことから，片面に
銭面を有するものの間に，両面に銭面を有するものを挟んで，銭貨の鋳造が
おこなわれていたと考えることができる。「政和通寶」「元□通寶」「紹□元寶」
などの銭銘を確認できることから，模鋳された銭貨はすべて中国銭であった

③ 鋳型と出土遺跡

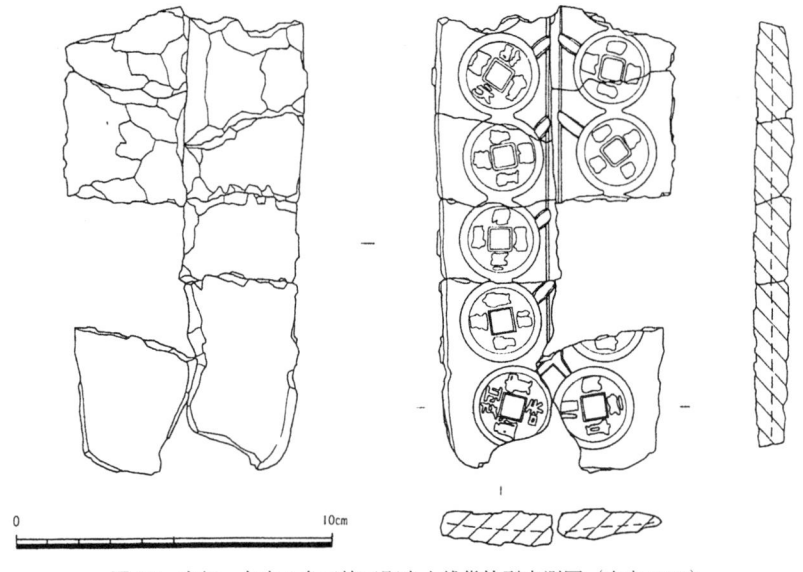

図38 京都・左京八条三坊三町出土銭貨鋳型実測図（山本 1996）

と考えられている。銭笵の出土量から小規模な生産であったと推定されている（山本 1996）。この区域が工人集団の居住区であったことが諸史料から確認されており，鏡や仏具の生産者たちが何らかの特別な契機に銭貨を鋳造したものと考えられている。

　鎌倉市の今小路西遺跡（今小路西遺跡発掘調査団 1993）では，総量約 7.5kgのかなり細片化した銭笵が，模鋳銭鋳造失敗品とともに，井戸から出土している。時期は 15 世紀初頭に属する。銭笵は縁が丸く断面が山形をなす，片面にのみ銭面がある 1cm 以上の厚みをもつものが一つのタイプである。もう一つは，縁が直線で断面が板状のもので，1cm 内外の厚みの片面にのみ銭面をもつものと，5mm ほどの薄さで両面に銭面をもつものとに大別される。京都出土のものと形態が類似しており，同様の製作方法であったと考えられる。湯道についてはわずかながら出土しているが，報告書からは破片が細かすぎて，湯道と堰の方向については読み取ることが出来ない。判読できた銭銘は，「開元通寳」「□元重□」「天□□□」「政□通□」である。この遺跡は，13 世紀中ごろから 15 世紀前半にかけて，鋳造や骨細工に従事した工人達が

109

IV. 銭貨の製造

居住した長谷小路周辺遺跡群の北に隣接しており，これらの工人との関連が
考えられている（宗臺1994）。京都・博多と同様に，工人居住区との関連が
強いと考えられる。

　堺市の環濠都市遺跡では，SKT78・SKT271・SKT344・SKT364・SKT354・
SKT500・SKT628の7箇所から銭笵などが出土している。湯道やバリのつい
た鋳放銭など未製品も出土しており，時期は16世紀の中頃から後半に属す
るものである。現在までで出土している銭笵の中では，量的に最も多い資料
で，京都・鎌倉・博多出土の銭笵と比較して，時期的に最も新しいものである。
また，銭銘を有する模鋳銭の銭笵の出土もさることながら，ここだけで無文
銭の銭笵が出土しているという特徴がある。量的には無文銭タイプの方が多
く，全体の85.4％が無文銭タイプであると報告されている。銭銘を有するも
のは，唐の開元通寶と明の洪武通寶以外は，すべて北宋の皇宋通寶や元豊通
寶などであり，一括出土銭中に多く含まれている銭種が占めている。これは
当時の流通銭貨を模したものと推測でき，ここで確認できた銭銘も重要なこ
とを示唆していると考えられる。たとえば，15世紀以降の一括出土銭に多
数含まれるようになる永楽通寶の銭銘を有する鋳型が発見されていない。こ
れは，堺では永楽通寶の模鋳銭を鋳造していない結果であると考えるのが自
然であり，当時畿内では永楽通寶がほとんど流通していなかったことの反映
であると，筆者は推定している。関東は永楽通寶中心，関西は北宋銭中心の
貨幣体系を示す「東の永楽，西のビタ」といわれた流通の実態を，これらの
鋳型の銭銘は物語っていると考えられるのである。また，16世紀になると
相当量の無文銭が流通貨幣に混入してくることは，撰銭令の内容や出土銭貨
の状況からも明らかであり，16世紀中期以降の環濠都市遺跡で無文銭の鋳
型が出土していたというのは，このことを象徴的に示していると考えられる。
さらに，商人居住区から鋳型が出土していることも，特徴的なことである。
職人の出張生産，つまり，出吹が想定されている。時期的にやや古い他の都
市のように，工人が他の鋳物製品と同時に銭貨を製作するのではない生産の
姿が嶋谷和彦氏によって想定されており，この生産形態の差異にも注目して
おかなければならない。堺では，原料の調達と製品（＝銭貨）の流通において，
商人が重要な役割を演じていると考えられるのである。なお，織田信長が永
楽通寶を旗印や刀の鍔に使用し，好んでいたと言われるが，堺出土の鋳型に

110

永楽通寶が存在しないことや，畿内での永楽通寶の出土例は多くないことから，この信長の永楽通寶は文字の吉祥に意味があるシンボリックなものであり，貨幣の経済的な機能を反映したものではないと考えられる。

　中世遺跡からこれまでに出土した銭范は，技術的にはすべて「枝銭」方式のもので類似している。鋳型については確実なものは前述4箇所のみだが，枝銭など未製品の発見も銭貨鋳造および国内における銭貨模鋳の実態解明のための良好な資料となる。

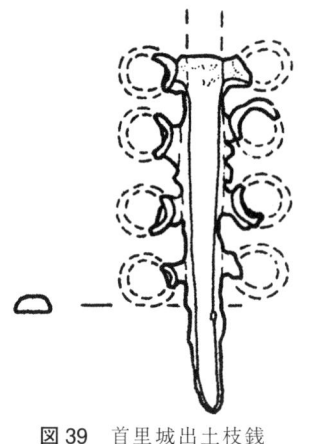

図 39　首里城出土枝銭
（上原 2008）

　枝銭のみが出土している例としては，前掲の茨城県東海村村松白根遺跡から永楽通寶の枝銭1点と，沖縄県首里城からも輪銭の枝銭が1点出土している（図39）。この永楽通寶の枝銭は表土除去の際に出土しており，遺跡の年代観からは中世後半のものであるということしか分からない。松村白根遺跡の例は，16世紀には日本製の永楽通寶が横行した可能性を示唆する。前述の出土鋳型や，中世に見られる一括大量出土銭に含まれる模鋳銭の様相から，模鋳銭は13世紀から17世紀にかけて鋳造・使用されていたことが確認できる。また，撰銭令の初見が文明17年（1485）であり，文献史料からも16世紀後半に向かって模鋳銭の量は増えているものと考えられる。したがって，永楽通寶の初鋳が1408年であり，この枝銭は関東に永楽通寶が集中してくる時期のものであると考えるならば，16世紀の遺物であると考えるのが妥当であろう。沖縄県首里城から出土している輪銭の枝銭は，口頭報告によると，時期は15世紀半ば〜16世紀とのことである（上原2008）。千葉県本佐倉城から銭貨の鋳棹と考えてもおかしくないものが1点出土しているが，確証は得られない。もしこれが銭貨の鋳棹であれば，堰の間隔から銭径が復元でき，無文銭クラスの小さなものである（佐倉市教育委員会2007）。

111

④ 銭貨の鉛同位体比分析

　約20年前，筆者は長崎県原城跡から出土した鉛インゴットの同位体比分析を試みた結果，これは国産ではないことを確認できたが，産地の特定にまでは至らなかった。平尾良光氏らによる鉛同位体比分析の成果は以前から知られていたが，近年における研究の進展について紹介する。

　鉛同位体比分析とは，鉛には4種の同位体（鉛-204[^{204}Pb]，鉛-206[^{206}Pb]，鉛-207[^{207}Pb]，鉛-208[^{208}Pb]）が存在し，その構成比は鉱床によって異なっているということを利用して，鉛の産出鉱山を突き止める方法である（図40）。日本，朝鮮，中国華南，中国華北という領域についてはこれまでも明らかとなっていたが，新たにN領域とよばれていたものが，東南アジア・タイのソントー鉱山のものであると特定されたのである。N領域に属する鉛が日本各地で出土していることから，中世末から近世初期にかけての東南アジアを含めた交易の実態と，金属素材のシナ海を越えた動態が把握できるようになってきた（平尾2014）。古代からおこなわれていた国内の銅や鉛生産はいったん衰退し，中世末にかけてほとんど見られなくなる。つまり，平安末期から鎌倉時代には，日本産の銅や鉛がまったく検出できないのである。特に，銭貨に関連しては，鉛同位体比分析から12〜14世紀に中国からもたらされた銅銭が銅製品の原材料として使用されるための物品貨幣であるとする見解が強くなってきている。この時期に日本で出土する銅は華南産であり，日本人が金で銅銭を買うことや，銅銭が梵鐘の原材料であることを文献史料からも確認できる。この時期には，酸化銅を取り尽くしたことで日本銅が枯渇し，硫化銅が利用できるまでの間，銅銭を銅原材料として銅製品の鋳造をおこなっていたのである。黒田明伸氏は，13世紀後半からピークをむかえる梵鐘の記年銘から，日本における銭貨は金属素材としての需要から始まったとし，銭貨に含まれる錫に対する需要を強調する（黒田2014）。加えて，火薬の原料である硝石は日本には産せず，16世紀中期以降に外国船がこの鉛と火薬をセットにして戦国大名に売りつけており，一連の金属分析の成果からこの時期の外国貿易の実態が明らかになりつつある。そして，各地で出土した鉛玉や戦国時代のキリスト教遺物などに含まれる鉛，江戸時代

④ 銭貨の鉛同位体比分析

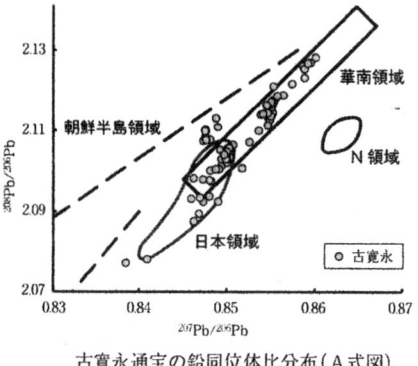

古寛永通宝の鉛同位体比分布（A式図）

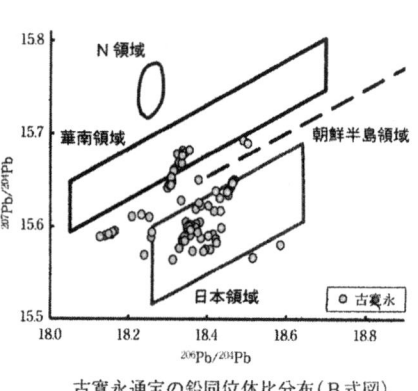

古寛永通宝の鉛同位体比分布（B式図）

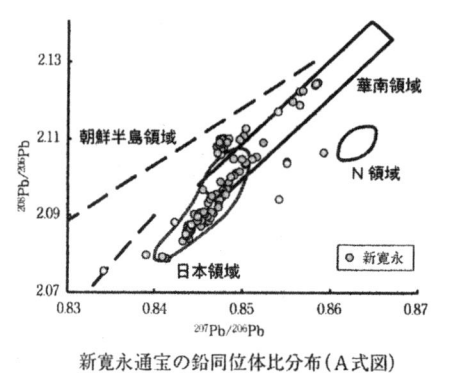

新寛永通宝の鉛同位体比分布（A式図）

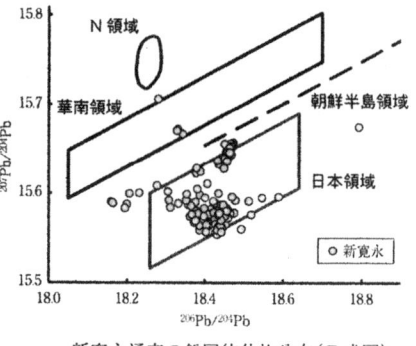

新寛永通宝の鉛同位体比分布（B式図）

図40 寛永通寳の鉛同位体比分布（平尾 2014）

の鉛の分析結果から，鎖国以降は国産鉛で十分まかなえるようになっていたとみられている。鉄砲伝来以降の日本では，鉛は鉄砲の弾として使用されるものであるが，銭貨の主要原材料でもあり，金属としての鉛研究は重要である。古代銭貨が終盤に鉛銭と化していくことは周知の事実だが，北九州市で出土する中世末から近世初頭の鉛分の多い銭貨が中国製であるとの指摘（黒田 1998）は，鉛生産が国内でおこなわれていないということが明らかとなれば蓋然性が高くなる。

　鉛は扱いやすい金属であり，幅広い用途で利用されるので，16世紀からはじまる国内の金銀開発ブームが鉛需要と関係しているものと考えられる。

113

Ⅳ. 銭貨の製造

　この時期に，灰吹き法を利用することで金銀の大量生産が可能となり，その
ために大量の鉛が必要となった結果，鉛不足に陥り，その調達が課題となっ
ていた。江戸時代における佐渡の金銀山は大規模に稼働しており，ここで消
費する鉛の調達のため，国内の鉛山開発は活発化するという状況があり，そ
れまでは鉛を輸入する余地があったのである。また，鎖国以前には私貿易商
人による交易網が存在しており，その貿易商品にはシャム産鉛とマレー産錫
が含まれていた。

　鉛同位体比の分析により，国産鉛か輸入鉛かの特定が可能となってきた結
果，金属構成比ではなく鉛同位体比研究を銭貨にも応用し，銭貨に含まれる
鉛の産地特定をおこなう研究もある（齋藤ほか1998）。ただし，N領域を示
すソントー鉱山産の鉛とタイ北部の鉱山とでは，鉛同位体比が異なることも
明らかになっている。現時点で重要な点は，鉛同位体比分析から，鉛の産地
は日本・中国（華南・華北）・朝鮮半島以外でもN領域の存在が明らかとなり，
それがタイ西部に位置するソントー鉱山から供給された鉛であることを突き
止めたことである。今後もさらに多くの鉛分析データを蓄積することによっ
て，鉱山別の産地同定が可能になる日が来ることを期待したい。銭貨の金属
組成に関する研究は，新たな段階に入っているのである。

5 実験考古学

　考古学では復元実験をおこなうことも重要な作業である。考古学の一分野として実験考古学が体系化されており（コールズ 1977），銭貨についてもこれまでに復元製作おこない，いくつかの事実が確かめられた。ここでは，奈良文化財研究所の松村恵司氏がおこなった古代銭貨に関する実験と，筆者がおこなった中近世銭貨の復元製作について述べる。銭貨の製造工程について，その概略を図 41 に示した。

　まず，古代銭貨については松村氏によって富本銭鋳銭技術の復元がおこなわれており，富本銭製作工程は，(1)鋳型の造型工程，(2)地金の溶解・鋳込み工程，(3)型ばらし・仕上げ工程に大別され，この工程を経て製品が完成することが明らかになっているので，その要点のみを簡単に引用・紹介する（松村・栄原編 2003）。

(1)富本銭鋳型の造型工程の復元

　飛鳥池遺跡から出土した富本銭の鋳型は，厚さ 8mm～1cm 程度の砂質味の強い細粒の真土(註8)で，ベースとなる中真土や粗真土は存在しない。種銭の鋳型への押圧は，銭文側が深く，背面側は浅い。湯道や堰も銭文側だけを窪め，背面側には及んでいない。富本銭の鋳型は，鋳型の外枠上に 8mm～1cm ほどの厚さで，砂質味の強い細粒の真土を塗って内側とし，種銭の押圧をおこなったものと考えられる。鋳型の造型方法は，まず真土の上面を平らにならし，湯道をつくる作業として断面蒲鉾形の棒状木製品（湯道棒）湾曲部を下にし，平坦面近くまで埋めこみ，次にその棒状品の両側から 1.3cm ほど離して種銭を配置する。種銭は銭文側を下にほぼ銭が埋没するように背面の角近くまで押圧する。背面の鋳型は，輪と郭の押圧が不明瞭で，真土の平坦面と同一面，もしくはわずかに窪む程度にすぎない。逆に輪と郭を除く地の部分が高く盛り上がっているので，背面を先に真土に押圧した可能性はない。裏型は，表型に種銭を押圧後，その上に外枠を置いて真土を詰め，全体を押圧して型取りを

Ⅳ. 銭貨の製造

①原型となる母銭を彫る
（金属もしくは木製）

②種銭を鋳型に並べる

③溶銅を鋳型に流し込む

④鋳型から枝銭を取り出す

⑤枝銭から銭をタガネで切り離す

⑥銭の鋳張りをやすりで削り取る

⑦砥石で研いで仕上げる

図 41　富本銭の鋳銭工程復元図（松村・栄原編 2003）

おこなったと考えられる。その際，表裏の鋳型の分離を容易にするために，離型剤に雲母末を塗布した可能性がある。銭笵は内型と外枠からなる二重構造であり，外枠は浅い箱型で，その深さは9mm前後あったと推定される。土製外枠は，反復使用が可能なように焼成固化したもので，鋳型が注湯の圧力に耐えるための構造的な工夫であろう。外枠は繰り返し使用され，内型は枝銭を取り出す際に崩壊し，構造時に内型のみを造りかえた状況を想定できる。

　鋳型は細片化著しく，鋳型の全容は不明である。鋳棹幅は1.1cm前後，厚さ3mm前後で，断面が扁平な蒲鉾形をした太い鋳棹である。堰が左右交互に段違いに派生するものと，左右対称的に十字型に近く派生するものがある。型取り後に表裏の鋳型を分離し，表型に埋め込んだ種銭と湯道棒を取り除いた後に，湯道と鋳型を繋ぐように，堰を溝状に彫り窪めている。鋳放し銭の中には，堰が2ヶ所に残る富本銭があり，造型時に種銭を，湯道を挟んで左右に2列ずつ，少なくとも全体で4列以上配置したことを示している。最も残りがよい鋳棹には堰が8ヶ所に認められるので，一組の鋳型で少なくとも16枚以上を鋳造したことがわかる。この鋳棹は両端を折損しており，湯口に近い形跡もないことから，一笵での鋳造枚数はこの数値を大幅に上回るものと推測できる。富本銭の鋳型は，縦4列配置の場合，その左右の幅が少なくとも15cm以上に復元でき，中国の銭笵の縦横比やその鋳造量を参考にすると，一笵での鋳造量は40枚前後となり，和同開珎の鋳型とほぼ同規模の鋳型が想定される。

(2) 地金の溶解・鋳込み工程

　富本銭地金の溶解は，炉中に据えた坩堝で行われたものと推測されている。坩堝の周囲を木炭で覆って燃焼させ，木炭を補給しつつ地金の溶解を待ち，溶解の終わった坩堝を取り出し，組み立てた鋳型を垂直に立て，鋳型の上面に造られた湯口から注湯する。

(3) 型ばらし・仕上げ工程

　鋳込みが終わると冷却を待って型締めをはずし，内型を壊して枝

Ⅳ. 銭貨の製造

銭を取り出す。そして，鋳棹の周囲に大きくはみ出した鋳バリを，鉄棒などを使って打ち落とし，次に枝銭から個々の銭を切り離す。銭の切り離し後に残った鋳棹は，再溶解のために細かく切断する。切り離された銭は，個々の鋳上がりの検査が行われ，規格に合わぬ銭や湯まわり不良の銭は再溶解に回されたようである。ヤスリも飛鳥池遺跡から出土している。現存長17.1cm，幅1.5cm前後，厚さ0.5cmの鉄製のヤスリで，先端部を破損するが，元には木柄に挿入する茎が造り出され，平と側面に単目のヤスリ目が刻まれている。この資料から輪側の仕上げに用いたヤスリを類推できるが，さらに方孔内のヤスリがけには，幅6mm以下の細いヤスリも必要であり，富本銭の仕上げに2種類以上のヤスリが使用されたようである。平城京右京八条一坊出土の富本銭は，輪側のヤスリ目が研磨によって消されるとともに，銭文や輪の平面，郭が平滑に研磨されている。このことからヤスリ仕上げの後に，砥石による研磨が行われたことがわかる。富本銭はこの研磨工程を経て，通貨として完成する。

これ以降の古代銭貨もほぼ同様の鋳造方法で製作されたと考えられるが，和同開珎の鋳造遺物関連遺物として鞴の羽口や坩堝が出土しているので，この点については青島啓氏の論文から紹介する（青島2003）。鞴の羽口は炉の中に入れる先端部が細く，末端部にかけて広がっていく円筒上のもので，裾部で大きく屈曲してラッパ状に広がっている。関西大学所蔵の資料には先端部から末端部まで完全に残っている資料が1点存在し，その長さは24cmある。その中に空気を送るための孔が穿たれており，2～3cmから4cmくらいとばらつきがある。坩堝については，半円球状となる厚手の器であり，完形あるいはそれに近いような状態のものはほとんどないが，口径が20cm前後，高さ8cmから11cm前後を測る半円球状の器になると推定される。底部が一番厚く，3cmを越えるような厚いものが多く見受けられ，口縁部に来るほどだんだんと薄くなっている。注口については，やや外側につまみ出されるようである（図42）。周防で出土した坩堝は内面にびっしりと銅滓や，スサのような植物上の繊維質のものが残っているというものは比較的少なく，内面の底に坩堝を作った際についたと考えられる網の目の痕跡が残っているもの

5 実験考古学

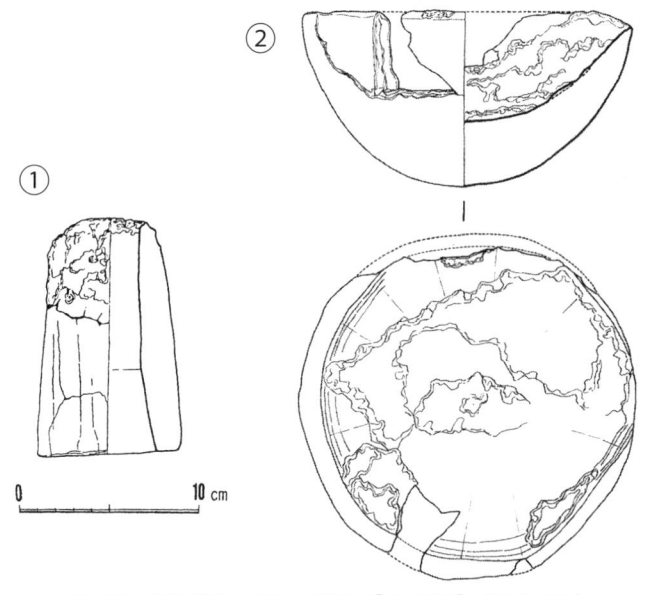

図 421　周防鋳銭司出土の鞴羽口①と坩堝②（青島 2003）

が多数見受けられる。また体部の口縁から口縁部外面に銅滓が垂れて付いているものがあるが、大体 2〜3cm くらいの位置で留まり、そこから下にはほとんど付いていないものが多いことから、溶解炉の中にその坩堝を据えて銅を溶解していたものと推測される。地金の溶解・鋳込み工程については、炉跡等が長門鋳銭所跡では遺構が確認されていないのでよくわからないが、周防鋳銭司跡については、昭和 46 年の調査で 7 基検出されている。また、最後の仕上げ工程においては、長門鋳銭所跡、周防鋳銭司跡からはそれに関わる鑢や砥石といった資料が出土していないため、現状は不明である。

　次に、筆者がおこなった銭貨鋳造の復元実験について概要を説明する[註9]（写真 15 ①〜⑥）。その作業工程は、以下の通りである。

(1) 溶解炉の作成

　金属を溶解するために、耐火レンガを積み上げ、針金で固定した炉を作成した。炉の中に空気を送るために、鞴の代わりに送風機を設置し、空気が漏れないように粘土で隙間をふさいだ。次に、炉の中に鉄筋のロストル（火格子）を敷き、コークスと炭を入れ、その

119

Ⅳ．銭貨の製造

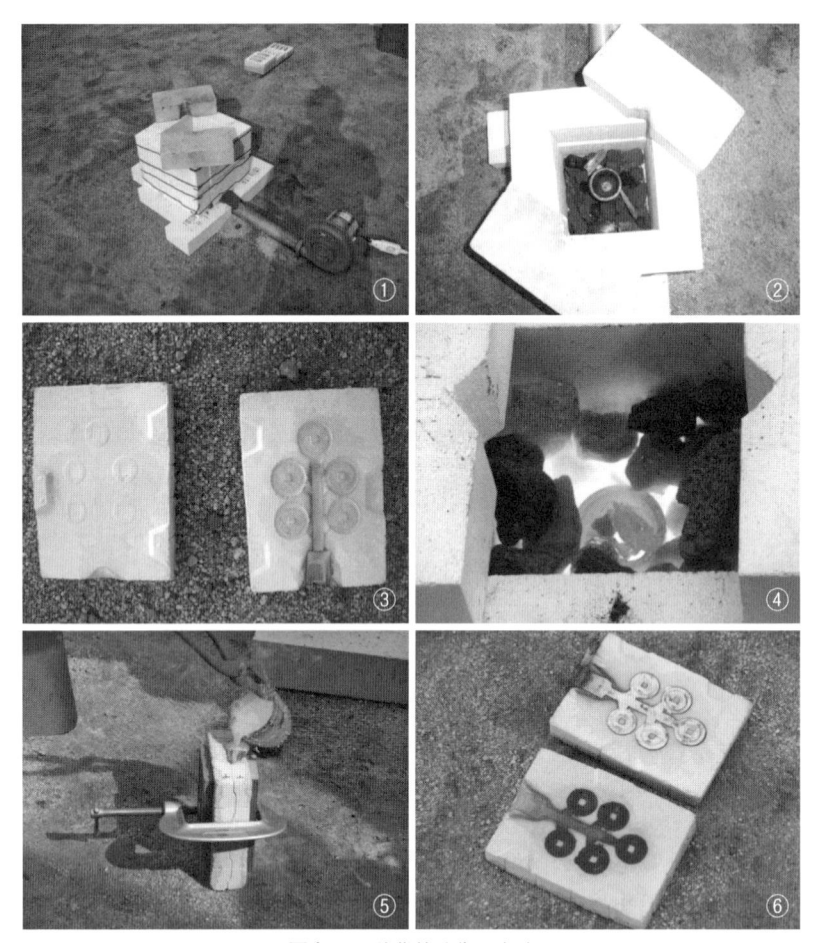

写真15　銭貨鋳造復元実験
①炉の全景／②燃料の中に坩堝を設置／③5枚用鋳型／④点火後，坩堝が焼けている／
⑤溶けた金属を鋳型に流し込む／⑥出来上がり

　　上に坩台を置き，坩堝を設置し，最後に炉蓋用のレンガを2枚置いた。

(2) 溶解炉の点火作業

　　溶解炉の中に入れてない炭に火をつけ，その炭を炉の中に入れ，その上にコークスを入れていく。炭はすぐに高温になり，コークスはすぐに温度が高くならないかわりに，高くなれば炭よりも高温になる。

(3)地金の溶解工程

　坩堝の中に地金を入れていき，入れ終えると蓋をし，1000℃以上になるまで温度を高め溶解する。地金は，融点の高い金属から入れていく。今回は温度を測るために，高温計を使用した。銭貨の主成分である銅は，電気で精錬された電気銅を使用した。使用した金属の融点は，銅1083℃，錫231.9℃，鉛327℃，亜鉛419.5℃，砒素817℃である。

(4)鋳込み工程

　合金がすべて熔けたら，坩堝を取り出し鋳型に流し込む。鋳型はクランプで型締めする。使用した鋳型は，枝銭方式のものである。小泉武寛氏によれば，「鋳型に鋳込むと熔けた金属は一瞬で固まってしまい，流れも見えないので，流し込む加減が難しい」との事である。鋳込みが終わると，完全に冷え固まるまで時間を置く。

(5)型ばらし工程

　冷え固まるのを待ち，型締めのクランプをはずし，鋳型から枝銭を取り出す。

以上の作業を繰り返しおこない，9タイプの枝銭を鋳造した。
　現代の鋳造法は鋳物砂で鋳型を作る砂型により，非焼成で熔融金属を注湯する生型法が多数を占め，寛永通寶もこの鋳型によって生産されていた。前近代の鋳造法では鋳物土で鋳型を形成し，焼き固めて注湯する焼型法が一般的であった。真土は焼結粘土を細末化したものであり，これのみでは焼結能力はないので，鋳型成形には少量の粘土と水を加え，低温で焼成がおこなわれる。また，鋳型として使用された真土は粉砕され，ふるいで粒度別に分けられ再び使用される。何度も使われ，焼成回数が多くなるほど真土の性質は良くなるので，廃棄されずに循環使用される。和同開珎や中世における模鋳銭の生産も，鋳型の出土例からみると土笵でおこなわれていたものと考えられる。
　今回実験に使用した鋳型は，小泉氏が製作した枝銭方式のものである。鋳型の母銭として使用したものは，寛永通寶の流通銭である。5枚が鋳造でき

IV. 銭貨の製造

る枝銭鋳型を8個, 20枚が鋳造できる枝銭鋳型を2個用意した。5枚の方は, 合金の配合を変えたものを7個と, 古銭を鋳潰したものを1個, 計8タイプを復元するための鋳型である。20枚の方は, 枝銭の枚数を増やすとすべてにうまく合金が流れるのか, もし流れない場合は何枚までうまく流れるのか, ということを確認するための実験である。5枚の方の鋳造実験で使用した金属の余りを使い, 合金の金属組成は考えずに鋳造した。

　設定した金属の配合比率は, 銭貨の金属組成分析から明らかになっているものを7つのタイプに分けた。以下, 各タイプの内容と結果を示す。

復元古銭①　洪武通寳タイプ

　実験では, 銅79.9%, 錫8.38%, 鉛9.38%で鋳造した。完成した5枚中1枚の銭に欠けた部分があり, 不完全な形である。これは, 溶解工程で十分に温度が上がってなかったためと考えられる。

復元古銭②　開元通寳タイプ

　実験では, 銅78.4%, 錫10.9%, 鉛6.0%で鋳造した。完成した銭は, バリが少なくきれいにできあがった。

復元古銭③　ベトナム銭タイプ

　ベトナム銭は, 鉛を多く含む銭貨である。実験では, 鉛を53.5%で鋳造した。鉛が多いことにより鋳型に鋳込むとき, 煙が他のタイプより多く出た。また, 型ばらし工程において, 型離れが悪かった。鋳型の砂と砂との粒子の間に入り込むためである。これを防ぎ型離れし易くする方法として, 小泉氏によれば「鋳型に水分を含ませるとよい」とのことである。完成した銭にはバリが非常に多く存在した。

復元古銭④　真鍮銭タイプ

　実験の溶解工程, 鋳込み工程において黄色の煙が大量に出た。これは, 亜鉛の沸点が907℃と低いため, 銅の融点に達する前に気化し始めてしまうことが原因である。このことにより, 鋳込み工程の時にガスが大量に出て鋳型の中にガスが溜まってしまい, 合金が湯

道をうまく流れなかった。完成した銭 5 枚中 2 枚が，2 分の 1 程度にしか合金が流れておらず不完全な形で出来上がった。実際のガス抜き方法について考察する必要がある。

復元古銭⑤　北宋銭タイプ

実験では，銅：錫：鉛がおよそ 7：1：2 になるように配合した。北宋銭の典型的な配合比率である。完成した銭は，バリなども少なく非常にきれいにできあがっていた。

復元古銭⑥　北宋銭タイプ

復元古銭⑤の北宋銭よりも銅の割合が高く，鉛の割合が低くなっている。銅が約 80％で，錫が約 10％，鉛が約 5％の割合で配合した。完成した銭は，復元古銭⑤と同様にバリが少なく，きれいにできあがっていた。

復元古銭⑦　古寛永タイプ

古寛永の特徴は，砒素が含まれていることである。実験では，長門の鋳銭所で作られていた古寛永と同じく，砒素を 3.2％配合した。砒素を入れることにより，アンチモンや錫と同様に合金の強度を増す効果が得られる。砒素は溶解すると毒性の強いガスが発生するので，この実験では予め砒素を入れた合金を小泉氏の工房で作り，その合金を再溶解し鋳込むという方法をとった。完成した銭は，バリが多かった。

復元古銭⑧　古銭を鋳潰した模鋳銭タイプ

模鋳銭を鋳造するにあたって，市場に流通している銭貨を鋳潰した可能性がある。そこでこの実験では，14 枚の古銭を鋳潰し，5 枚の枝銭を鋳造することを試みた。古銭が溶解する様子を観察するため，古銭を入れた後に蓋をせず観察した。すると，炉中の坩堝に古銭を入れ溶解開始後，1 分 30 秒で銭が歪んでくる。2 分後に銭の形が崩れ始め，2 分 30 秒後には完全に原形が分からない程になる。3

IV. 銭貨の製造

分後に液体状になり始めたことを確認したところで，更に高温にするため蓋をし，6分後に鋳込み作業を開始した。

想像していたより早く熔けたという印象である。坩堝の中の熔けた合金に膜のような物ができていた。不純物または金属カスではないかと思われるが，詳しいことは不明である。これは他のタイプでは見られなかったものである。鋳込み作業についてであるが，14枚の古銭を熔かした合金の量では，鋳型いっぱいに流し込むことはできなかった。しかし，鋳棹の端が少し足りない程度であり，完成した銭貨本体に影響はなかった。このことから，棹の部分に金属が多くとられていることがわかる。完成した銭は，バリも少なくきれいにできあがった。

復元古銭⑨　枝銭20枚タイプ

この実験は前述したとおり，枝銭の枚数を増やしてすべてにうまく合金が流れるのか，もし流れない場合何枚までならうまく流れるのかを確認するものである。そのため配合成分を無視し，他のタイプの実験で余った地金を使用し製作した。20枚用の鋳型を2個使用して2回実験をおこなった。2回とも，合金が鋳型にきれいに流れ込み，20枚の枝銭を2個，計40枚の銭を鋳造することに成功した。今回は実験では20枚を鋳造したが，元文年間（1736〜1741）の寛永通寳の鋳造法を記した『翁草』によると，京都の横大路銭座で使用した銭枠は，畳一帖ばかりの大きさがあり，500枚の種銭を配したという。砂型の鋳型の採用によって鋳型の大型化が可能となり，一笵での鋳造量が飛躍的に増加したのである。

この古銭鋳造の復元実験では，送風機，高温計など，現代の道具を使用したが，いくつかの枝銭でうまく作れなかった部分があり，これは温度調節が原因であると，小泉氏は指摘する。飛鳥池工房でも，富本銭の未完成品が多く出土しているように，溶解工程の温度調節や鋳込み作業で苦労していたであろうことが想像できる。不完全な形の銭貨ができたことで，真鍮銭においてガス抜きの必要性に気づくなど，文献史料や出土遺物からはわからないこ

124

とを知ることできた。銭貨の切り離しについても実験をおこなったが、想像以上に銭貨は堅く、鏨での切断が難しかった。また、ヤスリでの研磨作業も素人だからかもしれないが難しかった。観察で磨輪銭と呼んでいるものは、実際に製作するとどれほど難しいかがこの実験を通じて理解できた。

　以上、古代銭貨の研究調査によって明らかになったことと、復元実験を通して述べてきた銭貨の鋳造工程をあらためて簡単にまとめると、図43のようになる。貨幣研究のためには、銭貨そのものの金属的な特質を理解するとともに、その工程も知っておく必要がある。

　最後に、考古学と鋳造技術分野との関連で、これまでの研究によって明らかになった坩堝の形態変化について、1点だけ気づいた点を指摘しておく。

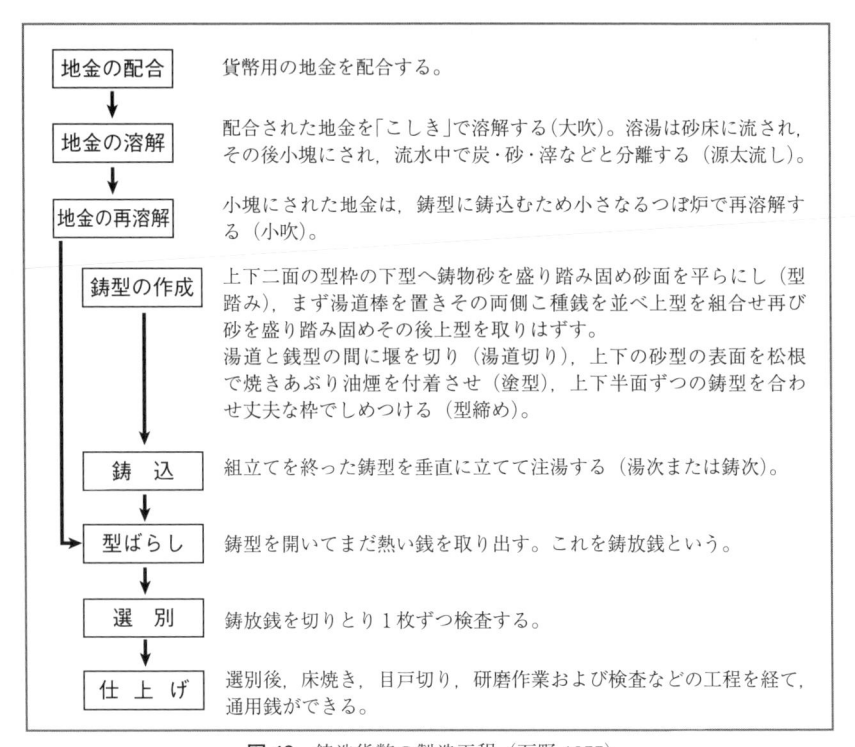

図43　鋳造貨幣の製造工程（石野 1977）

Ⅳ. 銭貨の製造

それは図 42 で示したように古代の坩堝は椀型で
あったのが，近世になると図 44 のように砲弾型
に変化するということである。中世までの粘土
製銭范から，寛永通寶になると鋳物砂を使用し
た鋳型へと変化することは既に述べた。寛永通
寶の発行に先行する近世初頭の黒崎城跡鋳造遺
跡や，古寛永を鋳造した岡山市二日市遺跡から
出土した坩堝は砲弾型であり，この変化が何を
意味しているのかは現時点では明らかでない。
坩堝の形態変化が鋳造技術や職人集団の差異を
示している可能性もあり，今後の研究課題とし
たい。

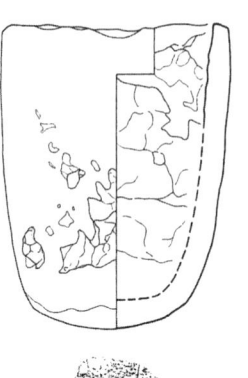

図 44　黒崎城跡 18 区出土
坩堝（1/3）（北九州市芸術
文化振興財団 2010）

〔註〕

8)土笵に用いる鋳物土全般を伝統的鋳造技法
　　では，広い意味で真土とよび，狭い意味で
　　は焼成され，結晶水を失った粘土を意味する。
9)2010 年 10 月 23 日，下関市立大学のグラウンド隅で金工作家・小泉
　　武寛氏による古銭の鋳造復元実験をおこなった。

V．海外での調査

　東部ユーラシア大陸各地で流通していた銭貨は，円形方孔の形状が同じであるため，国を越えて流通していた。したがって，遺物の処理法は共通であり，研究に汎用性があるという長所をもつ。筆者は，これまでに中国，韓国，ベトナム，ラオスで出土銭貨に関する調査をおこなってきたので，第V部では今後の調査の参考になる点について，その成果を簡単に紹介する。朝鮮半島新安沖で沈没した木造船に積まれていた銭貨が示すように，銭貨はシナ海を越えて交流しており，今後は東ユーラシアという広域を視野に入れた研究をおこなっていかねばならない。

1 ベトナムの一括出土銭調査

　ベトナムにおける銭貨の考古学調査は立ち遅れているが，日本でも三浦吾泉の『安南泉譜』が著されるなど，ベトナム銭はこれまでも収集対象であった。また，シンガポールでは『The Historical Cash Coins of Viet Nam』（2004）が出版され，ベトナム銭に関する良好なガイドブックとなっている。特に，この本では銭貨を写真と拓本で併記する方法がとられており，今後の報告書作成のモデルケースになると考えている。つまり，日本や中国で伝統的に利用されている拓本と撮影された写真では，それぞれに画像特性があり，写真でしか判別できない部分と拓本の方が容易に特徴を示せる場合がある。両者を併載することで現物の鑑定が容易になるので，良好な研究資料を提供することとなる。したがって，掲載スペースの問題もあるが，調査報告書へは銭貨の写真と拓本の併載がベストであると考えている。

　筆者らは，2006年から2009年にかけて6度にわたり，ベトナムのハノイで一括出土銭の調査にあたった。ベトナムは社会主義国家なので，自由に学術調査が許されている訳ではなく，さまざまな手続きを経た後，ハノイ国家大学の協力を得て，6個（1号資料～6号資料）（図45）の一括出土銭を調査し，2冊の報告書を刊行した（昭和女子大学国際文化研究所 2008・2012）。これら一括出土銭6個の概要は表16に示した。

　1号資料は，ハノイの南約50kmに位置するタインホア産のものと考えられる18世紀代の壺に納められていた（図45①，写真16）。壺は肩部の張っ

表16　ベトナム調査出土一括銭一覧

資料No.	総枚数	最古銭	最新銭	埋蔵時期	容器
1号資料	29,018	開元通寶（621年）	嘉隆通寶（1804年）	19世紀初頭	18世紀代の四耳壺
2号資料	3,691	開元通寶（621年）	洪武通寶（1368年）	14世紀末～15世紀初頭	陳朝期の耳付き筒型容器
3号資料	1,645	開元通寶（621年）	永楽通寶（1408年）	16世紀半ば～18世紀	上部を欠く陳朝期の素焼の甕
4号資料	3,535	五銖（BC118年）	大中通寶（1361年）	14世紀中後期	口縁を一部欠く筒型容器
5号資料	4,333	開元通寶（621年）	洪順通寶（1509年）	16世紀～	陶製壺
6号資料	1,727	開元通寶（621年）	景統通寶（1498年）	16世紀初頭	容器は失われている

※4号資料には，これ以外に上層の112枚が存在するが，後世の混入が認められるため除外している。
※※5号資料には，これ以外に分類整理をおこなっていない約5Kgの銭貨が存在する。

□ ベトナムの一括出土銭調査

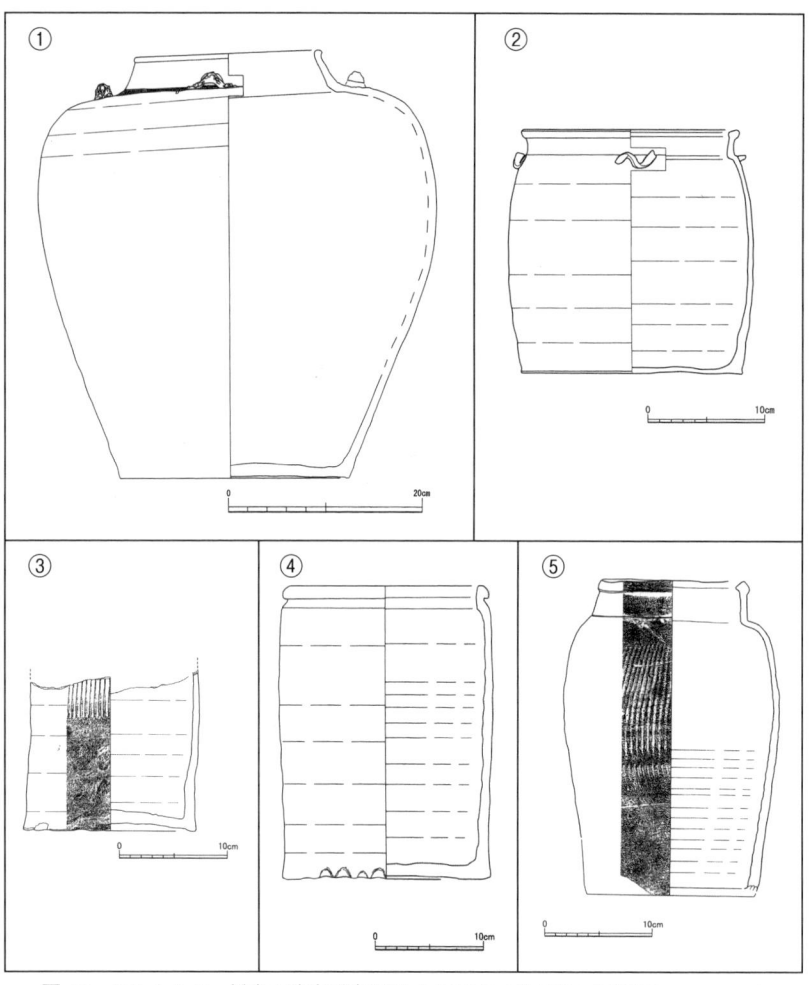

図45 ベトナムの一括出土銭容器実測図（昭和女子大学国際文化研究所 2008・2012）
①1号資料容器実測図／②2号資料容器実測図／③3号資料容器実測図／④4号資料容器実測図／
⑤5号資料容器実測図　　　　　　　　　　　　　　　※6号資料には容器がない

た四耳壺で，高さ 43cm，口径 19cm，底径 23cm，肩部最大径 40cm を測る。
銭貨については，口縁部近くが層状に錆化しており，これを塊状のまま取り
除き，その下層にある銭貨を任意に抽出しながら分類調査を進めた。抽出し
た銭貨は錆も少なく，おおむね良好な状態を保っており，緡の痕跡はなく，
バラの状態で収納されていた。最古銭は唐の開元通寶で，最新銭はベトナム

129

V. 海外での調査

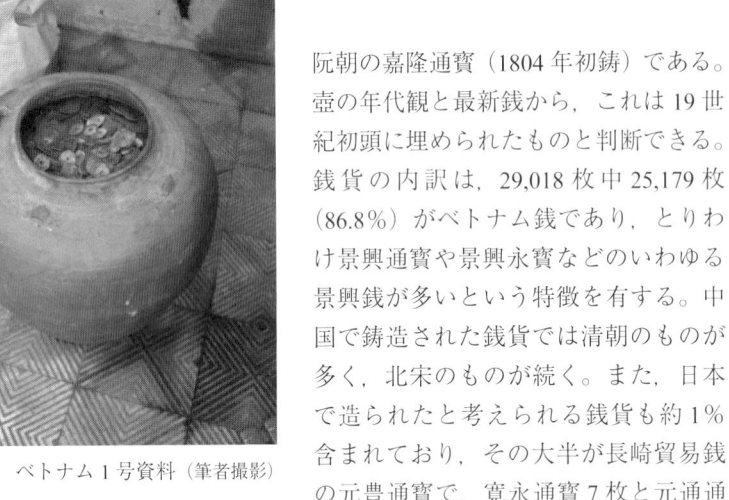

写真 16 ベトナム 1 号資料（筆者撮影）

阮朝の嘉隆通寶（1804年初鋳）である。壺の年代観と最新銭から，これは19世紀初頭に埋められたものと判断できる。銭貨の内訳は，29,018枚中25,179枚（86.8％）がベトナム銭であり，とりわけ景興通寶や景興永寶などのいわゆる景興銭が多いという特徴を有する。中国で鋳造された銭貨では清朝のものが多く，北宋のものが続く。また，日本で造られたと考えられる銭貨も約1％含まれており，その大半が長崎貿易銭の元豊通寶で，寛永通寶7枚と元通通寶(註1)1枚も確認できた。これらの出土日本銭から，17世紀中期以降に日本から大量の銭貨がベトナムにもたらされていたことを考古学的に明らかにできた。また，清朝の銭貨は背面に鋳造所が鋳出されており，出土した清朝の銭貨から雲南で鋳造されたものが多いことを確認でき，ホン河で結ばれた雲南とハノイの結びつきを出土銭貨からも実証することができた。また，この資料から，ベトナムでは19世紀初頭になると自国の銭貨が普及していたことが分かる。

2号資料は，高さ21.6cm，口径18.6cm，底径18.8cm，胴部最大径20.8cmの壺に納められており，中国制銭が主体であった（図45②）。最新銭が洪武通寶であることから，14世紀末のものであると推定できる。壺の壁面に沿うようにトグロ状の銭緡を確認できたので，緡の状態を壊さないよう慎重に土を取り除きながら，表裏や銭種など詳細な配列を記録した。緡銭と壺の壁面との間には単体の銭貨が差し込まれており，トグロを巻いた緡の中央部にはバラけた銭貨が存在するなど，すべての銭貨が緡の状態で納められていた訳ではない。また，緡にも長いものと短いものがあり，一緡の枚数と銭種配列の把握に努めた。ベトナムにおける緡銭の考古学的実態把握は初めての事である。結果，緡銭として取り上げたのは，一貫文緡1個，545枚からなる長緡1個，短緡（約67枚のもの）26個である。一貫文緡は67枚緡が7個，65枚緡が2個，62枚緡が1個の合計10個の緡からなっていた。短緡26個

130

の内訳は，67枚緡が20個，66枚緡・65枚緡・64枚緡・63枚緡・62枚緡・59枚緡が各1個である。このことから，短緡を36個と考えるなら27個（75％）が67枚となっており，14世紀末の緡銭は67枚であったと推定でき，ベトナムでの短陌慣行の実態を考古学的に初めて明らかにできたことが特筆される。この枚数の意味について，黒田明伸氏から「北宋開封のことを回顧した孟元老『東京夢華録』都市短陌に「珠珍，雇婢妮，買虫蟻六十八」とあり，またベトナムの陳朝が成立した直後の1226年に「私的取引は69枚，公的には70枚を百とする」という法令が出されているようであり（Whitmore 1983），実際にはそれ以下の枚数の「百」があったと解釈するのが妥当である」との教示を受けた。また，67枚以下の緡ばかりで，この数を超えるものがないことにも注目したい。緡を作るさいに特定の銭種が選ばれているかどうかや，表裏を意識して緡を作っているかについては，調査の結果，無作為であった。緡紐自体については組紐ではなく，天然の蔦のようなものであった。この繊維を分析したところ，表面形状の特徴として繊維の幅に比べ著しく肥大して見える結節が認められ，結節の形状は苧麻（ラミー）繊維に似ている。断面形態はルーメン（内腔）をもつ多面体で，亜麻（リネン）繊維に似ている。結果的には，繊維種の特定にまでは至らなかった。また，緡銭の作り方も日本のものと異なり，一貫文緡を見た場合2緡が一対となり，それらが5個連続している状態であった。短緡間に明確な紐の「止め」を確認できなかった理由は，このような緡の作り方にあったということが理解できた（口絵10）。

　この2号一括出土銭を銭種別でみると，元豊通寳が最も多く，皇宋通寳・元祐通寳・熙寧元寳が続いており，この順位は中国で見られる窖蔵銭の組成と類似している。したがって，ベトナムの銭種構成は中国とほぼ同じであるといえる。この2号資料はベトナムの一括出土銭としては比較的古い時期のものであると考えられるが，中国銭以外は発見できず，ベトナムで鋳造された銭種がまったく含まれていないことから，古い時期のベトナム銭の鋳造量は少なかったものと推測される。

　3号資料は，上部を欠いた円筒形の壺にバラけた状態で詰まっていた（図45③，写真17）。浮いている上部の銭貨は取り除き，錆の状態から判断して原状を維持し，混じり物がないと考えられる下層の銭貨について調査した。

131

Ⅴ．海外での調査

写真 17 ベトナム 3 号資料
（昭和女子大学国際文化研究所 2008）

銭貨は 1,645 枚中 913 枚が判読不能で，銭径が小さく薄い。また，文字のはっきりしない粗悪銭が主体である。大半が私鋳銭のため最新銭による年代推定ができず，永楽通寶（1408 年初鋳）のコピー銭が確認できることから 15 世紀以降のものである

ることは確実であるが，含まれていた安法元寶がベトナム南部の阮氏の銭貨（1736 年初鋳）であれば，埋められた時期は 18 世紀半ばである。私鋳銭のうち中国銭貨を模したものが 654 枚（89.34％）ある。その他にも，制銭には存在しない銭銘である聖通元寶や治平聖寶などが含まれているという特徴があり，この時期にハノイ近郊では精銭と悪銭が重層的に流通していた可能性を示唆している。また，19 世紀初頭に埋められた 1 号一括出土銭にも含まれていた安法元寶が 11 枚含まれていたことは注目される。ベトナムでも銭貨が広範に流通するなか，ある地域では制銭が入手できず，このようなコピー銭が主体となって流通していたのではないかと推測できる。銭貨流通の地域圏といったものがベトナムにも存在し，それぞれの地域が自立した独自

写真 18 ベトナム 4 号資料（筆者撮影）

の銭貨を使用することによって経済圏として成立していたと考えている。このような貨幣流通における現象は，日本・中国・ベトナムでも同様の様相を呈していると考えられる。

4 号資料は口縁部の一部を欠く筒型容器（口縁部径 19.0cm，底部径 19.2cm，器高 23.9cm）に入っていた（図 45 ④，写真 18）。この容器は陳朝期（14～15 世紀）にベトナム北部で製作された陶器であると考えられる。後世に混入した可能性がある上部の銭貨を取り除き，3,535 枚を

調査した。資料の上層には9本の緡銭
があり，下層の銭貨はバラバラであっ
た。緡銭の枚数を確定させることは困
難だったが，67枚のものが3本あり，
2号資料で得られた知見を追認するも
のであると考えられる。前漢の五銖
（BC118年初鋳）から明の大中通寶（1361
年初鋳）まで，52種類の銭貨を検出で
きた。中国制銭を主体とするが，10世
紀にベトナムで発行された天福鎮寶や
中国でも古い時期の五銖や貨泉も含む

写真19　ベトナム5号資料（筆者撮影）

という特徴を有する。日本でも古い時期の一括出土銭には，五銖や貨泉など
の古文銭や和同開珎などの古代銭貨を含むものが存在することと共通する現
象である。ベトナムでも14世紀中後期には，壺などに収められた銭貨が土
中に埋められていたことを確認できる資料である。

　5号資料は底部を欠損しており，黎朝前期（15世紀中頃～16世紀前半）
のベトナム北部陶器である（図45⑤，写真19）。容器の残存率は80％で，
口縁部径12.0cm~13.0cm，器高は27.5cmである。銭貨の大半は制銭でない
銭径の小さな粗悪銭で構成されており，4,409枚を調査した。調査時間の関
係で，約5kgの銭貨は分類せずに残しており，総枚数は約6,000枚である。
時期は，洪順通寶（1509年初鋳）を含んでいることから，16世紀以降である。
この資料の特徴的な点は，咸平元寶・天聖元寶（篆書）・元豊通寶（篆書）・
元祐通寶（行書）・紹聖元寶（篆書）の5種類については中国制銭のコピーで，
通常は二種の書体が存在するものでも，一種の書体しか存在しないという点
である。これらの銭貨は銭径が小さく，共通の外見的特徴を有しており，同
一の場所でほぼ同一期間に鋳造されたものではないかと推測できる。

　6号資料は，外容器は残存していないものの，銭貨が半球状に固着してい
たことからその存在を推測できる（写真20）。1,727枚ある銭貨の大半は中
国の制銭で，ベトナム黎朝の銭貨を約2％含んでいた。時期は，最新銭が景
統通寶（1498年初鋳）であることから，16世紀初頭であると推定できる。
また，特質すべきこととして，この6号資料と3号資料からは籾殻が検出さ

V．海外での調査

写真 20　ベトナム 6 号資料
（昭和女子大学国際文化研究所 2012）

れたことをあげておく。

　以上 6 個の資料から見えてくるベトナムにおける銭貨流通の特色を考えてみると，3 号資料や 5 号資料の存在から，ベトナムでは粗悪な私鋳銭にもある程度の資産保蔵機能が付与されていたものと推測でき，中世末の日本で無文銭や模鋳銭などの粗悪な銭貨でも埋められるようになるのと同様の状況である。このような粗悪な銭貨であっても精銭と認識されるほど流通銭貨が不足していたものと考えられる。したがって，ベトナムでも貨幣の二重構造が存在していた可能性を想定できる。つまり，2 号資料や 4 号資料のような北宋銭を中心とした基準銭と，3 号資料や 5 号資料のような通用銭（私鋳銭）の二重構造である。ベトナムでも銭貨が広範に流通するなか，ある地域では公鋳銭が入手できず，コピー銭が主体となって流通していた可能性と，階層などによる使用銭貨に差異があって，同一地域でも銭貨の二重構造が生じていた可能性を考えることができる。日本・中国・ベトナムともに同様の様相を呈していたと考えられる。

　次に，中国とベトナム間の銭貨の流通経路が明かになったことを挙げることができる。つまり，清初に反乱（三藩の乱）を起こした呉三桂，およびその孫である呉世璠の鋳造した利用通寶などの銭貨が一定量含まれていることから，彼らの本拠地はホン河上流域の雲南であり，下流域のベトナム北部デルタ地帯と河川によってつながっていることを，これらの銭貨の出土からも裏付けることができた。また，清代の銭貨からも同様のことが推測できる。清朝の銭貨は背面に鋳造局名が記してあるため，鋳造地が分かるという特色を有する。この調査で確認された清朝の銭貨のうち半数以上が雲南製であった。清朝の銭貨については，北京の寶泉局，寶源局で鋳造されたものが多いのだが，この一括出土銭の構成はまったく異なっており，鋳造地と流通地域の関係を考える上で，良好な資料であるといえる（図46）。

134

最後に，ベトナムにおける
緡銭について考察する。ほぼ
同時期の資料であると考えら
れる2号資料と4号資料が67
枚一緡であり，一時期67枚一
緡の銭貨が使用されていたこ
とは間違いない。中国におけ
る短陌慣行については，井上
泰也の研究を挙げておくが（井
上1985），今後は日本・中国・
ベトナムにおける緡銭の比較
研究が重要課題となっており，
文献史料も駆使した研究が望
まれる。また，緡銭について，

図46 ホン河で結ばれた雲南とハノイ

ハノイ市内のベトナム民族学博物館で興味深いものを発見した。それは二本
の緡銭を並行して納めた木製品で，蓋には丙申年十二月十五日とある。緡銭
の枚数を数えるためのものか，緡銭を作るための道具と思われ，筆者はこの
ようなものを日本でも見たことがなく，中国も含め類例の確認と，用途の確
認が課題となっている。

　ベトナムでは10世紀の丁朝で銭貨鋳造が開始され，前黎朝・李朝・陳朝
と断続的に銭貨は発行され，貨幣鋳造については約1000年の歴史をもつも
のの，ベトナム独自の銭貨が広範に流通するようになるのは，これまで調査
した出土銭貨から見る限り18世紀中期以降であると考えられる。その理由
は，1号資料から読みとれる。つまり，後黎朝の1740年に発行された景興
銭の出土数量に対して，その直前に発行された永寿通寳（1658年初鋳）・永
盛通寳（1706年初鋳）・保泰通寳（1720年初鋳）の出土数量が極端に少なく，
加えて，これ以前に発行された天福鎮寳（980年初鋳）・大治通寳（1358年
初鋳）など，日本の一括出土銭にもまれに含まれているベトナム銭を発見で
きなかったことがあげられる。また，2号資料はベトナムの一括出土銭とし
ては比較的古い時期のものであると考えられるが，中国銭以外は含まれてい
ないことから，古い時期のベトナム銭の鋳造量は少なかったものと推測され

135

V. 海外での調査

る。中世日本で主に中国からの渡来銭を使用していたのと同様に，ベトナムでも中国銭が主に流通していたものと考えられる。ベトナム銭中心で構成されている1号資料の内容を考えあわせると，日本では寛永通寶，朝鮮では常平通寶，ベトナムでは景興通寶が，中国の周辺国家の庶民にとって自国の通貨として認識できる最初のものであったと考えられる。このことから日本と同様，おおむね近世という時代になって朝鮮やベトナムでも，同じような銭貨の使用状況になっているという共時性が見てとれ，近世は東ユーラシア各国における「庶民貨幣の誕生」の時期であると言えそうである。

筆者は第三次調査の際，ハノイ近郊のバクニン省にある古物商などを見学し，いくつもの一括出土銭が存在することを確認した。これらは壺に入ったものが多く，壺自体は失われているものの，その形状から外容器を伴っていたことが明らかなものも存在した。また，収集家の自宅で一括出土銭を分類している現場も確認した。一括出土銭を解体し，選別することによって，希少銭貨を探し出し，収集・販売しようとするのである。以前は，日本でもこのような光景が見られたことであろう。東アジア各国における出土銭貨研究が盛んとは言い難く，中国でさえ古銭収集は盛んであっても，科学的な学問として確立できていない感が強い。ベトナムでもようやく学問的な取り組みが始まろうとしている時期であり，これからの資料発見とそれらに対する研究が重要になる。この点で，本書に示した貨幣考古学の確立が望まれ，日本がそのリーダーとして行動すべきであろう。今後の重要課題のひとつは，ベトナム中部や南部での一括出土銭調査である。ベトナム北部の一括出土銭だけでもこれだけのバリエーションがあり，歴史的に異なった経緯をもつ中・南部では，もっとはっきりした特徴が見出せる可能性があると考えられる。さらには，遺跡において1枚から数枚単位で出土する個別出土銭の調査に研究方向が進展すれば，筆者らの研究が果たした役割は大きいものとなろう。

〔註〕

1)公式な銭貨としてはどこの国にも存在せず，日本で鋳造されたと考えられている。長崎市の築町遺跡で2枚と栄町遺跡で3枚出土例が存在し，出土層位から1660年代のものと考えられる。

② ラオス調査の成果

　筆者は，ラオス国立博物館に所蔵されている国道整備工事で出土した貝貨と，銀器や秤などとともに hoard に含まれていた銭貨を実見した。また，2013 年にシェンクァン（Xieng Khoang）県バット・オム（Vat Ome）寺院の発掘調査時に，その基壇部分から出土した銭貨をラオス国立博物館の清水菜穂氏の研究室で実見した。1 枚は清朝の乾隆通寶（1736 年初鋳）であり，許可を得て固着していた他の 3 枚の剥ぎ取りを実施したところ，ベトナム銭の景興通寶（1740 年初鋳）2 枚と景興巨寶（1740 年初鋳）1 枚であることが判明した（写真 21）。さらに，シェンクァン県クォン（Khoun）郡イェン（Yien）村に所在するプータット（Phu That）寺院の基壇から出土した銭貨も実見した。調査した合計 51 枚の銭貨の内訳は，ベトナム銭の景興銭が 20 枚ともっとも多く，北宋銭は 14 枚，南宋銭が 1 枚であった。また，清初に呉三桂などの地方政権が発行した銭貨が 3 枚，清銭が 7 枚含まれていた（三宅ほか 2015）。

　ここで注目したいのは，清銭から得られる情報である。出土地がベトナムに隣接する県であることから，ベトナム銭が流入していることは予測でき，これらの銭貨からもこの地域はベトナムと密接な交流をもっていたことが明らかとなった。プータット寺院の基壇から出土した 4 枚の乾隆通寶はすべて雲南寶雲局で鋳造されたものであり，康熙通寶の 1 枚を除けば，すべて雲南で鋳造されたものであることを確認できた。このことは，前述のハノイで調査した一括出土銭 1 号資料によって明らかになったことを想起させる。つまり，ベ

写真 21　ラオスで調査した銭貨

137

V. 海外での調査

トナム北部で出土する清銭は，雲南で鋳造されたものが，大河であるホン川を下ってベトナムに入っているのである。清は北京の戸部寶泉局や寶源局などの造幣局で大量に銭貨を鋳造していたが，ベトナム北部では大量の雲南製銭貨が流通していたのである。また，清初の銭貨3枚も雲南の権力者が発行したものである。さらには，ベトナム黎朝の景興銭が20枚ともっとも多く出土していることを考え合わせると，バン・イェンの出土銭は，北部ベトナムで流通していた銭貨がベトナムに通じる主要な街道が通じて当地にもたらされたものと考えるのが合理的である。

これらの銭貨が埋められた時期は，最新銭から18世紀中期～19世紀末であると考えられる。また，バット・オム寺院の仏堂基壇から出土した銭貨4枚も，乾隆通寶は雲南省で鋳造されたもので，同時期の同じ性格を有する資料であると考えられる。18世紀中期から末までは当該地域に，儀礼用にせよ銭貨がもたらされ，用いられていたことは確実である。ただし，これらが経済的機能を有した銭貨として流通していたかどうかについては不明である。現時点では，当地の出土銭貨に嘉慶通寶や19世紀の道光通寶を確認できないことから，シェンクァンでは18世紀末になるといかなる用途においても銭貨が使用されなくなり，約一世紀が経過した現在にあっては，ラオス人にとっては円形方孔の銭貨の存在は記憶から消し去られてしまい，タイと共通性のある丁銀状の銅貨や銀貨に，親近感を有しているものと推測できる。

138

③ イギリスの博物館所蔵日本貨幣

1. フィッツウイリアム博物館

　フィッツウイリアム博物館は，ケンブリッジ大学の一組織として 1849 年に開館している。所蔵貨幣については，コインズ＆メダルズという部局がその管理と研究にあたっている。本貨幣コレクションの起源は古く，16 世紀ピーターハウスの学寮長であったアンドリュー・ペーン（1519〜89）のローマ貨幣コレクションを，遺言で大学に残したことに始まる。さらにその後，ケンブリッジ大学のトリニティーをはじめとする各コレッジが所蔵していた貨幣コレクションもこの博物館に集められたので，質・量ともに優れたコレクションが形成された[註2]。また，第二次世界大戦後のヨーロッパ貨幣史研究をリードしてきたフィリップ・グリアソン（1910〜2005）の存在も忘れてはならない。彼の研究が体系化されたコレクションを作り上げ，ケンブリッジ大学をしてヨーロッパ中世貨幣史研究の中心機関とならしめたのである。筆者が留学していた 2001 年時点で博物館が所蔵していたコレクションは，古代ギリシャ・ローマ貨幣 55,000 点，中世ヨーロッパ貨幣 35,000 点，東洋貨幣 22,000 点，その他に現代貨幣や紙幣・メダルなどである。近代幣制確立以前に発行された日本貨幣に関しては約 400 点ほどであり（Sakuraki 2001），日本の明治以降の通貨・記念硬貨も 100 枚ほどを所蔵し，現在でも若干は増加している。一部，絵銭，銀製題目銭，背「久」寛永通寶銀銭など希少なものを所蔵しているものの，大半は優品のコレクションでなく，幕末以降の貨幣が多いので，ケンブリッジ大学関係者が偶然の機会に入手した日本貨幣が所蔵されているものと思われる。

　また，博物館における古銭の収蔵方法，記録方法については，日本と違いキャビネット・トレイに収められ，チケットと呼ばれる小さく丸いカードに情報が書き込まれている（口絵 11，12）。フィッツウイリアム博物館では貨幣の写真を撮影し，データベース化して，インターネット上で公表する作業を進めており，日本貨幣については 296 枚を閲覧することができる。筆者は現在でも毎年この博物館を訪れ，中国銭やベトナム銭，朝鮮銭などの鑑定をおこない，データベース化の作業に協力している。

139

Ⅴ. 海外での調査

2. 大英博物館

　筆者は 2001 年度の英国滞在中に通算一ヶ月間ほど大英博物館に通い，帰国後も継続して同博物館所蔵日本貨幣の調査をおこない，カタログとして成果を刊行した（Sakuraki ほか 2010）。日本貨幣としてキャビネットに収納されているものは 1,571 枚，絵銭 [注3] は 421 枚である。これらの収蔵品は質・量ともに素晴らしく，とりわけ 1884 年 5 月 11 日に古銭ディーラーであるウイルス（Wills）から購入した，丹波福知山藩主朽木昌綱のコレクションの一部は優品ぞろいである。この他にも，ガードナー（Gardner）やモーゼ（Morse）など 1880 年代にかなりの点数を寄贈している人物を確認でき，大英博物館の日本貨幣は良質なコレクションとなっている。

　特に希少性が高く，注目される貨幣について述べると，まず富本銭が 3 枚あり，2 枚は飛鳥池出土タイプ（口絵 1），1 枚は藤原京基壇から出土した異書タイプである。この富本銭は昌綱コレクションの一部で，昌綱が『和漢古今泉貨鑑』で富本銭を大小 2 種に区分しているが，この 3 枚は小型のものに対応しているものと思われる。富本銭は古銭界での解釈通り，通貨ではなく絵銭として分類されていた。また，古代銭貨のコレクションもすばらしく，和同開珎以下 12 種類の銅銭と和同開珎銀銭のすべてが揃っている。とりわけ，富壽神寶の母銭 1 枚を含んでいることが特筆される（口絵 2）。現在のところ古代銭貨の母銭は，奈良国立文化財研究所が所蔵している和同開珎の母銭 1 枚が知られるのみであり，昌綱の鑑識眼と収集能力の高さをうかがい知ることができる。

　古田修久氏の言葉を借りると，「富壽神寶の小様母銭は研究上，極めて貴重なものである。文字が通常のものより僅かに大きく，銭貨の文字や輪，郭以外の谷の部分が，一様に鋭利な刃先で鋳肌を平滑に加工した痕跡がある。また，隆平永寶のなかで，「永」の上部横画が左側に長く延びている特徴がある「大様長頭永」，「永」の字の上部横画が右に延び，「永」の字が縦に「二」，「水」という字に見える「二水永」，富壽神寶のなかで，「壽」の字の中央縦画が，吋の部分直上の横画にまで長く延びている「竪貫」，鐃益神寶のなかで，大型で文字が全体に大きい「大様」などは，収集家に珍重される稀少価値の高い種類である。母型作成の際にブレを生じた為に文字が二重になった和同

140

開珎の重文銭や，面の鋳型と背の鋳型を組み合わせるところを，面の鋳型2枚を組み合わせて鋳造したためにできた萬年通寶の両面銭など，鋳造時のエラー銭も収蔵されている。また，試作とみられる正徳小字背佐の彫母銭，享保民鋳背佐の大様鉄銭，紀伊中の島銭の長貝寶鉄銭や，難波銭の高頭通に至っては，彫母銭，原母銭，錫母銭と段階的に収集されており，鋳造過程を類推する上でも貴重な資料である。」(註4)。さらに，慶長通寶（小字）の母銭が1枚含まれている（口絵3）。これは発掘で出土する慶長通寶（正様）ではない。北宋の銭銘を有する大観通寶の打製銀銭や，明の銭銘を有する永楽通寶の打製金銭や，何らかの祝賀の際に鋳造したものとみられる，裏に数字が記された元和通寶の銀銭も含まれている。金貨では，昌綱コレクションではないが，獅子の刻印（カウンターマーク）入り慶長小判が2枚含まれている（口絵5）。これは東インド会社によって日本から輸出された小判が，オランダ貨幣と同様にバタビアなどで流通させるために加工されたもので，現存数が世界で10枚もなく，希少価値の高いものである（東野1997）。

〔註〕

2)『MINERVA』Number3（1999年，published in G.B.）に簡略な貨幣コレクションの説明がある。

3)英語では charm と言い，銭貨に似せて造られており，絵模様や文字が刻んであることからこの名がある。中国では厭勝銭・吉語銭，朝鮮半島では別銭と呼ばれ，同様のものが存在する。六道銭に含まれる念仏銭や題目銭もこれに含まれる。

4)古田修久氏は『日本貨幣カタログ』の共著者であり，この文章はカタログ用日本語原稿による。

④ 韓国新安沈船積載銅銭の用途および性格

　至治3年（1323）の年号が記された木簡の存在から，年代を特定できる新安沖沈没船の船底近くに，28トン（約800万枚）もの銭貨が積まれていたことは周知の事実である（写真22）。この船は中国の寧波から日本の博多・京都へ向かっていた船であることが木簡などから確認されており，積載されていた多くの陶磁器など高級商品に注目が集まるなかにあって，引き上げられたこの銭貨の用途および性格について若干の考察をおこなう。

　まず，大量の銭貨が船底近くに積まれていたことから，これらは船を安定させるためのバラストとして機能していたと考えられるが，日本に到着すれば経済的な機能をもつ貨幣してもそのまま使用できる便利な積荷だった。つまり，商品でもあり貨幣でもあるといった性格を有するものであった。また，一隻の船に積まれていたおおよその銭貨量と種類を知ることができる点でも重要である。日本の文献記録『民経記』によると，西園寺公経の調達した貿易船（1242年）には銭10万貫が積載されていたとあるが，銭種などの内容は明らかではない。この点で考古資料は史実を雄弁に語ってくれる。報告書（文化財管理局1988）によると，新安沖沈没船には北宋銭を中心とする66種類の銭貨が確認でき，これには大銭も含まれている。筆者らが2006年11月におこなった木浦の海洋遺物展示館に収蔵されている銭貨の調査でも，56

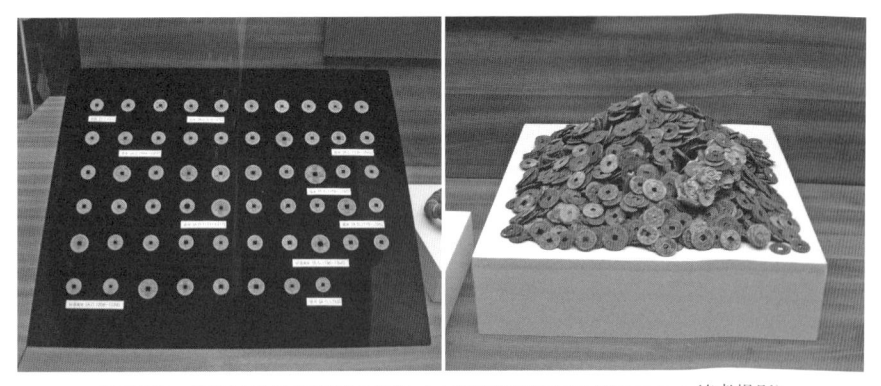

写真22　新安沖沈没船積載の銅銭（木浦海洋遺物展示館の展示；筆者撮影）

4 韓国新安沈船積載銅銭の用途および性格

種類の銭貨を確認できた。中国からもたらされる銭貨は，多くの銭種が混じり合った状態であったことがこのことからも確認できる。

日本では 958 年初鋳の乹元大寶で銭貨の発行は途絶え，寛永 13 年（1636）の寛永通寶まで公式な銭貨は発行されておらず，銭貨発行が途絶した 10 世紀後半以降，銭貨の流通しない時期が約一世紀半続く。日本では 12 世紀後半以降，経済活動が活発化するなかで，本格的に貨幣の必要な時代が到来した。先行研究によると，中国から船に積まれて日本に向かった銭貨は，1215 年代と 1270 年代の二度大きな画期が認められるが（大田 1995），毎年のように大量の銭貨が日本に流入していたものと考えられる。14 世紀前半の新安沖沈没船もこのようなものの一隻であると考えられる。しかしながら，この船に積まれていた大銭の存在が大きな問題を提起している。すでに述べたが，一括出土銭中に含まれるもののなかに，大きさを揃えるために周りを削って小さくした大銭が存在することから，日本では大銭そのものでは流通していなかったと考えられている。したがって，新安沖沈没船になぜ大銭が積載されていたのかということが問題となる。

前述のとおり，銭貨は金属原材料としての輸入品であったとも考えられる。ただし，これには中国で大銭が額面価値を維持できていなかったという前提が必要となろう。額面価値を維持していたのならかえってコスト高になり，現代人の経済感覚では原材料としては使いづらい。しかしながら，銭貨を鋳潰して金属原材料として使用するということは，中国の文献記録からも明らかである。1252 年に建立された鎌倉大仏の金属組成は北宋銭の組成と近似しており（銅 68.76％，錫 9.26％，鉛 19.57％，鉄 0.04％），銅銭を鋳潰して造ったという伝承が存在する。したがって，銭貨が日本で青銅製品を造るための原材料として輸入されたことはじゅうぶん考えられる。さらには，装飾品としての利用を想定できる。銭貨に小孔をあけて紐で結びつけ，服飾として使用する民俗事例は世界各地に存在し，日本でも装飾品として大銭を使用した可能性は否定できない。

次に，この新安沖沈没船の銭貨が日本史研究にとってどのような重要性をもつかを考える。中国政府が発行した公鋳銭とそれをコピーした私鋳銭や日本でコピーした模鋳銭の判別が，日本史のなかでは重要課題のひとつとなっている。中世末である 16 世紀に向かって，模鋳銭が増加していくことは確

V. 海外での調査

認できるが，先述のとおり私鋳銭と模鋳銭の区別は難しい。この問題を解決するためのひとつの方法として，中国から搬入途中のこの銭貨を調査することは重要な意味をもつ。つまり，このなかには日本で鋳造した模鋳銭は含まれていないと考えられるので，この内容を調べることによって，中国からもたらされる私鋳銭を知ることができ，公鋳銭と私鋳銭の混合比率が判明する可能性もある。また，実見していて気づいたことは，大銭の大きさにバリエーションがあり，かなり私鋳銭が含まれているのではないかということである。さらに，日本における一括出土銭と中国の窖蔵銭に占める元豊通寶や皇宋通寶の割合も，新安沈没船に積載されていた銭種の順位はどちらに近いのか，寧波という積出港が判明している点で注目される。併せて，中国本土における銭貨研究の深化が待たれる。

朝鮮半島での銭貨使用は，李朝の常平通寶（1678 年初鋳）からが一般的になると考えられ，高麗・李朝前期は米穀や布帛が物品貨幣として貨幣の機能を担っていた。このように国家固有の文化，歴史に基づいた貨幣制度が構築されているが，朝鮮が銭貨を使用しない時代であっても，シナ海を跨いで動く銭貨に対して，歴史の研究対象としての意識を持ち，考えられる課題の解決に向けて日韓両国間で協力していきたいものである。

144

VI. 日本とシナ海における銭貨の動態

　古代中国において登場した円形方孔の銭貨は，前近代社会の日本や朝鮮，ベトナム，琉球にも影響を与え，それぞれの国で多くの種類が鋳造され，広範に流通していた。さらには，シナ海を囲んで存在するこれらの国々は古くから交流も盛んで，貨幣はさまざまな商品の対価物，あるいは長崎貿易銭の存在からも明らかなように，ある時は貨幣それ自体が商品として国境を越えて動いていた。さらには，銭貨が金属製品の原材料として取引がなされていたことも明らかとなりつつある。第VI部では，前近代に銭貨を使用していた上記の地域間で見られる銭貨の動態について改めて考察し，まとめとする。

① 環シナ海をとりまく銭貨の概要

　古代中国における初期の銭貨は四銖半両・五銖など，横に二文字を配置するものが多いが，621 年初鋳である唐の開元通寶以来，四文字を上下左右に配するようになる。北宋時代になると大量の銭貨が発行され，経済活動の中心に座るが，次の元や明の時代には原則的に鈔（＝紙幣）を使用する国家となる。また，高額の貨幣としては，銀錠がその機能を果たしており，清の時代にふたたび大量の銭貨が発行され，流通するようになる。日本でも最初の銭貨である富本銭は上下に二文字を配したものであったが，708 年初鋳の和同開珎以来開元通寶をモデルに四文字を配した銭貨が鋳造され，畿内を中心とする一定地域内で流通するようになる。10 世末から約一世紀半におよぶ金属貨幣不在の時代を経て，中世の日本では，おもに中国から銭貨の供給を受けることとなった。そして近世になると，金貨・銀貨が登場し，寛永通寶の発行をもって日本の三貨制度が完成する。朝鮮半島では新羅滅亡後，高麗朝のときに初めて銭貨を鋳造している。『高麗史食貨志』や『宋史高麗傳』に見られる発行記録には諸説があり，ここでは通説にしたがって 1097 年に東国通寶・東国重寶・海東通寶・海東重寶・三韓通寶・三韓重寶を発行したとする。しかしながら，これから継続的に銭貨が発行されたわけではなく，李成桂が興した朝鮮朝の 1423 年に朝鮮通寶が鋳造されるが，これとて一時的な発行にとどまる。朝鮮半島では，近世になって常平通寶（1678 年初鋳）が庶民の通貨となるまで，木綿が物品貨幣として貨幣の機能を果たしていた。朝鮮半島と同様に，中国と国境を接しているベトナムでは，丁朝の 970 年に大平興寶が最初に鋳造され，前黎朝の 980 年に天福鎮寶，次の陳朝でも大治通寶など数種の銭貨が発行されており，15 世紀前半の後黎朝の銭貨へと続いていく。朝鮮半島に比べるとベトナムにおける銭貨発行の頻度は高いといえるが，ベトナムでも恒常的な通貨発行はおこなわれていない。中世の日本と同様，中国銭貨の供給を受けていたことが，筆者らがおこなった一括出土銭の調査からもうかがえる。ベトナムでは 18 世紀になって，景興通寶をはじめとする景興という文字を刻んだいわゆる景興銭が庶民の通貨として使用されるようになる。琉球では，15 世紀後半に大世通寶・世高通寶・金円

世寳の3種の銭貨が鋳造されたと考えられているが，現在のところこの三貨の発行についての確実な証拠は存在しない。

　つまり，近世以前は環シナ海を取り巻くそれぞれの地域で独自の銭貨に関する歴史を歩むが，ほぼ同時期の17世紀以降になると，康熙通寳など清朝の銭貨と，朝鮮の常平通寳，ベトナムの景興通通寳，日本の寛永通通寳が広範な流通を開始するという点では共時性を有しているのである。では，各国独自の銭貨生産と流通体制ができあがる前に，これら中国・日本・朝鮮・ベトナム・（琉球）の四（五）地域間では，円形方孔の銭貨はどのように動いていたのか考察し，まとめとする。

147

② 古代から中世の銭貨動態

　日本では，弥生時代にいわゆる王莽銭や五銖・半両などの古文銭が大陸からわずかながら入ってきている。日本の律令国家は富本銭の発行以降，幣制の確立を試みているが，この時期に中国から銭貨がもたらされていたのかどうかについては，これらの古代銭貨と開元通寶の共伴遺跡が存在するかどうかを調べれば良いと考えられる。ただし，開元通寶は中世まで広範に流通していたこともあり，古代の同時代資料としての開元通寶であるかどうかの判定が難しい。さらには，古代日本に開元通寶が存在していたという認識が薄いこともあって，古代の開元通寶を見落としてしまう可能性が高いという現状もある。しかしながら，筆者が実見した熊本県高江出分西遺跡の開元通寶は，鏡面上に富壽神寶などの古代銭貨と共伴していた祭祀遺構であり（櫻木1993），一部の遺跡では確実にその存在が確認できるので，わずかであっても中国から銭貨は流入していたものと考えられる。逆の動きとして，中国の西安何家村で出土した和同開珎の銀銭5枚は有名であるが，これは遣唐使が持参したものと考えられているので流通銭としては無視できる。朝鮮半島では，忠清南道公州市武寧王陵の羨道から縉の五銖銭が出土していることが知られており，弥生時代の日本と同様に銭貨が当地にもたらされていたことは間違いない。ただし墓に添えられているものであることから，これは経済外的な機能を有する銭貨である可能性が高い。近年では，朝鮮半島の中世墓からも大銭などの北宋銭が出土する事例が報告されており（大澤2004），このことは記憶しておくべきである。わずかではあっても中国から朝鮮半島へ銭貨が流入していることを，これらの資料は示している。古代ベトナムの状況については，管見の限り明らかではない。

　中世に関しては，一括出土銭の中に含まれている朝鮮・ベトナム・琉球の銭貨を見ることで，その動態に関する何らかの手がかりを探ることにする。唐から北宋時代に中国で発行された大量の銭貨の一部は，周知の通り日本やベトナムにも流出しており，これまでにも研究対象となってきた一括出土銭の分析から，各国間における銭貨流通の実態を垣間見ることができるのではないかと考えるからである。日本では13世紀にはすでに一括出土銭が存在し，

②古代から中世の銭貨動態

図47 ベトナム銭と琉球銭の分布（大庭 2008）
○ベトナム銭（16世紀前半以前）／◎ベトナム銭（16世紀後半）／☆琉球銭

ベトナムでも14世紀中後期には，壺などに収められた銭貨が土中に埋められていたが，朝鮮における一括出土銭の存在については未だ確認できていない。日本にもたらされたベトナム銭と琉球銭がどこから出土しているのかを示したものが図47である。地理的な近さから東アジアの玄関口と認識されている九州からの出土が多いと思いきや，そうとも言えず，この出土地点からははっきりとした特徴をつかむことはできない。そこで，日本各地の一括出土銭60例について，出土地点（遺跡名），埋められた推定時期，最新銭，総枚数などを記したものによって，朝鮮半島・ベトナム・日本古代銭貨・琉球の銭貨がどの程度含まれているかを見てみることにする（表17）。時期に

149

表17　全国60箇所の一括出土銭にみる朝鮮・ベトナム銭・古代銭貨・琉球銭

No.	遺跡	推定時期	最新銭	枚数	高麗	朝鮮通寶	ベトナム古銭	ベトナム銭	古代銭貨	琉球銭	備考
1	埼玉・屈巣舟塚	13世紀末	咸淳元寶	29,623	1	—	0	—	0	—	
2	大阪・吉野	13世紀末	咸淳元寶	1,213	0	—	0	—	0	—	
3	広島・草戸千軒町35次	13世紀末	淳祐元寶	12,591	0	—	0	—	0	—	
4	福岡・本城	13世紀末	咸淳元寶	15,745	2	—	1	—	1	—	
5	青森・奥内	14世紀中	至大通寶	10,432	0	—	0	—	1	—	
6	新潟・下道	14世紀中	至大通寶	11,212	2	—	0	—	2	—	*
7	埼玉・坂戸・中里	14世紀中	至大通寶	3,409	1	—	0	—	0	—	
8	埼玉・全昌寺	14世紀中	至大通寶	27,802	4	—	2	—	0	—	
9	京都・平安京左京八条三坊	14世紀中	至大通寶	31,415	4	—	3	—	0	—	
10	兵庫・塩野	14世紀中	至大通寶	50,555	4	—	0	—	0	—	
11	徳島・大里	14世紀中	至大通寶	70,088	3	—	3	—	4	—	
12	福岡・大宰府	14世紀中	至大通寶	999	0	—	1	—	0	—	
13	福岡・朝倉	14世紀中	至大通寶	13,688	1	—	0	—	0	—	
14	長野・吉田若宮1次	14世紀後	大中通寶	74,740	6	—	2	—	2	—	
15	北海道・志海苔	14世紀末	洪武通寶	374,436	31	—	22	—	15	—	
16	石川・金剱宮	14世紀末	洪武通寶	4,135	0	—	0	—	0	—	①
17	埼玉・東松山	14世紀末	洪武通寶	4,741	1	—	0	—	1	—	
18	東京・多摩ニュータウン	15世紀前	永楽通寶	27,015	4	—	0	0	2	—	
19	東京・能ヶ谷	15世紀前	永楽通寶	81,831	3	—	2	0	2	—	*
20	静岡・四ッ枝	15世紀前	永楽通寶	4,133	0	—	0	0	1	—	
21	大阪・山内	15世紀前	永楽通寶	10,951	0	—	0	0	0	—	
22	兵庫・堂坂	15世紀前	永楽通寶	194,825	3	—	7	0	3	—	
23	広島・善福寺南	15世紀前	永楽通寶	16,353	0	—	0	0	1	—	
24	大分・犬飼	15世紀前	永楽通寶	14,589	0	—	0	0	0	—	**
25	新潟・石白1次	15世紀中	朝鮮通寶	169,872	5	12	2	2	3	—	
26	新潟・石白2次	15世紀中	朝鮮通寶	101,912	1	6	0	0	0	—	
27	長野・喬木高越	15世紀中	朝鮮通寶	15,527	0	1	0	0	0	—	
28	福岡・仲原	15世紀中	朝鮮通寶	10,000	0	7	1	0	0	—	
29	熊本・北坂梨	15世紀中	朝鮮通寶	14,559	1	27	1	0	0	—	
30	石川・武部	15世紀後	宣徳通寶	11,008	1	5	0	0	0	—	
31	福井・一乗谷朝倉氏	15世紀後	宣徳通寶	3,784	0	1	0	0	0	—	
32	栃木・国分	15世紀後	宣徳通寶	12,441	0	6	1	0	0	—	
33	茨城・泉町	15世紀後	宣徳通寶	10,428	2	9	1	0	0	—	
34	茨城・生小	15世紀後	宣徳通寶	10,847	2	29	1	0	0	—	*
35	埼玉・白子	15世紀後	宣徳通寶	114,368	3	186	2	1	4	—	
36	兵庫・石在町	15世紀後	宣徳通寶	19,803	2	65	2	0	0	—	
37	島根・宮尾	15世紀後	宣徳通寶	8,716	0	19	0	0	0	—	
38	島根・波根	15世紀後	宣徳通寶	6,747	0	2	0	0	0	—	
39	山口・下石田	15世紀後	宣徳通寶	13,495	0	102	0	0	0	—	
40	福岡・久原	15世紀後	宣徳通寶	101,423	4	107	1	0	1	—	②
41	福岡・若宮	15世紀後	宣徳通寶	40,583	0	555	1	0	1	—	**
42	熊本・栃木	15世紀後	宣徳通寶	7,870	0	47	1	0	0	—	
43	熊本・河陽	15世紀後	宣徳通寶	1,904	0	20	0	0	0	—	
44	宮崎・日之影	15世紀後	宣徳通寶	4,178	0	64	0	0	0	—	
45	埼玉・大久保山VI	15世紀後	世高通寶	8,949	1	68	1	0	1	4	③
46	埼玉・秋山	15世紀後	大世通寶	5,206	3	25	0	0	1		
47	東京・福生	15世紀後	大世通寶	5,075	0	20	0	0	1		*
48	東京・武蔵国府	15世紀後	大世通寶	3,890	1	7	0	0	1		*
49	東京・下石原	15世紀後	世高通寶	10,027	0	3	0	0	2		*
50	徳島・長生	15世紀後	世高通寶	26,338	0	56	1	0	2		
51	福岡・夜須町	15世紀後	世高通寶	4,478	0	1	0	0	2		④
52	大分・高城観音院	15世紀後	世高通寶	4,403	0	1	0	1	2		
53	青森・新城	16世紀	洪順通寶	8,182	0	6	0	8	1		
54	新潟・小重	16世紀	弘治通寶	28,559	2	261	2	1	3	20	*
55	静岡・大門	16世紀	弘治通寶	70,609	2	91	2	0	4	6	
56	福井・一乗谷朝倉氏57次	16世紀	洪順通寶	16,594	0	3	0	59	0	3	
57	兵庫・岸田	16世紀初	弘治通寶	8,752	0	3	0	0	0	0	
58	佐賀・江北	16世紀初	弘治通寶	19,965	0	504	0	0	0	81	**
59	長崎・平人触	16世紀	洪順通寶	4,165	0	27	1	3	0	2	
60	宮崎・鞍岡	16世紀末	弘治通寶	7,720	1	547	0	7	1	58	**

無印は(永井編1994)＊(永井編1996)＊＊(櫻木2009)より
①芝田悟1996『加州鶴来金剱宮仏供具と出土銭貨』
②久山町教育委員会2013『久原一括出土銭』
③早稲田大学1998『大久保山VI』
④櫻木晋一・伊崎俊秋1999「福岡県夜須町曽根田出土の備蓄銭」『甘木歴史資料館報』第1集

ついては上から古い順に，出土地点については各時期とも所在地点が全国的に散らばるように抽出している。この表から，明銭を含まない古い時期の一括出土銭には高麗銭が日本の古代銭貨と同様に含まれていると言ってよさそうである。ただし，高麗銭が朝鮮から直接入ってきたのか，中国銭に混じって入ってきたのか，その流入経路については定かではない。ベトナム古代銭については，中国に流入していたベトナム銭がわずかながら中国経由で日本にもたらされたものであると考えるのが自然であろう。

　中世のベトナムでは日本と同様，中国銭で構成されている一括出土銭が存在するので，中国銭が経済活動のなかで主として使用されていたことは間違いない。また，日本やベトナムでも銭貨の使用形態において短陌慣行を確認できるので，中国と同様の商慣行が存在していたものと考えられる。ただし，ベトナムでは第Ⅴ部で紹介した3号資料や5号資料のように，粗悪な銭貨のみで構成される一括出土銭が存在することから，階層や地域を異にした銭貨の流通も想定することができ，東南アジアなど中国以外で造られた銭貨がかなり流通していた可能性は残る。この点では，ベトナムにおける今後の研究の進展を注視したい。また，4号資料は中国制銭を主体とするが，10世紀にベトナムで発行された天福鎮寳や中国でも古い時期の五銖や貨泉も含んでいるという特徴を有し，日本でも古い時期の一括出土銭には，和同開珎などの古代銭貨を含むものが存在することと共通する。それが近世になると，1号資料のように景興銭が大半を占める一括出土銭の存在から，19世紀初頭のハノイ近郊では自国の通貨が広範に流通していたことは明らかである。

　倭寇の活動や新安沖沈没船に積まれていた銭貨の発見からもわかるように，中国から日本へ銭貨が動いていたことは周知の通りである。さらに，中世末になると本書でも紹介した鉛同位体比分析の研究成果によって，銭貨の材料ともなる鉛がタイから日本に向かっていたことが明らかになってきた。しかしながら，近世になると逆に日本から出ていく銭貨の動きがみられるようになる。つまり，日本で使用されなくなった中国銭や日本銭が海外に搬出される逆流現象が起きてくるのである。たとえば，豊前小倉の細川氏が寛永元年（1624）からおこなった鋳銭事業が失敗に帰したとき，その銭貨を交趾へ輸出したという記録が残っている（米津 1977）。1630年代になると朱印船貿易やオランダ東インド会社を通じて，日本からベトナムへ大量の銭貨が輸出され

VI. 日本とシナ海における銭貨の動態

ている（古賀 2012）。寛永 13 年（1636）に寛永通寶が鋳造されるようになると，当時日本で流通していた北宋銭や明銭を中心とする渡来銭は不要なものとなり，これらの銭貨は鋳潰されるか，東南アジア方面に輸出されることになる。さらに，万治 2 年（1659）以降の長崎貿易銭についても同様であり，日本町ホイアンの個別出土銭やハノイの一括出土銭にこの長崎貿易銭が含まれていたことはすでに述べた。今後の調査によっては，出土地点と分布密度からその流路をつかめる可能性があると考えている。輸出が禁止されていた寛永通寶について，バリ島における調査でも確認されており（三宅 2013），時期は特定できないが，確実に流出している。その出土地点などを正確に把握することで，流出時期やルートなどを突きとめる努力が必要であろう。また，日本町が形成されていた 16 世紀末〜17 世紀の出土銭貨を調査すれば，日本と東南アジアとの交流を銭貨から検証できると考えられるが，これには当該地域における研究の深化が必須である。具体的には，ベトナム中南部やジャワ，ラオスなど東南アジア一帯における出土貨幣研究の進展に負うところが大きい。

　中世における日本と朝鮮間の銭貨の交流については，これまであまり考えられてこなかった朝鮮通寶の流入経路についての精査が課題であると考えている。表 17 から，朝鮮通寶の出土量だけは遺跡によって特徴があることを読み取れ，その理由についての考察が必要であると考えられるが，この表だけでは不可能である。今後，朝鮮通寶に的を絞った考察が求められる。銅銭が流通していない朝鮮半島でなぜ朝鮮通寶が鋳造されたのだろうか。また，朝鮮通寶は銅が 90％以上を占めるという素材的な特殊性を有しており，これは日本銭の特徴とも共通する。肉厚でやや銭径が小さいことは，一部の洪武通寶と類似する特徴である。朝鮮通寶に関しては鋳造地を含めた考察をおこなうことが重要課題である。琉球銭については，世高通寶と大世通寶がともに永楽通寶の嵌め込み銭であることは明らかであるが，その生産と流通の実態はよく分からない。琉球内での出土例が増加しているものの，いつ，どこで造られたものなのかを明らかにしていかなければならない。中世末から近世初頭に，琉球はシナ海交易で活発に活動をしており，中国銭やベトナム銭，琉球銭の動態に関わっていたことは間違いないと考えるが，文献史料も含めて精査していくことが今後の課題であろう。

③ 近世の銭貨動態

　近世の銭貨交流については，中国における出土貨幣調査の精緻化によって，寛永通寶の出土状況を正確に把握することが急務である。幕府は寛永通寶の国外流出を取り締まってきたが，中国などへ流出していたことは考古資料からも裏付けられている（高橋2006）。また，筆者らの調査でベトナム北部の一括出土銭に寛永通寶が含まれていたことから，ベトナムにも寛永通寶が存在することを確認できた。これは公鋳の寛永通寶であり，古泉界で安南寛永とよばれている一群の寛永通寶ではない。安南寛永は真鍮質の小振りなコピー銭であり，ベトナムで調査した大量の銭貨には1枚も含まれていなかったことから，安南寛永とよばれているものがベトナムで鋳造されたものなのかどうか疑わしくなってきた。この問題を解明するためには，東ユーラシアに存在する多くの出土資料を調査しなければならず，今後の課題としておきたい[註1]。寛永通寶の国外流出を防ぐ目的で鋳造された長崎貿易銭は，東南アジアに向けて輸出されていたとされ，それが発行後200年以上経過した19世紀初頭のベトナムで流通銭貨の約1％を占めているということは，17世紀後半には相当量の長崎貿易銭が当地を含め東南アジアにもたらされていたと考えて間違いあるまい。

　最後にもう一度，中世から近世にかけての銭貨動態についてまとめると，15世紀後半以前は中国からベトナムへ北宋銭を主体とする銭貨が動いており，ベトナムでも国家による銭貨の鋳造がおこなわれてはいるものの定着するまでにはいたっていない。しかしながら，15世紀後半になると中国からの銭貨流入が鈍ったためか，ベトナムでは自国の銭貨が発行され流通するようになる。それに伴って私鋳銭も横行し，貨幣経済の浸透とともに通貨の使用に混乱が生じたものと思われる。つまり，15世紀末以降はベトナムでも撰銭がおこなわれ，中国や日本での撰銭現象と共時性をもつと考えられる。16世紀になると日本での出土例から，わずかながらベトナム銭貨の日本への流入を確認できる。これは，琉球経由の海路での直接的な流入なのか，中国銭に混じってもたらされたものなのかについては，確定できないが，量的にはさほど多いとは言えず，後者である可能性を考えたい。さらに17世紀

153

VI. 日本とシナ海における銭貨の動態

になると，今度は日本から中国・ベトナムへと銭貨が移動することを，寛永通寶・長崎貿易銭の出土から確認できるのである。

　以上，環シナ海をめぐる古代から近世までの銭貨動態について述べてきた。これからの歴史研究は一国史のみではなく，国境を越えた広域的研究視点をもつことが，われわれ研究者に求められているのではないだろうか。貨幣は人間生活や社会を映す鏡であり，さまざまな学問の研究対象となる貨幣の動態を究明することは，考古学や歴史学にとっても重要な研究課題のひとつである。したがって，この解明のために貨幣考古学が果たす役割は大きいと考える。

〔註〕

1)『小倉城御花畠跡・新馬場跡』（北九州市文化芸術振興財団 2005）で出土した中国伝来の古銭と考えられる銭貨の中に一定量，安南寛永は含まれていた。この小型で作りの悪い安南寛永は色調から真鍮銭と思われ，中国で鋳造されていたと考えた方が，現時点では説明がつく。

154

VII. 付録

(1) 貨幣関連用語解説

鋳写し＝踏み返し（いうつ）：流通銭などを母銭として鋳型を作り，銭貨を鋳造すること。

一括出土銭：壺や箱などの容器に入れられて埋蔵された貨幣や貴金属のことを，英語では hoard，ドイツ語では Schatz，フランス語では trésor といい，これは広くヨーロッパ世界全般に存在する。日本でも，主に中世において量的まとまりをもって埋められた銭貨が存在し，これまでは備蓄銭や埋蔵銭などと呼ばれていたが，銭貨を埋めた目的は不明なものが多いため，大量に出土したという意味だけを持たせた用語としてこの語を用いる。

鋳放し（いばな）：鋳造された銭貨で，輪側や郭の内側などの仕上げを施していないもの。

色あげ：金貨・銀貨の色が，薬剤処理を施して金色・銀色の輝きを増すこと。

枝銭：鋳型から取り出したままの銭貨で，湯道に銭貨が付いた状態なので，木の枝に葉が付いたように見えることからこの名がある。

胞衣壺：胎児を包んだ膜と胎盤を胞衣と言い，それらを洗い清めるなどして納める壺のことで，子供の無事な成長を願ってこれを土中に埋める。この習俗は古代から存在する。

撰銭令：流通銭貨に質的な差があると，悪いものが嫌われ，良い銭貨を選び取ろうとする行為がおこなわれる。中世に，質の悪い銭貨の割合が増加し，撰銭行為が頻発すると経済活動が停滞するので，為政者は撰銭を禁止する法令，すなわち撰銭（禁）令をしばしば出すこととなる。

円孔銭：何らかの理由で中央の方孔部分を削って円形に加工したもの。

王莽銭：新（8〜23）の王莽が発行した貨泉や大泉五十などをさす。

会子（宋）・交子（元祖，四川地方，宋）・交鈔（金・元）・宝鈔（宋・明）：中国で使用されていた紙幣のことで，時代と地方による呼称の差がある。

回読：銭文の読み方で，上・右・下・左と時計回りに読むこと。順読ともいう。日本の古代銭貨はすべてこの読み方である。

郭：銭貨の方孔周りで盛り上がった部分。

郭抜け：銭貨の中心にある孔の周りに郭（＝盛り上がった部分）がないもの。

加治木銭：寛永通寶が発行されるまでの近世初頭に，大隅国加治木で鋳造されていた銭貨を加治木銭と呼ぶ。その大半は，明銭の背「浙」などを母銭としており，背面上部に「治」のある洪武通寶が多いことから，加治木洪武と呼ぶ。磁性を帯びるものが多いという特徴がある。

濶縁：銭貨の周囲の高くなっている縁の部分の幅が広いもの。

(1) 貨幣関連用語解説

叶手元祐：近世初頭の日本で鋳造された篆書体の元祐通寶で，北宋銭の篆書体の元祐通寶とは明らかに字体が異なっている（叶手元祐は「元」字4画目のトメが水平方向から垂直に垂れ下がっているので，郭との間に1mm以上のすきまが生じていることと，「祐」字の「司」のように見える旁が輪に沿って湾曲している）。背面に文字を有するものもあり，左に口，右に十とあるものが存在し，これが叶という字に見えることから，この名がある。

切遣い：近世初期まで，金貨・銀貨は重さを調節するため，鋭利な刃物で金貨・銀貨を切って重さを量りながら使用していた（＝秤量貨幣）。このように切遣いされた銀貨を切銀と呼ぶ。

窖蔵銭：人為的に掘られた穴などに埋められた大量の銭貨という中国語で，一括出土銭や hoard と同義。

工部：中国で工作を掌る部署。

茣蓙目：打ちあがった小判の表面に，タガネで横溝を並行して入れてあり，茣蓙のように見えることからこの名がある。

古代銭貨：これまでは皇朝十二銭と呼ばれることが多かったが，これは和同開珎以下十二種類の銅銭がわが国の律令政府によって発行されたことによる名前である。しかしながら，富本銭の発見や無文銀銭などの銀銭が存在することもあり，これらを包括的に指す用語として本書では古代銭貨を用いる。

個別出土銭：遺跡などから，1枚から数枚単位で出土する銭貨を指す。欧州では金属探知機を使用したコイン発見が趣味として存在し，このような方法で個別に発見されるコインを英語で single-find と言う。近年，日本でもこの個別出土銭をデータベース化することによって，流通銭貨の実態を解明するという研究が始まっている。

京銭：京で使用されている銭貨という意味で，北宋銭中心の精銭をさす。これを「きんせん」と発音する場合は「南京」に通じ，中国の私鋳銭＝悪銭をさす。

戸部：中国で国家財政を掌る部署。

緡銭：一定枚数の銭貨を中心の孔に紐を通して束ねたもの。前近代の日本においては，このような形態で銭貨は束ねられ使用されていた。中世日本においては，これまでの出土例から97枚のものが多いことは明らかとなっている。近世になると九六銭と呼ばれ，96枚が一単位となる。枚数はそれぞれの国・地域・時代で異なるが，中国やベトナムなど銭貨を使用するアジア社会全般に見られる。

しかみ：いびつで歪んだ銭貨。

祠堂銭：死者の冥福を祈るため祠堂の修復を名目として寺に寄進された銭貨。寺院による金融行為がおこなわれていた。

島銭：中国銭や日本の古代銭貨の銭銘を模倣したものや，稚拙で読めない文字など

157

Ⅶ. 付編

が鋳出された銭貨で，いつどこで作られたかがまったく分からないものをさす。

縮字：銭文の四文字が，同一銭銘のものより小さいものをいう。

小平銭（＝一文銭）：1個が一文の銭貨で，折二銭以上の大銭に対してこのように呼ぶことがある。

真書：漢字の書体で楷書のこと。

スサ：鋳型を製造するとき，粘土に混ぜて亀裂を防ぐつなぎとする繊維質のもの。

制銭：国家が発行した銭貨のこと。

精銭：悪銭に対する言葉で，状態の良い銭貨という意味と，制銭と同義の場合もあるが，本書では前者をさす。

堰（せき）：鋳型の中を溶けた金属が流れる部分を湯道と呼び，一本の枝から製品である銭貨の部分につながっている直前の部分を堰（せき）と呼ぶ。

銭銘：銭貨の表に鋳出されている文字で，銭文ともいう。

対読：銭文の読み方で，上・下・右・左と文字を読むこと。

鳥目（ちょうもく）：銭貨の異名。

包銀（つつみぎん）：江戸時代には包封されたままの銀貨が流通しており，この包封された銀貨のこと。

手本銭：銭貨を鋳造する際，銭座で母銭として用いた銭貨。

長崎貿易銭：万治3年（1660）から，わが国の長崎で輸出用商品として鋳造されたものである。元豊通寳がもっとも多く，北宋銭の元豊通寳は行書と篆書だが，真書なので判別は容易である。その他にも，天聖元寳，熙寧元寳，嘉祐通寳など北宋銭の銭銘を模したものもある。

肉厚・肉薄：銭貨の厚みが厚いものと薄いもの。

背：銭貨の裏。

嵌込銭（はめこみせん）：銭銘の一文字ないし二文字を削って，他の文字と置き換えて鋳造した銭貨。

バリ：鋳型の隙間に溶けた金属が浸み出し，出来上がった銭貨の縁に薄い金属が張り出しているもの。

疋：銭貨10枚。

不旧手：新寛永の銭文を長崎屋忠七不旧が書いたと言われていることからこの名があり，マ頭通となっている特徴がある。

踏み返し＝鋳写し：流通銭などを母銭として鋳型を作り，銭貨を鋳造すること。

墨書：大判などに墨で書かれている文字を墨書といい，墨と膠（にかわ）を混ぜて消えにくくしてある。

(1) 貨幣関連用語解説

星：銭貨に円点が鋳出されているものがあり，これをさす。たとえば，開元通寶の背には星のあるものがかなりある。

星形孔銭：銭貨の外縁部を仕上げるため，銭貨を束ねて四角の心棒を孔に差し込む際，心棒がずれて串刺しになったため，郭に傷がつき，孔が八方向に光る星のように見えることから名づけられた。

マ頭通：通常，銭銘にある「通」字の旁上部二画が「コ」となっているものをコ頭通と呼び，「マ」となっているものをマ頭通と呼ぶ。寛永通寶一文銭は，通常コ頭通となっているが，一部京都など関西で鋳造されたものにこのマ頭通がある。

豆銭：超小型の薄い清朝銭で，満州方面で私鋳されたとの説があるが定かではない。

磨輪：銭貨の輪を削って，銭径を小さくしたもの。

無文銭：銭貨の両面ともにまったく文字がなく，中央の孔の周り（郭）や外輪の盛り上がり（輪）もなく，銭径も小さい。中世末になるにつれて多く造られるようになり，流通範囲は地域性がある。摩耗した結果ではなく，鋳造時からそのようなものとして造っている。堺環濠都市遺跡で大量の鋳型が出土したことから，研究の端緒が開かれた。

模鋳銭：中世から近世初頭にかけて日本で鋳造された銭貨のこと。この時期，日本では政府発行の銭貨（公鋳銭）が存在せず，私鋳という概念が使用できないので，日本で造られた中国銭を模したものや文字のない無文銭などをさす用語として使用されている。模鋳銭は鋳縮みのために公鋳銭より小型化し，文字も不鮮明になる。ただし，中国で造られた私鋳銭も多く流入してきており，私鋳銭と模鋳銭の判別はほとんどできないが，中世末になると成分が純銅に近い銭貨が登場し，これは模鋳銭と判断して良い。また，表に文字があり，背面が平坦な銭貨も模鋳銭の可能性が高い。

湯道：鋳型の中に掘られた溶けた金属が流れていく道。出来上がった枝銭では枝の部分になる。

厭勝銭：災禍を避けて吉祥を求めるために造られた銭貨。経済的な目的で使用される通貨ではない。花銭ということもあり，日本では絵銭，朝鮮では別銭と呼ぶ。

料足：銭の異名。

輪：銭貨の外縁の盛り上がった部分。

六道銭：死者を葬るさい，棺内に納める銭貨のこと。中世から見られ，近世になると6枚一組のものが多くなる。

輪銭：無文銭のさらなる簡易バージョンで，より小さく，中心の孔も円い。整形された形跡がほとんどない。一見，貨幣として個別に使用できるようなものではないので，束ねて緡銭として使用していたものと推定できる。

159

(2) 文献目録

以下に貨幣考古学にかかわる特に重要な基本文献を，著書・論文・報告書などに分けて列記した。本書に引用された文献も以下にまとめたので参照していただきたい。

① 貨幣史関連著書（単行本）

青山礼志 1982『新訂貨幣手帳―日本コインの歴史と収集ガイド』ボナンザ

池享編 2001『銭貨―前近代日本の貨幣と国家―』青木書店

今村啓爾 2001『富本銭と謎の銀銭』小学館

上田裕之 2009『清朝支配と貨幣政策』汲古書院

浦長瀬隆 2001『中近世日本貨幣流通史』勁草書房

榎本宗次 1977『近世領国貨幣研究序説』東洋書院

小川浩編 1966『日本の古銭』人物往来社

柿沼陽平 2015『中国古代の貨幣』吉川弘文館

川戸貴志 2008『戦国期の貨幣と経済』吉川弘文館

工藤洋久 2004『学研まんが　お金 100 の秘密』学習研究社

黒田明伸 2003『貨幣システムの世界史』岩波書店

黒田明伸 2011 増補新版『貨幣システムの世界史』岩波書店

国立歴史民俗博物館編 1998『お金の不思議　貨幣の歴史学』山川出版社

齋藤努 2012『金属が語る日本史　銭貨・日本刀・鉄砲』吉川弘文館

栄原永遠男 1993『古代銭貨流通史の研究』塙書房

栄原永遠男 2011『日本古代銭貨研究』清文堂

坂詰秀一編 1986『出土渡来銭』ニュー・サイエンス社

桜井英治 1996『日本中世の経済構造』岩波書店

櫻木晋一 2009『貨幣考古学序説』慶應義塾大学出版会

佐々木銀也 1972『中世商品流通史の研究』法政大学出版局

鹿野嘉明 2011『藩札の経済学』東洋経済新報社

鈴木公雄 1999『出土銭貨の研究』東京大学出版会

鈴木公雄 2002『銭の考古学』吉川弘文館

鈴木公雄編 2005『貨幣の地域史』岩波書店

瀬戸浩平 1957『貨幣の文化史』出版春秋社

瀬戸浩平 1969『古銭　その鑑賞と収集』読売新聞社

造幣局泉友会編 1984『コインの歴史』創元社

高木久史 2010『日本中世貨幣史論』校倉書房

滝沢武雄 1966『日本貨幣史の研究』校倉書房

滝沢武雄 1996『日本の貨幣の歴史』吉川弘文館

滝沢武雄・西脇康 1999『日本史小百科　貨幣』東京堂出版

(2) 文献目録

谷口一夫 2007『武田軍団を支えた甲州金』新泉社
田谷博吉 1963『近世銀座の研究』吉川弘文館
竹内俊夫 2008『皇朝銭の物語』銀座コイン
竹内俊夫 2013『お宝貨幣なんでも読本』講談社
谷川章雄・櫻木晋一・小林義孝編 2009『六道銭の考古学』高志書院
千枝大志 2011『中近世伊勢神宮地域の貨幣と商業組織』岩田書院
東野治之 1997『貨幣の日本史』朝日選書574
東北中世考古学会編 2001『中世の出土模鋳銭』高志書院
直木孝次郎・鈴木重治編 2000『飛鳥池遺跡』ケイ・アイ・メディア
永井久美男編 1994『中世の出土銭—出土銭の調査と分類』兵庫埋蔵銭調査会
永井久美男編 1996『中世の出土銭—補遺Ⅰ—』兵庫埋蔵銭調査会
永井久美男編 1997『近世の出土銭Ⅰ—論考編—』兵庫埋蔵銭調査会
永井久美男編 1998『近世の出土銭Ⅱ—分類図版編—』兵庫埋蔵銭調査会
永井久美男 2002『新版中世出土銭の分類図版』高志書院
日本銀行調査局編 1972～1976『図録日本の貨幣』1～11　東洋経済新報社
日本貨幣商協同組合 2010 新版『日本の貨幣—収集の手引き—』日本貨幣商協同組合
バーネット，A.（新井佑造訳）1998『コインの考古学』學藝書林
原三正 1978『日本古代貨幣史の研究』ボナンザ
久光重平 1976『日本貨幣物語』毎日新聞社，復刻版 1996『日本貨幣史概説』国書刊
　　行会
日野開三郎 1983『宋代の金融と貨幣（上）』三一書房
平尾良光・飯沼賢司・村井章介編 2014『大航海時代の日本と金属交易』思文閣出版
本田博之 2006『戦国織豊期の貨幣と石高制』吉川弘文館
松村恵司 2009『日本の美術』No.512「出土銭貨」至文堂
三上隆三 1987『渡来銭の社会史』中公新書
三上隆三 1996『江戸の貨幣物語』東洋経済
三上隆三 1998『貨幣の誕生』朝日選書
三上喜孝 2005『日本古代の貨幣と社会』吉川弘文館
三宅俊彦 2005『中国の埋められた銭貨』同成社
宮澤知之 1998『宋代中国の国家と経済』創文社
宮澤知之 2007『中国銅銭の世界』思文閣出版
山口和雄 1979『貨幣の語る日本の歴史』そしえて
山田勝芳 2000『貨幣の古代中国史』朝日選書
吉原健一郎 2003『江戸の銭と庶民の暮らし』同成社
利光三津夫 1983『古貨幣夜話』慶應通信
利光三津夫 2002『古貨幣七十話』慶應通信
歴史学研究会編 1999『越境する貨幣』青木書店

161

VII. 付編

② 貨幣特集雑誌

『アジア遊学』No.18，勉誠社（2000）「宋銭の世界」

『季刊考古学』第 62 号，雄山閣（1998）「古代・中世の銅生産」

『季刊考古学』第 78 号，雄山閣（2002）「出土銭貨研究の最前線」

『考古学ジャーナル』No.187（1981），No.249（1985），No.526（1981），No.626（2012），
　　ニュー・サイエンス社

『出土銭貨』創刊号（1994）〜第 35 号（2015），出土銭貨研究会

『多摩のあゆみ』第 98 号「掘り出された銭貨」（2000）

『季刊　方泉處』創刊準備号（1992）〜第 22 号（1998），ハドソン

『松山大学論集』「岩橋勝教授記念号」第 24 巻第 4-2 号（2012）

『歴史学研究』711 号，青木書店（1998）「貨幣からみた東アジア世界」

『歴史読本』臨時増刊号（1974）「お金の百科事典」

③ 出土銭貨関連論文等

青島啓 2003「長門・周防鋳銭司の鋳造関連遺物」松村恵司・栄原永遠男編『わが国
　　鋳銭技術の史的検討』

安藤正純 2008「宮崎県内遺跡出土の六道銭」『宮崎考古』第 21 号

石野瑛 1935「横浜市中区蒔田町谷戸田上発掘古銭調査報告」『考古学雑誌』28-7

伊東多三郎 1968「細川小倉藩の鉱山と貨幣」『日本歴史』247 号

井上泰也 1985「短陌慣行の再検討―唐末五代時期における貨幣使用の動向と国家―」
　　『立命館文学』第 475・476・477 号

入田整三 1930「発掘銭に就ての考察」『考古学雑誌』20-12

上原静 2008「琉球国と鋳銭」『出土銭貨からみた環シナ海と琉球史』

大澤研一 2004「高麗時代の銭貨をめぐる研究の現状と課題」『出土銭貨』第 21 号

大田由紀夫 1995「12-15 世紀初頭東アジアにおける銅銭の流布―日本・中国を中心と
　　して―」『社会経済史学』第 61 巻第 2 号

大庭康時 2008「本土出土の琉球銭とベトナム銭」『出土銭貨からみた環シナ海と琉球
　　史』

小畑弘己 1997「清銭の流入と流通」『法哈噠』5 博多研究会

片多雅樹 2005「博多遺跡群第 144 次調査出土銭について」『博多 104』

鎌田元一 1997「改鋳と私鋳銭」林屋辰三郎編『金』思文閣

神谷正義 1997「岡山二日市遺跡の発掘成果」『わが国における銭貨生産』出土銭貨研
　　究会

川口洋平 2003「港市長崎の成立過程」『戦国時代の考古学』高志書院

川根正教・石川功・植木真吾 2005「寛永通宝銅銭の形態的特徴と金属成分分析」『日
　　本考古学』第 20 号

北澤滋 1998「六道銭からみた中近世土壙墓の変遷について」『多知波奈考古』第 4 号

栗原文蔵 1987「川里・舟塚出土の備蓄銭」『研究紀要』第 9 号埼玉県立歴史資料館

(2) 文献目録

栗原文蔵 1988「埼玉県出土の中世備蓄銭について（補遺）」『研究紀要』第 10 号埼玉県立歴史資料館

黒田明伸 1998「十六・十七世紀環シナ海経済と銭貨流通」『歴史学研究』711 号

黒田明伸 2014「唯 '錫' 史観—なぜ精銭を供給しつづけられなかったのか—」『大航海時代の日本と金属交易』思文閣出版

甲賀宣政 1919「古銭分析表」『考古学雑誌』第 9 巻第 7 号

古賀俊郎 1973「鍋島鋳銭についての一考察」『ボナンザ』11 月号

古賀康士 2012「17 世紀における日本からベトナムへの銅銭輸出」『ベトナム北部の一括出土銭の調査研究 2』昭和女子大学国際文化研究所紀要 Vol.16

古賀康士 2016「近世初期細川小倉藩の鋳銭事業」『史学雑誌』第 125 編第 1 号

小槌義雄 2009「江戸時代の古銭家と古銭書」『宋銭の世界』勉誠社

小林義孝 1999「「六道銭」再考」『HOMINIDS』Vol.2

小宮山隆 1996「小和田館跡出土銭」『出土銭貨』第 5 号

是光吉基 1986「出土銭」『日本歴史考古学を学ぶ（下）』有斐閣

齋藤努・高橋照彦・西川裕一 1998「古代銭貨「中世〜近世初期の模鋳銭に関する理化学的研究」」『金融研究』第 17 巻第 3 号

齋藤努 2012「古代銭貨「和同開珎」をさぐる」」『金属が語る日本史　銭貨・日本刀・鉄砲』吉川弘文館

栄原永遠男 1984「律令国家の経済構造」『講座日本歴史』1　東京大学出版会

咲山まどか・赤沼英男・佐々木稔 1997「出土銭貨の極少量試料摘出による化学成分分析とその修復法」『出土銭貨』第 7 号

咲山まどか・赤沼英男・櫻木晋一・佐々木稔 1997「中世出土銭の形態的特徴と材質の比較研究—その 1—」『わが国における銭貨生産』出土銭貨研究会第 4 回大会報告要旨

桜井英治 2002「貨幣・信用の開始」『流通経済史』山川出版社

櫻木晋一 1990a「九州の六道銭研究の現状と課題」『九州帝京短期大学紀要』第 3 号

櫻木晋一 1990b「17・8 世紀における寛永通寳の流通状況」『史学』第 59 巻第 1 号

櫻木晋一 1992a「北九州市八幡西区本城出土の備蓄銭」『古文化談叢』第 27 集

櫻木晋一 1992b「三本松町遺跡の出土銭貨」『三本松町遺跡』

櫻木晋一 1993「九州出土の皇朝十二銭」『古文化談叢』第 30 集

櫻木晋一 1996「万才町遺跡の出土銭貨」『万才町遺跡』

櫻木晋一・市原恵子 1996「備蓄銭研究（1）—福岡県仲原第二次調査と島根県波根出土備蓄銭—」『九州帝京短期大学紀要』第 8 号

櫻木晋一・市原恵子 1997「備蓄銭研究（2）—福岡県仲原第三次調査と宮崎県日之影町出土備蓄銭—」『九州帝京短期大学紀要』第 9 号

櫻木晋一 1998「洪武通寳の出土と成分組成」『季刊考古学』第 62 号

櫻木晋一・伊崎俊秋 1999「福岡県夜須町曽根田出土の備蓄銭」『甘木歴史資料館報』第 1 集

櫻木晋一 2007a「古銭学」『歴史考古学大辞典』吉川弘文館

163

Ⅶ. 付編

櫻木晋一 2007b「出土銭貨からみた中世貨幣流通」『貨幣の地域史』岩波書店

佐野有司・野津憲治・富永健 1983「多変量解析法を用いる古銭の化学組成の研究」『古文化財之科学』第 28 号

柴藤千尋 2016「諸史料からみた中世都市の景観―箱崎・博多を例として―」下関市立大学修士論文

芝田悟 2007「北陸地域の和同開珎」松村・栄原編『和同開珎をめぐる諸問題（一）』

嶋谷和彦 1994「中世の模鋳銭生産」『考古学ジャーナル』No.372

嶋谷和彦 2003「模鋳銭の生産と普及」『戦国時代の考古学』高志書院

清水慎也 2006「蛍光Ｘ線分析法による銭貨の成分分析―錆が分析値におよぼす影響―」『山口考古』第 26 号

宗臺秀明 1994「中世の模鋳銭と社会」『中世都市研究』第 3 号

鈴木公雄 1988「出土六道銭の組合せからみた江戸時代前期の銅銭流通」『社会経済史学』53-6

鈴木公雄 1992「出土備蓄銭と中世後期の銭貨流通」『史学』第 61 巻第 3・4 号

鈴木公雄 1994「念仏銭・題目銭と六道銭」『史学』第 63 巻第 3 号

高倉洋彰 1989「王莽銭の流入と流通」『九州歴史資料館研究論集』14

高桑登 2001「国内出土の平安通寶集成」『出土銭貨』第 15 号

高橋学而 2006「中国東北地方で確認された寛永銭についての検討」『出土銭貨』第 24 号

高橋照彦・西川裕一 1998「中世～近世初頭の模鋳銭に関する理化学的研究」日本銀行金融研究所『金融研究』第 17 巻第 3 号

伊達泰宗 1997「伊達家墳墓出土金貨の分析科学的調査」『近世の出土銭Ⅰ―論考編―』兵庫埋蔵銭調査会

戸根與三郎・鈴木俊成 1995「小重遺跡出土の備蓄銭について」『研究紀要』新潟県埋蔵文化財調査事業団

永井久美男 2001「中世と近世初期の埋蔵銭の時期区分」『出土銭貨』第 15 号

中川近禮 1897「足利時代に流通せし銭貨の種類」(1)(2)『考古学雑誌』1-1, 1-3

中島圭一 1992「西と東の永楽銭」『中世の村と流通』吉川弘文館

中島圭一「京都における「銀貨」の成立」『国立歴史民俗博物館研究報告』第 113 集

成田末五郎 1938「津軽地方発掘古銭の研究」『青森県郷土誌資料集』2

成田末五郎 1939「大杉村発掘古銭について」『陸奥史壇』31

西本右子・目次謙一・佐々木稔 2006「島根県出土極薄輪銭の化学組成と材質」『出土銭貨』第 24 号

橋本雄 2011「永楽銭の史実と伝説」『中華幻想　唐物と外交の室町時代史』勉誠社

比佐陽一郎 2004「筑紫野市原田近世墓地出土銅銭の材質調査について」『原田第 1・2・40・41 号墓地（中巻）』

日比野丈夫 1971「古銭」『新版　考古学講座』9　雄山閣出版

平尾良光 2014「鉛玉が語る日本の戦国時代における東南アジア交易」『大航海時代の日本と金属交易』思文閣出版

(2) 文献目録

深澤靖幸 2003「古代東国竪穴式住居から出土する銭貨」『"おかね"はじめて物語』

増尾富房 2000「江戸時代の銭貨・寛永通宝」『江戸文化の考古学』吉川弘文館

三谷美徳 2006「宮崎県・串間出土の明刀銭と玉璧について」『出土銭貨』第 25 号

三宅俊彦 2013「中国における一括出土銭の最新研究」『日本考古学協会第 79 回総会研究発表要旨』

三宅俊彦・清水菜穂・櫻木晋一・森中紘一 2015「ラオス・シェンクワン県における出土銭貨の調査」『東南アジア考古学』35 号

森克己 1950「宋銅銭の我が国流入の端緒」『史淵』43

森島康雄 2005「古代銭貨集成『畿内・七道からみた古代銭貨』の意義」『出土銭貨』第 22 号

矢島恭介 1956「貨幣—本邦における出土銭—」『日本考古学講座』7 巻　河出書房

矢島恭介 1962「日本出土銭貨一覧」藤田亮策監修『日本考古学辞典』東京堂

山本雅和 1996「平安京左京八条三坊出土の銭鋳型」『京都市埋蔵文化財研究所研究紀要』第 3 号

渡辺昇 1995「兵庫県出土の古墳時代以前の銭貨」『出土銭貨』第 3 号

渡政和 1996「文献史料における「緡銭」の表現について」『出土銭貨』第 5 号

李昶根・姜大一 1989「新安沈没船引揚中國銅錢의化學組成」『保存科學研究』第 10 輯

④ 出土貨幣掲載主要報告書

姶良市教育委員会 2012『中田遺跡』

青森県教育委員会 2002『畑内遺跡Ⅷ』

青森県南津軽郡浪岡町教育委員会 1986『浪岡城跡Ⅷ—昭和 59 年度浪岡城跡発掘調査報告書—』

青森市教育委員会 1992『埋蔵文化財出土遺物調査報告書—市内出土の古銭—』

厚木市史資料叢書 1　1985『厚木の埋蔵古銭』厚木市役所

茨城県教育財団 2005 茨城県教育財団文化財調査報告書第 250 集『村松白根遺跡 1』

今小路西遺跡発掘調査団 1993『今小路西遺跡』

岩国市教育委員会 2012『中津居館跡（旧加陽和泉守居館跡）』

岩国市教育委員会 2016『中津居館跡Ⅱ』

石見銀山歴史文献調査団編 2002『石見銀山』思文閣

魚津市教育委員会 1981『印田近世墓』

浦添市教育委員会 2003『当山東原遺跡—市道 48 号線道路改良事業に伴う埋蔵文化財発掘調査—』

大阪市文化財協会 1998『住友銅吹所跡発掘調査報告』

大阪市文化財協会 1999『細工谷遺跡発掘調査報告Ⅰ』

大阪市文化財協会 2002『大阪市埋蔵文化財発掘調査報告—1999・2000 年度—』

岡山県教育委員会 1991『岡山県埋蔵文化財報告 21』

165

VII. 付編

隠岐島後教育委員会 1984『宮尾遺跡発掘調査概報』

鹿児島県立埋蔵文化財センター 2006『中ノ丸遺跡』

北九州市教育委員会 1993 北九州市埋蔵文化財調査報告書第 59 集『京町遺跡』

北九州市教育文化事業団 1994 北九州市埋蔵文化財調査報告書第 147 集『京町遺跡 3
　―永照寺跡地（Ⅱ－2 区）の調査―』

北九州市教育文化事業団 1994 北九州市埋蔵文化財調査報告書第 149 集『京町遺跡 5（Ⅱ
　－4 区の調査）』

北九州市教育文化事業団 1995 北九州市埋蔵文化財調査報告書第 172 集『宗玄寺跡』

北九州市教育文化事業団 1997 北九州市埋蔵文化財調査報告書第 196 集『小倉城 2』

北九州市芸術文化振興財団 2004 北九州市埋蔵文化財調査報告書第 314 集『小倉城新
　馬場跡』

北九州市芸術文化振興財団 2005 北九州市埋蔵文化財調査報告書第 342 集『小倉城御
　花畠跡・小倉城新馬場跡』

北九州市芸術文化振興財団 2010 北九州市埋蔵文化財調査報告書第 412 集『黒崎城跡
　10（21・22・25 区）』

北九州市芸術文化振興財団 2010 北九州市埋蔵文化財調査報告書第 430 集『黒崎城跡
　11（18・26 区）』

君津郡市埋蔵文化財センター 1987『箕輪富士塚群』

京都文化財団 1988『平安京左京八条三坊七町―京都市左京区東塩小路町―』

黒川金山遺跡研究会 1997『甲斐黒川金山』

神戸市教育委員会 1988『昭和 60 年度神戸市埋蔵文化財年報』

財団法人大阪市文化財協会 1999『細工谷遺跡発掘調査報告Ⅰ』

堺市教育委員会 1995『堺市文化財調査概要報告』第 49 冊

佐倉市教育委員会 2007『史跡　本佐倉城跡東光寺ビョウ』

塩尻市立博物館 1985「塩尻市広丘吉田若宮出土の備蓄銭」平出遺跡考古博物館・歴
　史民俗資料館『紀要』第 2 集

静岡県小笠郡菊川町教育委員会 1990『四ッ枝遺跡』

静岡県周智郡森町教育委員会 1993『大門出土古銭調査報告書―中世備蓄銭の報告
　書―』

芝田悟 1996『加州鶴来金剱宮仏供具と出土銭貨』石川県鶴来町教育委員会

出土銭貨研究会 1997 出土銭貨研究会第 4 回大会報告要旨『わが国における銭貨生産』

出土銭貨研究会 2000 出土銭貨研究会第 7 回研究大会『畿内・七道から見た古代銭貨』

出土銭貨研究会 2004 第 11 回出土銭貨研究会資料『中近世移行期の無文銭』

出土銭貨研究会 2005 第 12 回出土銭貨研究会大会報告要旨『貨幣に見るダイナミズム』

出土銭貨研究会 2006 第 13 回出土銭貨研究会大会『歴史空間における銭貨の出土状況』

出土銭貨研究会 2008 第 15 回研究大会資料集『出土銭貨からみた環シナ海と琉球史』

昭和女子大学国際文化研究所 1997『ベトナムの日本町ホイアンの考古学調査』昭和
　女子大学国際文化研究所紀要 Vol.4

昭和女子大学国際文化研究所 2008『ベトナム北部の一括出土銭の調査研究』昭和女

子大学国際文化研究所紀要 Vol.12

昭和女子大学国際文化研究所 2012『ベトナム北部の一括出土銭の調査研究 2』昭和女子大学国際文化研究所紀要 Vol.16

市立函館博物館・函館市教育委員会 1973『函館志海苔古銭―北海道中世備蓄古銭の報告書―』

宝塚市教育委員会 1973『堂坂遺跡発掘調査報告書』

太宰府市史編集委員会編 1992『太宰府市史　考古資料編』

筑紫野市教育委員会 1991『大宰府条坊第 86 次発掘調査』

筑紫野市教育委員会 2003『原田第 1・2・40・41 号墓地（上巻）』

筑紫野市教育委員会 2004『原田第 1・2・40・41 号墓地（中巻）』

次山淳・松村恵司編 2009『出土銭貨研究の課題と展望』科研報告書

次山淳・松村恵司編 2011『古代銭貨の復元鋳造実験』科研報告書

東京都埋蔵文化財センター 1984『多摩ニュータウン遺跡―昭和 58 年度（第 3 分冊）』

東京都港区教育委員会 1986『港区三田済海寺　長岡藩主牧野家墓所発掘調査報告書』

東京都港区教育委員会 1988『増上寺子院群』

東北中世考古学会 1999 東北中世考古学会第 5 回研究集会資料集『東北地方の中世出土貨幣』

徳島県海部郡海南町教育委員会 1994『阿波海南　大里出土銭』

栃木県国分町教育委員会 1991『国分出土渡来銭―付小金井出土渡来銭―』

豊岡市教育委員会・豊岡市立郷土資料館 1994『豊岡市福成寺出土銭』

長崎県教育委員会 2001 長崎県文化財報告書第 162 集『栄町遺跡』

長崎県南有馬町教育委員会 1996 南有馬町文化財調査報告書第 2 集『原城跡』

長崎県南有馬町教育委員会 2004 南有馬町文化財調査報告書第 3 集『原城跡Ⅱ』

長崎市教育委員会 1997『築町遺跡』

長崎市教育委員会 1998『興善町遺跡』

長崎市教育委員会 2008『国指定史跡出島和蘭商館跡』

奈良国立文化財研究所 1996『奈良国立文化財研究所年報』

奈良国立文化財研究所 1997『藤原京右京一条一坊発掘調査報告』

奈良文化財研究所 2004 奈良文化財研究所史料第 64 冊『平城京出土古代官銭集成Ⅰ』

新潟県南魚沼郡湯沢町教育委員会 1976 湯沢町文化財報告書第 2 輯『伝・泉福寺遺跡―石白中世備蓄古銭の報告書―』

新居浜市教育委員会 1999『中村岡の久保出土銭』

西宮市教育委員会 1994『石在町出土銭と公智神社出土銭―西宮市中世期大量埋蔵銭の調査報告書―』

能ヶ谷出土銭調査会・町田市教育委員会 1996『能ヶ谷出土銭』

久山町教育委員会 2013『久原一括出土銭』

日之影町 2001『日之影町史』11 通史編

広島県草戸千軒町遺跡調査研究所編 1986『草戸千軒町遺跡―第 35・36 次発掘調査概

VII. 付編

報—』

広島県草戸千軒町遺跡調査研究所編 1994『草戸千軒町遺跡発掘調査報告書Ⅱ—北部地域南半分の調査—』

兵庫県宍粟郡安富町教育委員会 1991『塩野出土銭報告書—安富町中世備蓄銭の報告書—』

兵庫県宍粟郡山崎町教育委員会 1994『山崎町の中世・近世銭貨—中世大量備蓄銭と近世銭貨の調査報告書—』

兵庫県教育委員会 1988『青野ダム建設に伴う発掘調査報告書（2）—本文編—』

深谷市教育委員会 2000『根岸遺跡第（3次・第4次）—北通り線建設に伴う発掘調査Ⅱ—』

福井県立朝倉氏遺跡資料館 1986『特別史跡　一乗谷朝倉氏遺跡ⅩⅦ—昭和60年度発掘調査整備事業概報—』

福井県立朝倉氏遺跡資料館 1988『特別史跡　一乗谷朝倉氏遺跡ⅩⅨ—昭和62年度発掘調査整備事業概報—』

福岡県教育委員会 1978『九州縦貫自動車道関係埋蔵文化財調査報告—ⅹⅹ—』

福岡県教育委員会 1993 福岡県文化財調査報告書第105集『真奈板遺跡』

福岡市教育委員会 1988 福岡市埋蔵文化財調査報告書第184集『都市計画道路博多駅築港線関係埋蔵文化財調査報告（Ⅱ）博多』

福岡市教育委員会 1988 福岡市埋蔵文化財調査報告書第193集『高速鉄道関係埋蔵文化財調査報告Ⅶ博多』

福岡市教育委員会 1988 福岡市埋蔵文化財調査報告書第205集『都市計画道路博多駅築港線関係埋蔵文化財調査報告Ⅳ博多』

福岡市教育委員会 1990 福岡市埋蔵文化財調査報告書第229集『博多14』

福岡市教育委員会 1990 福岡市埋蔵文化財調査報告書第230集『博多15』

福岡市教育委員会 1991 福岡市埋蔵文化財調査報告書第244集『博多16』

福岡市教育委員会 1991 福岡市埋蔵文化財調査報告書第248集『博多20』

福岡市教育委員会 1991 福岡市埋蔵文化財調査報告書第270集『鴻臚館Ⅰ』

福岡市教育委員会 1992 福岡市埋蔵文化財調査報告書第282集『博多27』

福岡市教育委員会 1992 福岡市埋蔵文化財調査報告書第285集『博多30』

福岡市教育委員会 1993 福岡市埋蔵文化財調査報告書第328集『博多36』

福岡市教育委員会 1993 福岡市埋蔵文化財調査報告書第329集『博多37』

福岡市教育委員会 1994 福岡市埋蔵文化財調査報告書第370集『博多41』

福岡市教育委員会 1995 福岡市埋蔵文化財調査報告書第397集『博多48』

福岡市教育委員会 1996 福岡市埋蔵文化財調査報告書第443集『博多49』

福岡市教育委員会 1996 福岡市埋蔵文化財調査報告書第447集『博多50』

福岡市教育委員会 1996 福岡市埋蔵文化財調査報告書第448集『博多51』

福岡市教育委員会 1997 福岡市埋蔵文化財調査報告書第521集『博多56』

福岡市教育委員会 1997a 福岡市埋蔵文化財調査報告書第522集『博多57』

福岡市教育委員会 1997 福岡市埋蔵文化財調査報告書第543集『博多60』

(2) 文献目録

福岡市教育委員会 1999 福岡市埋蔵文化財調査報告書第 594 集『博多 67』

福岡市教育委員会 2000 福岡市埋蔵文化財調査報告書第 631 集『博多 73』

福岡市教育委員会 2001 福岡市埋蔵文化財調査報告書第 666 集『博多 75』

福岡市教育委員会 2002 福岡市埋蔵文化財調査報告書第 706 集『博多 80』

福岡市教育委員会 2004 福岡市埋蔵文化財調査報告書第 807 集『博多 98』

福岡市教育委員会 2005a 福岡市埋蔵文化財調査報告書第 847 集『博多 101』

福岡市教育委員会 2005b 福岡市埋蔵文化財調査報告書第 850 集『博多 104』

福岡市教育委員会 2006 福岡市埋蔵文化財調査報告書第 892 集『博多 106』

福岡市教育委員会 2007 福岡市埋蔵文化財調査報告書第 945 集『博多 115』

福岡市教育委員会 2009 福岡市埋蔵文化財調査報告書第 1045 集『博多 133』

福岡市教育委員会 2010 福岡市埋蔵文化財調査報告書第 1086 集『博多 135』

府中市遺跡調査会 1998『大量出土銭発掘の記録　並木西ビル地区の調査』

福生市郷土資料館 1996『福生市の中世大量埋蔵銭』

文化財管理局文化財研究所 1985『保存科學研究』第 6 輯（大韓民国）

文化財管理局編 1988『新安海底遺物（総合編）』（大韓民国）

松本市教育委員会 1993『松本市小原遺跡 II―緊急発掘調査報告書―』

松村恵司・栄原永遠男編 2003『わが国鋳造技術の史的検討』科研報告書

松村恵司・栄原永遠男編 2004『古代の銀と銀銭をめぐるわが史的検討』科研報告書

松村恵司・栄原永遠男編 2005『日本初期貨幣研究文献目録（稿）』科研報告書

松村恵司・栄原永遠男編 2007『和同開珎をめぐる諸問題（一）』科研報告書

松村恵司・栄原永遠男編 2008『和同開珎をめぐる諸問題（二）』科研報告書

松村恵司・栄原永遠男編 2009『和同開珎をめぐる諸問題（三）』科研報告書

美津島町文化財保護協会 2001 調査報告書第 1 集『水崎遺跡』

港区教育委員会事務局ほか 2004 港区内近世都市江戸関連遺跡発掘調査報告書 29-4『乗
泉寺跡・大法寺跡遺跡　円福寺跡遺跡発掘調査報告書―銭貨・人骨編―』

宮崎県埋蔵文化財センター 2010『鵜戸ノ前遺跡』

宮崎貴夫 2008『原の辻遺跡』同成社

日向市教育委員会・日向市埋蔵文化財センター 2003『長岡京跡ほか』

山口市教育委員会 1978『周防鋳銭司跡』

山口県教育委員会 1980『下右田遺跡第 4 次概報・総括』

山口市教育委員会 1988 山口市埋蔵文化財調査報告書第 28 集『瑠璃光寺跡遺跡』

山口県埋蔵文化財センター 2002 山口県埋蔵文化財センター調査報告書第 27 集『萩
城跡（外堀地区）I』

山口県埋蔵文化財センター 2004a 山口県埋蔵文化財センター調査報告書第 41 集『銭
屋遺跡 I』

山口県埋蔵文化財センター 2004b 山口県埋蔵文化財センター調査報告書第 46 集『萩
城跡（外堀地区）II』

龍ヶ崎市教育委員会 1994『龍ヶ崎市史　中世史料編別冊』

VII. 付編

早稲田大学本庄校地文化財調査室編 1998『大久保山Ⅵ』早稲田大学

⑤ 銭譜・カタログ・辞書・その他

朝日町宮崎自然博物館・朝日町郷土の遺跡を語る会 1980『越中宮崎城下出土銭考』

新井白石（桑原武夫訳）1974『折りたく柴の記』中公文庫

石野亨 1977『鋳造　技術の源流と歴史』産業技術センター

大阪府教育委員会 1998『府立大阪博物場旧蔵貨幣図録第一冊』

織田得能 1917『織田佛教大辞典』大倉出版

華覚明 1999『中国古代金属技術』大象出版社（中華人民共和国）

鹿児島県編 1980『鹿児島県史』第 1 巻

葛飾区郷土と天文の博物館 2000『埋められた渡来銭—中世の出土銭を探る—』

加藤繁 1944『支那経済史概説』弘文堂書房

上高津貝塚ふるさと歴史の広場 1997『埋蔵銭の物語—出土銭から見た中世の世界』

上高津貝塚ふるさと歴史の広場 2003『"おかね"はじめて物語—地方における古代銭
　　　貨の受容』

黒川古文化研究所 1994『日本の貨幣—三貨の世界—』

国立歴史民俗博物館 1997『お金の玉手箱—銭貨の列島 2000 年史—』

國家文物局≪中國古錢譜≫編纂組 1989『中國古錢譜』文物出版社（中華人民共和国）

コールズ，J.（鈴木公雄訳）1977『実験考古学』学生社

近藤正齋 1976『近藤正齋全集第三巻』国書刊行会復刻

静岡いづみ会編 1992『穴銭入門　寛永通宝—新寛永の部』書信館出版

杉立義一 2002『お産の歴史』集英社新書

宋應星撰・藪内清訳注 1969『天工開物』平凡社東洋文庫

龍野歴史文化資料館 2005『お金　貨幣の歴史と兵庫の紙幣』

田中浩司 2012『函館志海苔出土銭と中世貨幣史研究』キャンパス・コンソーシアム
　　　函館

東洋鋳造貨幣研究所 1993「寛永通宝鋳銭場マップ」『方泉處』4 号

中村和之・高橋直樹 2012『湧元古銭と新発見のベトナム銭「開泰元寶」』キャンパス・
　　　コンソーシアム函館

日本銀行金融研究所 2007『貨幣の誕生—和同開珎の時代とくらし』貨幣博物館

日本銀行 2011『貨幣の歴史学』日本銀行

日本銀行 2011『海を越えたお金』日本銀行

橋詰武彦 1990『図説九州諸藩　鋳造貨幣の研究』九州貨幣史学会

ハドソン・東洋鋳造貨幣研究所 1998『新寛永通寶図会』

増尾富房編 1976『改訂版　古寛永泉志』

増尾富房編 1982『本邦鎔銭図譜』穴銭堂版泉書

三浦吾泉編 1963『安南泉譜　手類銭部』

三浦吾泉編 1966『安南泉譜　歴代銭部』

(2) 文献目録

村上隆 2007『金・銀・銅の日本史』岩波新書
諸橋轍次 2000『大漢和辞典』大修館書店
米津三郎 1977『小倉藩の歴史ノート』美夜古郷土史学校
琉球新報社編 1979『東恩納寛惇全集 4』第一書房
龍谷大学編纂 1922『仏教大辭彙』第 6 巻, 冨山房

⑥ 関連洋書

Barker, Dr. R. Allan. 2004『The Historical Cash Coins of Viet Nam』(Singapore, COS Printers Pte Ltd)

Blackburn, Mark. 2003 '"Productive"sites and the pattern of coin loss in England,600-1180', *Markets in Early Medieval Europe. Trading and 'Productive' Sites, 650-850*, ed. T.Pestell and K.Uimschneider(Macclesfield,2003), pp. 20-36. The following discussion of English finds draws heavily on this article.

Blackburn, Mark. 2005「Coin Finds as Primary Historical Evidence for Medieval Europe」第 12 回出土銭貨研究会大会報告要旨『貨幣に見るダイナミズム』

BUCKNILL M.A., Sir John. 1931『THE COINS OF THE DUTCH EAST INDIES』(SPINK&SON LTD. LONDON)

Ghey, Eleanor. 2014「The Beau Street Hoard』(The British Museum Press)

Grierson, Philip. 1975「Numismatics』(Oxford University Press)

『MINERVA』Volume 10 Number 3 Peter A, Clayton「Coins in Cambridge」(1999, published in G.B.)

Novak, Jhon. 1989『A Working Aid for Collectors of Annamese Coins』(Longview, Revised edition)

Sakuraki, Shinichi. and Mark Blackburn. 2001「Japanese coins in the Fitzwilliam Museum, Cambridge」『Shimonoseki City University Review』Vol.45 No.2

Sakuraki, Shinichi., Helen Wang and Peter Kornicki with Nobuhisa Furuta, Timon Screech and Joe Cribb. 2010『*Catalogue of the Japanese coin collection (pre-Meiji) at the British Museum*』(The British Museum Press)

SCHOLTEN, C. 1953『THE COINS OF THE DUTCH OVERSEAS TERRITORIES 1601-1948』(AMSTERDAM)

Thierry, François. 1998「Maritime Silk Routes and Chinese coins Hoards」『Origin,Evolution and Circulation of Foreign Coins in the Indian Ocean』

Thierry, François. 2001「Catalogue des monnaies vietnamiennes, Supplément』(Paris, Bibliothéque nationale de France)

Whitmore, J.K. 1983「Vietnam and monetary flow of eastern Asia' in Richards」J.F.(ed.)『Precious Metals in the Later Medieval and Early Modern Worlds』(Durham. Carolina Academic Press)

171

(3) 銭貨出土遺跡の略称一覧

「貨幣拓影 PLATE」および本文中の銭貨拓影に【 】もしくは（ ）で記載された遺跡や調査の略称は、下記の文献記載の銭貨出土遺跡もしくは調査を表わす。以下に略称の五十音順に記述した。

【朝倉 57 次】福井県立一乗谷朝倉氏資料館 1988『特別史跡　一乗谷朝倉氏遺跡 X IX
　　―昭和 62 年度発掘調査整備事業概報―』

【石白 1 次】新潟県南魚沼郡湯沢町教育委員会 1976『伝・泉福寺遺蹟―石白中世備蓄
　　古銭の報告書』

【泉町】龍ヶ崎市史編さん委員会 1994『龍ヶ崎市史　中世史料編別冊』

【今帰仁】沖縄県今帰仁村教育委員会 1991『今帰仁城跡発掘調査報告 II』

【大久保山】早稲田大学 1998『大久保山遺跡 VI』

【観音院】後藤幹彦ほか 1993「大分市高城観音院の備蓄銭」『おおいた考古』第 5 集

【京町】北九州市教育委員会 1993『京町遺跡』

【京町 3】北九州市教育文化事業団 1994『京町遺跡 3 ― 永照寺跡地（II―2 区）の調査―』

【京町 5】北九州市教育文化事業団 1994『京町遺跡 5（II―4 区の調査）』

【久々相 8 次】日向市教育委員会・日向市埋蔵文化財センター 2003『長岡京跡ほか』

【鴻臚館跡】福岡市教育委員会 1991『鴻臚館跡 I 発掘調査概報』

【小阪合】大阪府文化財調査研究センター 2000『小阪合遺跡―都市基盤整備公団八尾
　　団地立替えに伴う発掘調査報告書―』

【坂本城】櫻木晋一ほか 2012「五ヶ瀬町坂本城一括出土銭の再調査」『宮崎県総合博
　　物館研究紀要』第 33 輯

【櫻木 1992a】櫻木晋一「北九州市八幡西区本城出土の備蓄銭」『古文化談叢』第 27
　　集

【志海苔】市立函館博物館・函館市教育委員会 1973『函館志海苔古銭―北海道中世備
　　蓄古銭の報告書―』

【城山】大阪文化財センター 1986『城山（その 1）』

【新安】文化公報部文化財管理局 1988『新安海底遺物（綜合編）』

【新馬場】北九州市教育文化事業団 2005『小倉城御花畠跡・新馬場跡』

【宗玄寺】北九州市教育文化事業団 1995『宗玄寺跡』

【大門】静岡県周智郡森町教育委員会 1993『大門出土古銭調査報告書―中世備蓄銭の
　　報告書―』

【築町】長崎市教育委員会 1997『築町遺跡』

【永井 1998】永井久美男『近世の出土銭 II―分類図版編―』兵庫埋蔵銭調査会

【中津居館跡】岩国市教育委員会 2016『中津居館跡 II』

【中村岡の久保】新居浜市教育委員会 1999『中村岡の久保出土銭―中世期大量埋蔵銭
　　の調査報告書―』

【仲原 3 次】櫻木晋一・市原恵子 1997「備蓄銭研究（2）―福岡県仲原第三次調査と
　　宮崎県日之影町出土備蓄銭―」『九州帝京短期大学紀要』第 9 号

(3) 銭貨出土遺跡の略称一覧

【能ヶ谷】能ヶ谷出土銭調査会・町田市教育委員会 1996『能ヶ谷出土銭調査報告書』

【博多 40 次】福岡市教育委員会 1990『博多 15 - 博多遺跡群第 40 次調査の概要』

【博多 45 次】福岡市教育委員会 1991『博多 20 - 第 45 次調査-』

【博多 62 次】福岡市教育委員会 1995『博多 48 - 博多遺跡群第 62 次調査の概要』

【博多 79 次】福岡市教育委員会 1996『博多 50 - 博多遺跡群第 79 次調査の概要』

【博多 80 次】福岡市教育委員会 1996『博多 51 - 博多遺跡第 80 次調査報告』

【博多 84 次】福岡市教育委員会 1997『博多 56 - 博多遺跡群第 84 次調査の概要』

【博多 85 次】福岡市教育委員会 1997『博多 57 - 博多遺跡群第 85 次調査の概要』

【博多 102 次】福岡市教育委員会 2002『博多 80 - 御供所疎開跡地道路関係埋蔵文化
財調査報告書』

【博多 104 次】福岡市教育委員会 1999『博多 67 - 博多遺跡群第 104 次調査概報』

【博多 139 次】福岡市教育委員会 2004『博多 98 - 博多遺跡群第 139 次調査報告』

【波根】櫻木晋一・市原恵子 1996「備蓄銭研究（1）—福岡県仲原第二次調査と島根
県波根出土備蓄銭—」『九州帝京短期大学紀要』第 8 号

【ハノイ】昭和女子大学国際文化研究所 2008『ベトナム北部の一括出土銭の調査研究』
昭和女子大学国際文化研究所紀要 Vol.12

【原田】筑紫野市教育委員会 2004『原田第 1・2・40・41 号墓地』中巻

【日之影】櫻木晋一・市原恵子 1997「備蓄銭研究（2）—福岡県仲原第三次調査と宮
崎県日之影町出土備蓄銭—」『九州帝京短期大学紀要』第 9 号

【フィッツ】Shinichi Sakuraki, Mark Blackburn 2001「Japanese coins in the Fitzwilliam
Museum, Cambridge」『Shimonoseki City University Review』Vol.45 No.2

【平安京】京都文化財団 1988『平安京左京八条三坊七町』

【平安京①】古代學協會 2004『平安京跡研究調査報告　平安京右京六条三坊』第 20
輯

【平安京②】古代學協會 1983『平安京左京八條三坊二町　平安京跡研究調査報告』第
6 輯

【平安京③】京都市埋蔵文化財研究所 2005『平安京左京六条三坊五町跡』

【弁天貝塚】苫小牧市埋蔵文化財センター 1987『弁天貝塚 I』

【宝満山】小田富士雄・武末純一 1983『太宰府・宝満山の初期祭祀—宝満山の地宝拾
遺—』

【松村 2003】松村恵司・栄永遠男編 2003『わが国鋳造技術の史的検討』科研報告書

【南小泉】宮城県教育委員会 1983『南小泉遺跡』

【箕輪】君津郡市文化財センター 1987『箕輪富士塚群』

【郵政省飯倉分館】港区麻布台一丁目遺跡調査会 1986『郵政省飯倉分館構内遺跡』

おわりに

　私の教員生活も 30 年以上が経過し，残すところあと 3 年，大学での研究
生活は締めくくりの時期となっている。最初に本書の執筆依頼があったのは，
2011 年のことであった。当時，私は『貨幣考古学序説』を上梓し，博士（史
学）の学位を取得した直後だったので，ハンドブックを書くにはちょうど良
いタイミングであると考えた。しかしながら，折悪しく経済学部長の職にあ
り，大学の運営業務等に忙殺されており，残念ながら執筆をお断りせざるを
えなかった。そして，2 年間の学部長職を終えた 2013 年春，再度執筆の申
し入れがあり，学恩ある坂詰秀一先生からのご推薦ということもあり，お引
き受けすることとした。その時は，これまで自分のやってきたことをわかり
やすくまとめ，解説することなので簡単であると安易に考えていたが，学内
業務に忙殺されていた数年間の精神的な疲労蓄積は想像以上のもので，集中
力に欠ける日々が続き，2 年以上の時が経過してしまった。今となっては時
遅きに失した感もあるが，最新の調査・研究の成果も織り込みつつ，ようや
く本書の完成にこぎつけた次第である。この間に，山口県岩国市の中津居館
跡から良好な一括出土銭が発掘され，その調査に関われたことも幸いであっ
た。中近世の出土銭貨については，これまでにも永井久美男氏による精力的
な調査研究業績が存在するものの，それらの著作が入手し難いこともあり，
よりコンパクトな形で啓蒙書を世に出すことは，教員である私の役目である
と考えた。また，ハンドブックであるからには，実際の調査にあたっての手
引書として利用しやすく，役に立つものでなければ意味をなさない。おもな
銭貨の拓影や用語一覧，文献一覧を載せたのはこの点を考えてのことである。
また，最新の研究成果を盛り込むことによって，学術的な専門性を維持した
内容とすることにも心がけたつもりである。なお，本書は拙著『貨幣考古学
序説』（慶應義塾大学出版会）をベースにしているが，新しく古銭学と貨幣
史研究との関連や，岩国市における一括出土銭調査の成果，貨幣の実験考古

学，ベトナムやラオス調査などで得た知見を交えながら，東アジア・東南アジアで広範に流通していた銭貨の動態を明らかにし，多くの人々にとって利用しやすいものを目指して作り上げたつもりである。

　本書の作成に対して，一括出土銭調査に関する多くの写真を提供していただいた岩国市教育委員会や，博多遺跡群の出土銭貨に関する写真を提供していただいた福岡市埋蔵文化財センター，松村恵司氏の古代銭貨に関する一連の研究成果，永井久美男氏の中近世貨幣に関する一連の著作，三宅俊彦氏の中国・東南アジアでの研究成果から多大な恩恵と教示を受けた。ここに感謝の意を表する。また，4年以上も本書の出版をお待ちいただいた坂詰秀一先生と，拙い原稿を丁寧に製本化していただいたニューサイエンス社の角谷裕通氏にもお礼申し上げる。

　私がこれまで貨幣史研究を続けてこられたのは，出土銭貨研究会や貨幣史研究会などいくつもの学会・研究会を通じて多くの研究者たちから刺激を受け，支えられてきたからである。とりわけ，2001年のイギリス留学以来，西洋貨幣史やNumismaticsを視野に入れた広い領域の研究に目を向けさせてくれたケンブリッジ大学マーク・ブックバーン博士と，西洋貨幣史との橋渡しをしていただいた九州大学名誉教授森本芳樹先生のご恩は計り知れないものがある。残念ながら両者は，2011年，2012年に他界されたが，そのお名前をここに記してご冥福を祈る。

　2015年5月

櫻木晋一

〔著者略歴〕

櫻木晋一（さくらきしんいち）

1953 年生まれ。

1983 年，慶應義塾大学商学研究科博士課程単位取得退学。

2010 年，博士（史学）〔慶応義塾大学〕取得。

現在，下関市立大学経済学部教授。

　主な著作・論文に，「出土銭貨による中世貨幣流通の検討」鈴木公雄編『貨幣の地域史』（岩波書店 2007），『貨幣考古学序説』（慶応義塾大学出版会 2009），Shinichi Sakuraki 他編『A Catalogue of the Japanese Coin Collection (pre-Meiji) at the British Museum（大英博物館貨幣カタログ）』（British Museum 2010）など。

考古調査ハンドブック **15**

貨幣考古学の世界
— Numismatic Archaeology —

平成 28 年 5 月 25 日　初版発行

〈図版の転載を禁ず〉

当社は,その理由の如何に係わらず,本書掲載の記事(図版・写真等を含む)について,当社の許諾なしにコピー機による複写,他の印刷物への転載等,複写・転載に係わる一切の行為,並びに翻訳,デジタルデータ化等を行うことを禁じます。無断でこれらの行為を行いますと損害賠償の対象となります。

　また,本書のコピー,スキャン,デジタル化等の無断複製は著作権法上での例外を除き禁じられています。本書を代行業者等の第三者に依頼してスキャンやデジタル化することは,たとえ個人や家庭内での利用であっても一切認められておりません。

連絡先：ニューサイエンス社　著作・出版権管理室
Tel. 03(5449)7064

JCOPY 〈(社)出版者著作権管理機構 委託出版物〉
　本書の無断複写は著作権法上での例外を除き禁じられています。複写される場合は,そのつど事前に,(社)出版者著作権管理機構(電話:03-3513-6969,FAX:03-3513-6979,e-mail:info@jcopy.or.jp)の許諾を得てください。

著　者　櫻　木　晋　一

発行者　福　田　久　子

発行所　株式会社 ニューサイエンス社

〒153-0051　東京都目黒区上目黒3-17-8
電話03(5720)1163　振替00160-9-21977
http://www.hokuryukan-ns.co.jp/
e-mail : hk-ns2@hokuryukan-ns.co.jp

印刷・製本　倉敷印刷株式会社

© 2016 New Science Co.
ISBN978-4-8216-0527-9 C3021